I A

gydu

am B

us

HUN

dealch eti am dy
gytu13ərwch. Hwyl
ar y derllen

Merfyn

Fy nghlwys fy hun

Merfyn Davies

Argraffiad cyntaf: 2007

ⓗ Merfyn Davies

Rhif rhyngwladol: 1-84527-126-2
9778-1-84527-126-8

Mae'r cyhoeddwr yn cydnabod cefnogaeth ariannol
Cyngor Llyfrau Cymru

Cyhoeddwyd gan
Wasg Carreg Gwalch,
12 Iard yr Orsaf, Llanrwst, Conwy, LL26 0EH.
Ffôn: 01492 642031 Ffacs: 01492 641502
e-bost: llyfrau@carreg-gwalch.co.uk
lle ar y we: www.carreg-gwalch.co.uk

Argraffwyd a chyhoeddwyd yng Nghymru.

Cynnwys

Gwreiddiau

Wrth edrych yn ôl dros naw a thrigain mlynedd o aflonyddu ar bobol, dros chwe blynedd ar hugain ohonyn nhw yn ohebydd ar fy liwt fy hun i'r BBC, mae 'na atgofion melys, ynghyd â rhai chwerw, yn dod i'm cof. Dyma gyfnod y chwyldroad enfawr ym myd amaethyddiaeth ac ym mywyd cefn gwlad Cymru a'r gymdeithas Gymreig a oedd yn llewyrchus iawn hanner canrif ynghynt. Bellach maent yn dirywio'n gyflym, gyda nifer o gymunedau wedi diflannu'n llwyr, fel yn y cwm ble magwyd fi. Yr hyn sy'n drist heddiw ydi fod dyfodol nifer fawr o rai eraill yn y fantol os deil y dirywiad presennol i barhau heb i neb wneud dim i'w hachub nhw, a hynny ar fyrder.

Nid pregethu ydi bwriad y llyfr bach yma, ond rhannu ychydig o'm hatgofion am y profiadau yr wyf i wedi eu cael yn ystod fy oes, felly dyma ddechrau'r hanes o'r dechrau.

Meddyg teulu Dyffryn Ceiriog, A. L. Beresford, a'm derbyniodd i'r byd yn Ysbyty'r Waun ger Wrecsam, yn gyntaf-anedig i'm rhieni John Howel a Moira Davies, ar Fai y 23ain, 1937 yn pwyso ychydig dros saith bwys. I un o ffermwyr trugarog yr ardal, Arthur Evans, ffarm Pentre Pant, Llanarmon Dyffryn Ceiriog, un o gymdogion fy rhieni, y mae'r diolch fod Mam, drwy ryw ryfeddol wyrth, wedi llwyddo i gyrraedd yr ysbyty mewn pryd, gan mai ef oedd yr agosaf i'm cartref a oedd yn berchen car bryd hynny i fynd â hi i'r ysbyty.

Dechreuodd y 'ddrama', yn ôl Dad a Mam, yn fore'r diwrnod cynt wedi i Dad gyrraedd yn ôl i'r buarth ar ôl bod yn edrych y gwartheg, gan fod un ohonyn nhw'n agos i ddod â llo. Roedd o yn un o'r adeiladau ym mhen draw'r buarth yn dechrau paratoi ei hun i fynd i helpu un o'i gymdogion i hel defaid o'r mynydd i'w golchi ar gyfer eu cneifio pan glywodd Mam yn gweiddi mewn braw, 'John! John! Ble'r wyt ti? Cer ar unwaith i nôl Arthur i fynd â fi ar frys i'r ysbyty yn y Waun. Mae'r babi ar ei ffordd! Mae'r poenau wedi cychwyn o ddifri, a brysia!' meddai. Dychrynodd yntau wrth ei chlywed yn gweiddi a gadawodd bopeth yn y fan a'r lle. I ffwrdd â fo ar gefn ei feic, heb eiliad i'w cholli, siwrnai o ryw filltir dda i ffarm Pentre Pant. Galwodd gyda'r cymdogion wrth basio i ddweud wrthynt na fyddai'n gallu dod yno i'w helpu i gasglu'r defaid gan fod y babi ar ei ffordd.

Pan gyrhaeddodd Bentre Pant nid oedd golwg o Arthur Evans yn unman, ond roedd ei frawd Robert yno. Gofynnodd iddo 'Ydi Arthur o gwmpas?'.

'Nac ydi. Mae o wedi picio i fyny i Gwm y Geifr am ychydig,' meddai hwnnw. Ffarm ychydig yn uwch i fyny'r bryn uwchben Pentre Pant ydi Cwm y Geifr.

'Pa bryd ydych chi'n ei ddisgwyl o'n ôl?' holodd Dad.

'Does neb a ŵyr efo Arthur,' atebodd Robert.

Rhedodd Dad bob cam i fyny i Gwm y Geifr â'i wynt yn ei ddwrn a chael hyd i Arthur Evans yn mwynhau cwpaned o de yn y tŷ efo William ac Ann Jones. Ar ôl iddo gael ei wynt ato, dywedodd wrtho fod Mam wedi cychwyn dod â'r babi, a gofynnodd iddo a fuasai'n dod ar unwaith.

'Wyt ti'n siŵr y tro hwn ei bod hi'n cychwyn o ddifri?' holodd Arthur yn gellweirus wrth siglo'n ôl ac ymlaen yn y gadair siglo. 'Roeddet ti'n anghywir y ddau dro diwethaf,' a chwarddodd y ddau arall. Llwyddodd 'nhad i'w argyhoeddi ar ôl dweud fod Mam yn ei dyblau mewn poen.

Nid oedd Arthur Evans yn un o'r rhai cyflymaf ar ei draed. Roedd ganddo andros o draed mawr ac felly roedd o braidd yn drwsgl wrth gerdded, ac yn fwy trwsgl nag arfer ar ôl clywed bod yn rhaid iddo ddod ar frys. Ni fedrai Dad ei gyflymu dros ei grogi! Arferai gicio bron bopeth o fewn cyrraedd i'w draed. Roedd pawb yn gwybod amdano. Os oedd carreg yn dal drws y tŷ yn agored – fel yr oedd hi yn ein tŷ ni yr adeg honno, fel mewn llawer iawn o dai ffermydd eraill – fe fyddai Arthur yn sicr o roi cic galed iddi bob tro gyda'i esgidiau hoelion mawr nes ei bod yn cyrraedd canol y gegin.

Erbyn hyn roedd y Samariad Trugarog wedi dechrau cynhyrfu wrth ddeall fod y babi hirddisgwyliedig wedi cychwyn ar ei daith i'r byd, gan fod Mam bron bythefnos dros ei hamser a chafodd 'nhad, a oedd yr un mor gynhyrfus ag yntau, andros o waith i'w dawelu ac i'w gael o i dderbyn ei gyfrifoldeb. Pryderu yr oedd Dad am fod Mam gartref ar ei phen ei hun, gan mai fi oedd ei blentyn cyntaf ar ôl marwolaeth ei wraig gyntaf, Jini, ar enedigaeth efeilliaid a fu hefyd farw. Roedd Jini'n ferch i Harri Orrit, pen cipar Plas Nantyr.

Ar ôl i'r ddau gyrraedd i lawr yn ôl i Bentre Pant, roedd yn rhaid i Arthur ymolchi, newid ei ddillad a glanhau ychydig ar du mewn y car Austin 12 i'w wneud yn weddus, meddai, i gario dynes feichiog. Roedd Dad bron o'i go' wrth weld y gyrrwr yn gwastraffu amser, gan ei fod wedi addo y buasai'n barod i fynd â nhw'n syth pan fyddai'r alwad yn dod. O'r diwedd, roedd y ddau'n barod i gychwyn i nôl Mam. Gadawyd y beic yn y certws ac i ffwrdd â nhw, a Dad yn gweddïo bob cam fod digon o betrol yn y car i gyrraedd yr ysbyty yn y Waun.

Pan gyrhaeddodd y ddau Dy'n y Cwm, roedd Mam yn eistedd ar y wal tu allan yn disgwyl amdanyn nhw â'i bag dillad wrth ei thraed, yn andros o flin. Roedd ganddi ofn i'r dŵr dorri gan fod y crychiadau'n dod yn amlach a hithau yno ar ei phen ei hun. Pan stopiodd y car, plannodd Mam i mewn iddo cyn i Arthur gael cyfle i ddweud wrthi am aros iddo gael troi'r car. Doedd fawr iawn o le iddo wneud hynny chwaith gan fod y buarth braidd yn gyfyng a'r car yn hir, a dim llywio pweredig bryd hynny. Rhwng y trafferthion o symud y car yn ôl ac ymlaen nifer o weithiau, a Mam yn y sedd gefn yn diawlio'r ddau am fod mor hir yn dod, roedd Arthur wedi cynhyrfu'n llwyr ac wrth weld y gyrrwr trwsgl yn cael trafferthion i droi'r car, roedd hyn yn codi gwrychyn Mam yn fwy fyth.

Yn ôl Mam, roedd y daith honno i'r ysbyty yn fythgofiadwy: 'Roeddwn i'n eistedd yn y sedd gefn yn chwys oer ac mewn poen ar adegau, a'r rheiny'n dod yn amlach. Ac i wneud pethau'n waeth roedd Arthur Evans yn gyrru'n araf ac yn edrych yn ôl i'r sedd gefn bob munud i ofyn, "Ydi hi'n iawn John?" gan fy anwybyddu i yn llwyr. Dy dad wedyn yn ateb, "Ydi, ond fedrwch chi symud ychydig yn gynt inni gael cyrraedd mewn pryd?".' Erbyn hyn roedd Mam yn crio ac yn symud o un ochr i'r llall pan oedd y poenau'n dod yn amlach, ond ofer oedd y cais.

Wedi clywed bod ei deithwraig yn iawn, edrychai Arthur allan yn nerfus dros y gwrychoedd drwy ffenestr ochr yr hen Austin, a oedd yn agored, gan besychu a phoeri drwy'r ffenestr a sychu ei drwyn efo llawes ei gôt bob yn ail, yn lle edrych i ble'r

11

oedd o'n mynd.

Fe gymerodd taith o bymtheg milltir i'r Waun dri chwarter awr i'w chyflawni. Yn ôl Dad, roedd Arthur yn chwys diferol ac yn crynu fel deilen pan gyrhaeddodd ysbyty'r Waun, yn hynod falch o weld diwedd y daith. Roedd o'n poeni y buasai Mam yn esgor yn y car cyn iddo gyrraedd pen y daith, ac roedd Dad hefyd yn poeni am hynny gan fod y gyrrwr yn symud mor drybeilig o araf a doedd dim posibl ei gyflymu – dyna oedd ei gyflymder arferol! Wedi i Arthur stopio'r car, diflannodd ar ei union i chwilio am dŷ bach a gadawodd 'nhad a Mam i gymryd eu siawns.

Cyfaddefodd Arthur wrth Dad ar y ffordd adref fod clywed Mam yn griddfan mewn poen yn y sedd gefn yn ei gynhyrfu'n ofnadwy. 'Roeddwn yn disgwyl clywed sŵn babi bob eiliad o'r daith,' meddai. 'Roedd gen i ofn trio gyrru'n gyflymach rhag ofn imi gael damwain.' Bu'r daith honno'n dipyn mwy didramgwydd i'r ddau.

Fe'm ganed i am chwarter i saith y bore canlynol a threuliodd Mam bron i ddeg diwrnod yn yr ysbyty cyn y cafodd ddod adref efo'i babi cyntaf.

Roedd fy rhieni – John Howel, a oedd yn ddeugain ac un, a Dilys Moira, a oedd yn bedair ar hugain oed – yn ffermio ffarm ddefaid a gwartheg sugno fechan Ty'n y Cwm, ar rent ar y pryd, yn ardal Llywarch ym mhen uchaf Llanarmon Dyffryn Ceiriog wrth droed mynydd y Berwyn. O fewn dwyawr wedi i mi gyrraedd adref o'r ysbyty ganol y prynhawn efo Mam, eto yng nghar Arthur Evans, roedd fy rhieni'n dechrau gofidio'n ofnadwy eu bod nhw wedi cael y fath fabi yr adeg honno o'r flwyddyn, oherwydd roeddwn yn crio gydol yr amser ac fe barodd hynny drwy'r dydd a'r nos am bedwar diwrnod. Gan fod Dad yn gorfod helpu ei gymdogion i gasglu a golchi'r defaid o'r mynydd ar gyfer eu cneifio, o godiad haul hyd at ei fachlud, ynghyd â thrin ei ddefaid ei hun, roedd o wedi llwyr ymlâdd o ganlyniad i'r diffyg cwsg. Roedd Mam druan, hithau'n ceisio cadw ffarm a magu babi swnllyd, bron ar ben ei thennyn hefyd. Ar ben y cyfan roedd yr hen wags yn y corlannau defaid gyda 'nhad yn tynnu ei goes yn ddidrugaredd gan ddweud, 'John, 'den ni'n synnu atat ti wedi bod mor flêr â chael babi yr adeg yma o'r flwyddyn'!

Pan glywodd y cymydog agosaf at ble'r oedden nhw'n golchi'r defaid y diwrnod hwnnw – Miss Edwards, Ty'n Twll – y dynion yn tynnu coes Dad yn ystod amser paned a chacen ffrwythau ganol bore, piciodd i lawr ar ei hunion yn ei ffedog fras i weld Mam i Dy'n y Cwm, a oedd tua thri chan llath o Dy'n Twll, i gydymdeimlo â hi ac i roi cyngor iddi ar sut i fagu'r bwystfil anniolchgar. Er mai hen ferch radlon ei golwg oedd Miss Edwards, yn byw efo'i brawd Dafydd a oedd hefyd yn ddi-briod, roedd yn wybodus iawn ar sut i fagu babi. Yr eiliad y gwelodd fy ngwep i, dyma hi'n dweud wrth Mam, a oedd yn fy mwydo ar y frest, 'Rhowch deth buwch yn ei geg o; eisiau bwyd mae'r creadur bach'.

Cymerodd Mam ei chyngor doeth y munud hwnnw ac wrth gwrs, fel arfer yr adeg honno o'r flwyddyn, roedd digon o laeth yn y tŷ ond nid oedd ganddi botel addas na theth ar gyfer babi. 'Twt twt,' meddai Miss Edwards, 'fe wnaiff hon y tro yn iawn.' Cyfeirio yr oedd at botel laeth yr ŵyn llywaeth a oedd yn y sinc yn disgwyl cael ei golchi. Golchodd Miss Edwards y botel a'r deth tra oedd Mam yn cynhesu'r llaeth. Ar ôl llenwi'r botel plannodd yr hen ferch y deth yn fy nheg ac yn ôl Mam, llyncais y cyfan heb rwgnach. Tawelodd y crio a chysgais innau fel twrch drwy'r nos, a phob nos wedi hynny. Dyna pryd y cafodd y ddau ohonyn nhw noson o gwsg am y tro cyntaf ers i mi gyrraedd aelwyd Ty'n y Cwm.

O'r diwrnod hwnnw, magwyd fi ar laeth buwch heb ddim trafferth o gwbl. Wedi imi ddechrau cerdded y dechreuodd eu trafferthion nhw go iawn. Roedd ceisio fy nghadw gartref bron yn waith llawn amser i'r ddau gan fy mod yn andros o grwydryn ac yn mynd ar goll yn aml drwy grwydro ar ben fy hun ar hyd y caeau. Weithiau fe awn i lawr at y nant a elwir yn Nant Cwm Llawenog sy'n llifo drwy'r caeau o dan y ffordd sy'n arwain i ffarm Blaen Cwm Llawenog.

'Rwyt ti'n fachgen drwg iawn yn dal i grwydro fel hyn. Os y gwnei di eto mi fyddi di'n cael chwip din iawn, wyt ti'n deall?' oedd geiriau beunyddiol Mam, gan mai hi oedd yn gorfod chwilio amdanaf bron bob tro. Ond er gwaetha'r rhybuddion, nid oeddwn yn gwrando ac yn y diwedd bu'n rhaid iddyn nhw roi ambell chwip din cyn imi sylweddoli fod yn rhaid rhoi'r gorau i grwydro am y tro, ac mi wnaeth hynny ddaioni mawr. 'Hyffordda blentyn ym mhen ei ffordd,' meddai'r Beibl ac roedd Dad a Mam yn credu hynny, a dyna beth sydd ar goll yn yr oes fodern hon yn fy marn i.

Newid ardal

Ym mis Medi'r flwyddyn ganlynol, ganed fy mrawd Islwyn, ac ar ôl blwyddyn arall o geisio magu dau o blant ar ffarm fechan ac amaethyddiaeth yn mynd drwy gyfnod anodd iawn, efo prisiau gwartheg a defaid yn andros o wael, dechreuodd 'nhad anesmwytho. Treuliodd oriau yn trafod efo Mam beth i'w wneud – ai brwydro ymlaen i ffarmio ynteu roi'r gorau i'r cyfan a chwilio am waith arall?

Cafodd ei demtio i ddechrau gwerthu llaeth, fel llawer o ffermwyr eraill yn yr ardal, gan fod y Bwrdd Marchnata Llaeth wedi ei sefydlu rhyw chwe blynedd ynghynt ac roedd y llywodraeth yn annog pawb i werthu llaeth. Ond byddai'n rhaid iddo wneud beudy iawn ar gyfer y gwaith ac ar ôl trafod ymhellach efo Mam, gwelwyd na fuasai hynny'n ymarferol. Felly fe benderfynodd y ddau roi'r gorau i ffarmio a chwilio am waith gwahanol. Wrth holi hwn a'r llall, clywodd 'nhad fod stad Plas Nantyr angen pen bugail newydd. Gwnaeth gais amdani ac fe gafodd y swydd. Ein cartref newydd ni oedd Blaen y Cwm, tŷ pâr, y drws nesaf i deulu Harri Orrit, cyn-ben gipar y stad, ac yn rhyfedd iawn yn gyn-dad-yng-nghyfraith i 'nhad.

Pentrefyn cul ydi Nantyr, eto wrth odre mynydd y Berwyn, rhyw dair milltir i'r gorllewin uwchben pentref Glyn Ceiriog, gydag afon Teirw yn llifo drwyddo. Roedd yno ddwy ar bymtheg o ffermydd bryd hynny, gan gynnwys stad y plas, wyth o dai'r stad, Bryn Awel a oedd yn eiddo i David Charles Morris a'i deulu, siop, ysgol, a dau gapel – y Bedyddwyr a'r Methodistiaid. Gŵr bonheddig o'r enw Mr C. B. C. Storey oedd perchennog y stad. Roedd ganddo ddau o feibion, Owen a Huw, a oedd i ffwrdd mewn ysgol fonedd yn Lloegr. Anaml iawn yr oeddynt i'w gweld o gwmpas y lle.

Adeiladwyd y plas tair ystafell ar hugain yn 1825 gan deulu Mr Storey ond yn ôl rhai gwybodusion, roedd plas yn Nantyr cyn hynny, sef Plas Blaen Nantyr a oedd yn dyddio'n ôl i'r Oesoedd Canol ond heb fod ar yr un safle. Roedd hwnnw hanner y ffordd rhwng y plasty newydd a Blaen y Cwm, ein cartref ni. Hwn, yn ôl yr hanes, oedd cartref Lowri, chwaer

15

Owain Glyndŵr, a bod Owain yn ymweld â'r hen blas yn fynych, gan ei fod bron hanner y ffordd rhwng Sycharth a Glyndyfrdwy, ond does dim golwg ohono erbyn heddiw. Yn 1954, ar ôl i'r stad gael ei gwerthu i gwmni o fasnachwyr coed, bu'n rhaid iddyn nhw ddymchwel bron i hanner y plasty presennol gan fod rhannau ohono'n beryglus.

Gŵr talsyth oedd Mr Storey, gyda wyneb main, blin yr olwg a mwstásh, a chorff tenau i fynd efo fo. Byddai bob amser yn gwisgo clos pen-glin, plys-ffôrs, sanau gwyrdd, het a siaced frethyn, ac esgidiau du a oedd yn mynd yn fain yn y blaen. Dyna sut yr wyf fi'n ei gofio. Roedd yn ŵr diamynedd braidd ond roedd ei olwg yn llawer gwaeth na'i frathiad. Mr Storey oedd prif gyflogwr y pentrefyn a chanddo ef oedd y car cyntaf i mi ei weld yn yr ardal.

Edrychai Mrs Clare Storey yn iau na fo. Yn ôl rhai roedd hi'n un o ddisgynyddion uniongyrchol Owain Glyndŵr ac yn ddynes dal, hardd, bob amser yn glên a boneddigaidd. Pan fyddai'n mynd adref yn y car ar ei phen ei hun, a lle ynddo, ac Islwyn, Gaynor a minnau'n cerdded adref o'r ysgol, byddai bob tro yn ein codi a'n gollwng ni y tu allan i'r plas a ninnau'n rhedeg y pum can llath arall am adref. Ond roedd rheswm da pam yr oedd hi'n ein codi – nid oedd neb ar gael iddi yn y *Lodge*, y brif fynedfa, i agor y giatiau haearn du yng ngwaelod y 'ffrynt dreif' a oedd ar gau bob amser oherwydd bod y tŷ'n wag. (Pan ddaeth y milwyr i'r gwersyll, meddiannwyd y *Lodge* gan y Weinyddiaeth Amddiffyn i gartrefu'r swyddogion, ac ar ôl iddyn nhw adael y gwersyll bu'r tŷ'n wag am gyfnod nes daeth pen garddwr newydd i'r plas, sef Mr Bates a'i wraig a thri o blant.) Roedd peiriant agor y giatiau y tu mewn i ddrws 'portsh' y tŷ ac felly, pan fyddai Mrs Storey ar ei phen ei hun, roedd yn rhaid iddi ddod allan o'r car a'u hagor nhw ei hunan ond pan fyddem ni efo hi, ni oedd yn mynd allan i agor y giatiau iddi. Byddai bob amser yn siarad efo ni ac yn gofyn beth oeddem ni wedi bod yn ei wneud yn yr ysgol ac yn y blaen. Oedd, roedd Mrs Storey yn foneddiges go iawn.

Beili Mr Storey oedd David Davies a'i lysenw yn yr *Home Guard* oedd Sarjant Cocoa, neu D. D. neu Dei Diawl os oedd o mewn hwyliau drwg. Gŵr byr o gorff ydoedd, yn edrych yn bwysig a phob amser yn smocio cetyn ac yn gwisgo'n dwt. Gwisgai glos pen-glin a legins lledr du, a ffon, a Mr Storey yn ei drin fel ci bach. Y bonheddwr ei hun oedd yn trefnu'r gwaith i bawb a David Davies fyddai'n rhoi'r dynion ar waith: 'Y-y-y, mae'r hen ddyn eisiau i chi wneud y peth yma a'r peth arall,' oedd ei eiriau bob tro. Fyddai o byth yn dweud 'gwnewch hyn a'r llall' ac oherwydd hynny roedd pawb yn ei gymryd yn ysgafn, ond roedd Dad yn ei hoffi ac yn ei weld o'n deg bob amser efo fo.

Roedd David Davies yn Fedyddiwr i'r carn ac yn flaenor yn y capel Baptist. Ei gyd-flaenoriaid oedd Tomi Austin, Berti Jefferys, Tomos Jones ac Ifan Jones y Bonc. Ifan Jones oedd y codwr canu bob tro ac fe godai'r nodyn efo fforc diwnio drwy ei tharo'n erbyn bwrdd y set fawr, gan nad oedd yno organ na phiano. Meinciau gyda'r cefn yn symud o'r naill ochr i'r llall oedd set fawr y capel. Pan oedd David Davies yn cymryd rhan yn y gwasanaeth cyfarfod gweddi, byddai'n dewis yr emynau a'r darlleniadau hiraf posib, ac roedd yn weddïwr hir ofnadwy hefyd – neu felly y swniai i ni beth bynnag. Ar ôl i'r canu undonog orffen, byddai'n plygu ar un ben-glin gan bwyso'n erbyn y fainc a'i law chwith o dan ei dalcen i ddal ei ben moel. Dyna'r unig droeon i ni'r plant ei weld o heb ei het. Byddai'n gorffen ei weddi bob amser drwy ddweud, 'Cofia, o Dad, am y plant bach tlawd a diniwed, a'r anghenus yn yr India, Amen'.

Methodistiaid oeddem ni, neu Bresbyteriaid heddiw. Y blaenoriaid oedd Bert Ty'n Pistyll, sef W. H. Morris, Wil Tŷ Cerrig, sef William Roberts, Ned Hafod y Garreg, sef Edwart Lloyd, Richie Orrit, David Charles Morris a Dad, ond weithiau pan nad oedd gwasanaeth nos yn Saron, ein capel ni, fe fyddai 'nhad yn troi'n Fedyddiwr a ninnau efo fo a byddai David Davies yn falch iawn o'n gweld yn ei gapel.

Rhwng cowmyn, wagenwyr, bugeiliaid, ciperiaid, garddwyr, seiri maen a choedwigwyr, roedd dros ugain o ddynion a merched yn gweithio'n y plas, heb sôn am y morynion oedd yn gweini yn y plasty, a'r mwyafrif ohonyn nhw'n byw ar y stad, tra oedd y gweddill yn dod i fyny o Lyn Ceiriog.

Dyddiau rhyfel

Y cof cyntaf sydd gen i o'm cartref newydd oedd bod y fyddin yn adeiladu gwersyll milwrol newydd o fewn tri chan llath i'r tŷ, gan fod yr Ail Ryfel Byd wedi dechrau rhyw chwe mis ynghynt. Ymhen ychydig wythnosau roedd y tair sied hir ar wahanol lefelau yn llawn milwyr yn gwibio'n ôl ac ymlaen fel morgrug. Caed pob math o arfau a lorïau cario milwyr o gwmpas y lle y tu allan, a phob un wedi ei baentio'n wyrdd ac yn lân. Milwyr a ddaethai i fyny o wersyll Park Hall ger Croesoswallt, prif wersyll y fyddin yn yr ardal, oedd y mwyafrif o'r rhain.

Yng nghanol y cae gerllaw ein cartref newydd roedd dau chwilolau *(searchlights)* wedi cael eu codi er mwyn cadw golwg ar awyrennau'r Almaenwyr a groesai yn ystod y nos. Ceisiodd Dad egluro i ni orau y medrai beth oedd diben y goleuadau ond nid oeddwn i'n deall yn iawn beth oedd o'n ei ddweud, er, gwyddwn eu bod nhw'n fy hudo i. Collais oriau o gwsg drwy gydol y rhyfel yn eistedd ar silff ffenestr fy ystafell wely yn gwylio'r rhain yn gweithio. Yn sydyn ynghanol distawrwydd a thywyllwch y nos, fe fyddai'r chwilolau, a gâi eu gweithio efo batris anferth, yn goleuo fy ystafell fel golau dydd. Yr un mor sydyn byddwn innau'n neidio o'm gwely ac yn dringo ar silff y ffenestr i weld y golau'n symud yn ôl ac ymlaen ac yn croesi'i gilydd driphlith-draphlith yn yr awyr wrth chwilio am yr awyrennau yn y tywyllwch. Roedd hyn yn digwydd ymhell cyn imi glywed sŵn hymian undonog yr awyrennau'n agosáu yn araf, a phan oeddynt i'w clywed uwchben, byddai fy nhrwyn i'n dynn ar y gwydr a minnau'n cynhyrfu braidd, gan fy mod yn gallu eu gweld yn sgleinio am ychydig yn y golau. Wedyn byddai'r sŵn yn tawelu'n araf ac yn diflannu i'r pellter wrth iddynt fynd yn eu blaenau efo'u bomiau trymion i fomio dinas Lerpwl a Phenbedw. Weithiau gallwn glywed sŵn y bomiau'n ffrwydro yn y pellter hyd yn oed.

Un noson roedd y bomio i'w glywed yn nes nag arfer a thrannoeth y bore clywais Dad yn dweud wrth Mam, wedi iddo gyrraedd adref ar ôl bod allan efo'r *Home Guard*, beth oedd wedi digwydd yn ystod y nos. Roeddwn innau wedyn wrth gwrs eisiau gwybod yn union beth oedd wedi digwydd, a cheisiodd yntau egluro i mi drwy ddweud bod Lerpwl a Manceinion wedi cael eu bomio'n drwm iawn y noson honno. Ond y gwir oedd mai ar fynydd Rhosllannerchrugog ger Wrecsam y gollyngwyd y bomiau. Roedd yr Almaenwyr yn credu eu bod nhw'n taro dociau Lerpwl. Ychydig iawn oedd hynny'n ei olygu i mi ar y pryd, nes imi ddod ychydig yn hŷn a deall fod bomio'n dinistrio popeth. Ar ôl imi ymadael ysgol yn bymtheg oed y gwelais i Lerpwl gyntaf erioed, ac er bod y ddinas wedi dioddef yn ofnadwy yn ystod y rhyfel, roedd y mwyafrif helaeth o'r llanast wedi'i glirio erbyn hynny.

Prif bwrpas gwersyll Nantyr oedd hyfforddi'r milwyr ar gyfer mynd allan i'r rhengoedd blaen ar faes y gad yn Ffrainc a Gwlad Belg. Mynydd Dolydd Ceiriog oedd safle ymarferion saethu'r fyddin, gerllaw'r caban a adeiladwyd yn 1920 i saethwyr grugieir ymochel a bwyta'u cinio ar ddiwrnod saethu, rhyw ddwy filltir o Flaen y Cwm.

Roedd yn adeg gynhyrfus dros ben i ni'r plant; gweld y milwyr yn pasio drws ein cartrefi yn eu lorïau mawrion gan dynnu gynnau a phethau eraill yn ddyddiol, a nifer o jîps yn eu mysg erbyn y diwedd gan fod rhai o filwyr America yno hefyd. Dyma'r tro cyntaf i ni weld y fath bethau ac roeddwn i wedi gwirioni'n llwyr efo'r rhain, yn gwibio'n gyflym yn ôl ac ymlaen drwy'r dydd, a sŵn yr ymarferion i fyny yn y mynydd i'w glywed yn blaen o'n tŷ ni. Roedd hyn i gyd yn creu awydd ofnadwy arnaf i fynd i fyny i'r mynydd i weld beth oedden nhw'n ei wneud yno, ond roedd Dad a Mam wedi fy siarsio i beidio â mynd yn agos i'r lle.

Ar ôl pedair blynedd o hyn bron bob dydd, aeth y demtasiwn i un busneslyd fel fi yn ormod. Llwyddais i berswadio Islwyn fy mrawd i ddod efo mi un min nos yn yr haf, ar ôl iddyn nhw orffen ymarfer yn gynnar yn y prynhawn. Sleifiodd y ddau ohonom i fyny i'r safle yn slei bach, yn syth ar ôl te cyn i Dad ddod adref o'i waith, gan obeithio cyrraedd yn ôl o'i flaen. A beth welsom ni yn y grug, yn sypiau mawr yma ac acw ym mhobman ar hyd y mynydd, ond sieliau bwledi gweigion o wahanol faint. Dyma fynd ati ar unwaith i lenwi pob poced, a throi blaen ein siwmperi i ddal cymaint ag y medrem. Weithiau deuem ar draws rhai byw yn eu mysg, ac adref â ni, cyn gynted ag yr oedd modd gyda'r fath lwyth.

Pan oedd y ddau ohonom o fewn rhyw ychydig lathenni i gyrraedd ein cuddfan, gwelsom yr hen ddyn yn disgwyl amdanom. 'A ble'r ydych chi eich dau wedi bod y diawliaid bach?' holodd, fel plismon wedi dal plant drwg, 'Rydan ni wedi bod yn chwilio amdanoch chi ym mhobman.' Pan welodd y bwledi gweigion, roedd yn amlwg iddo ein bod ni wedi bod i fyny yn y mynydd. 'Mi ddywedais i wrthoch chi nad oeddech chi i fynd yn agos i'r safle, yndo?' meddai. Ni ddywedodd yr un o'r ddau ohonom air, dim ond edrych ar y llawr yn euog gan obeithio y buasai hwnnw'n agor a'n llyncu er mwyn i ni gael dianc o afael Dad.

Ar ôl iddo orffen dweud y drefn, dywedodd, 'Mae'n well i mi gael gweld beth sy' gennych chi'r diawliaid bach drwg,' a dadlwythodd y ddau ohonom y sieliau i gyd yn un swp ar y llawr. Aeth Dad drwyddynt yn ofalus, rhag ofn bod rhai llawn yn eu mysg. Pwysleisiodd eto inni beidio byth â mynd i fyny i'r mynydd heb ddweud wrthyn nhw yn gyntaf.

Y cam naturiol nesaf oedd dangos y bwledi gweigion i'n ffrindiau a chwarae soldiwrs efo nhw, ond roedd yn rhaid cael gynnau i fod yn soldiwrs go iawn. Aethom ati i chwilio am ddefnydd i wneud y gynnau a darganfod hen ystyllen tua chwe throedfedd o hyd, tair modfedd o led a modfedd o drwch yn gorwedd ar lawr y graneri. Wedyn, heb ofyn caniatâd neb, ceisio'i thorri yn ei hanner efo llif *bushman* Dad a chael cythgam o drafferth, gan fod y llif bron gymaint â ni. Yr her nesaf oedd ei naddu i siâp gwn, efo cryman i ddechrau a chyllell boced wedyn, ond nid oedd y gynnau'n gyflawn heb gael baril iddyn nhw, ac felly dyma ddechrau chwilio am ryw fath o beipen i wneud y gwaith. O'r diwedd, ar ôl oriau o chwilio, cawsom hyd i hen ben gwely haearn gyda pheipiau tua dwy droedfedd o hyd gyda hanner modfedd yn ei ganol yn nhomen sbwriel gardd drws nesaf. Roedd y peipiau i'r blewyn ar gyfer y gynnau, gan fod y bwledi gweigion yn ffitio i'r dim i'r baril, bron fel gwn go iawn. Gofynnodd Islwyn i Dad a fuasai o'n torri'r peipiau i ni efo haclif, ac fe wnaeth ar ôl cael caniatâd

John Hammond Williams i fynd i'r ardd i nôl yr hen ben gwely.

Y gwaith nesaf oedd clymu'r peipiau efo weiren fain a staplau bach mewn dau neu dri lle. Pan welodd ein ffrindiau y gynnau, roeddent hwythau eisiau gwneud un wedyn, ac ymhen dim roedd y rhan fwyaf ohonom ni'r bechgyn yn chwarae soldiwrs ac yn gweiddi 'Bang! Bang!' nes bod pawb wedi diflasu ar y sŵn, yn enwedig ein rhieni. Roedden ni blant yn gorfod bod yn fwy dyfeisgar yr adeg honno am nad oedd gan ein rhieni aur nac arian i brynu teganau siop, fel sydd gan rieni heddiw. Ein hunig arf oedd cyllell boced, a'n dychymyg wrth gwrs.

Roedd sieliau'r bwledi wedi achosi gofid mawr i Dad a Mam. Yn wir, gymaint oedd eu pryder, byddent yn ein rhybuddio'n ddyddiol i beidio mynd yn agos i'r mynydd eto heb iddyn nhw fod efo ni.

Mi gefais i a phawb arall yn Ysgol Nantyr andros o fraw yn ystod toriad ganol bore un diwrnod, rhyw ddwy flynedd cyn diwedd y rhyfel a chyn inni ddechrau cael cinio ysgol, oherwydd bwled .22 fyw.

Concrid oedd llawr y gegin a'r cyntedd yn yr ysgol, ac fel y mwyafrif o'r bechgyn bryd hynny, mi fyddwn i bob amser yn gwisgo esgidiau hoelion. Yr arferiad bob tro wrth ddod allan o'r dosbarth i fynd at y bag bwyd, a fyddai'n wastad yn hongian ym mhen draw'r cyntedd, oedd sglefrio ar draws y concrid o un pen i'r llall gan wneud sŵn byddarol, a chael cerydd bron bob tro am wneud hynny. Wrth wneud felly y bore arbennig hwn, efo nifer o 'nghyfeillion, dyma andros o glec o dan fy nhroed a thaflwyd fi ar fy hyd yn erbyn y wal, ar draws y cadeiriau oedd yno. Y peth nesaf a glywais oedd y plant eraill oedd efo mi yn gweiddi, 'Beth sy' wedi digwydd i ti? Wyt ti'n iawn?' a chyn i mi gael cyfle i'w hateb, rhuthrodd yr athrawon a phawb arall yno i gael gweld beth a achosodd y glec. Eisteddwn yno ar y llawr, fel hwythau'n methu deall beth oedd wedi digwydd, ond wrth lwc, nid oeddwn wedi cael fy anafu.

Roedd yr arogl ffrwydron yn gryf a gwaeddodd y brifathrawes arnaf, 'Beth wyt ti wedi bod yn wneud? Wyt ti wedi bod yn chwarae castiau eto?'. Erbyn hyn roedd gennyf ofn dweud y gwir wrthi, mai sglefrio'r oeddwn i ar draws y cyntedd, gan ei bod wedi dweud wrthyf sawl tro i beidio â gwneud hynny. Ond yn y diwedd mentrais ddweud wrthi beth yn union yr oeddwn wedi ei wneud. A dweud y gwir, nid oedd gen i fawr o ddewis ac roedd hi'n gweld fy mod wedi dychryn. Ceisiais ddangos y llwybr yr oeddwn i wedi ei gymryd ac wrth edrych o gwmpas y llawr, fe sylwodd fod twll tua modfedd a hanner yn y concrid. Wrth iddi archwilio'r twll ymhellach, gwelodd y fwled .22 fach wag i mewn yn y twll. Diolch i'r drefn mai ar i lawr y tu mewn i'r concrid yr oedd y fwled, ac nid ar i fyny. Petai hynny wedi digwydd mi allwn i fod wedi cael fy nghlwyfo'n arw.

Ymgasglodd pawb yn y dosbarth a holodd y brifathrawes ni'n fanwl am y fwled, gan geisio ein dychryn drwy ddweud beth a allai fod wedi digwydd, sef y gallwn i fod wedi cael fy lladd yn hawdd iawn. Ar ôl clywed hyn, cyfaddefodd Brian Shenton, un o'r faciwîs, mai ef oedd piau'r fwled. Roedd o wedi'i dwyn o wersyll y milwyr pan aeth yno i gasglu gwastraff o'r gegin i fwydo'r mochyn oedd ganddynt yn Nhyddyn Bychan. Dywedodd ei bod wedi disgyn allan o'i boced wrth iddo redeg o gwmpas yr ysgol. Siarsiodd y brifathrawes bob un ohonom i beidio dod ag unrhyw beth fel yna i'r ysgol byth eto, a chosbodd Brian yn llym am ddwyn.

Os ewch chi i fyny i fynydd Dolydd Ceiriog heddiw a thurio ychydig o dan y grug, fe fyddwch yn sicr o weld rhai o'r bwledi gweigion yn dal yno ar ôl yr holl flynyddoedd.

Ar wahân i afalau, orennau ac ychydig o fferins, hwn oedd y cyfnod pan gawsom ni blant yr anrheg Nadolig go iawn cyntaf, sef eroplen wedi ei gwneud o bren a'i pheintio'n las, sef lliwiau'r llu awyr, a thanciau gwyrdd lliw'r fyddin ar olwynion, y cyfan wedi eu gwneud gan y milwyr yn y gwersyll. Roedd nifer o Gymry Cymraeg yno ond dim ond un, a oedd yn hanu o'r de, fyddai'n cymryd sylw ohonom ni'r plant, a hynny am ei fod yn hŷn na'r gweddill. Byddai'n dod acw'n aml fin nos i gael sgwrs a thynnu coes gyda'i straeon, a ninnau wrth ein boddau yn ei gwmni. Ni fedraf yn fy myw gofio'i enw ond fel 'Cymro' yr oeddem yn ei adnabod; gŵr hyfryd iawn.

Pan oedd y rhyfel yn tynnu at ei therfyn, gwelwyd nifer helaeth o filwyr America yn dod i'r gwersyll, er bod rhai wedi bod yn dod yno bron o'r dechrau. Dyna beth oedd criw swnllyd, yn siarad yn uchel ac yn cnoi gwm drwy gydol yr amser, gan smocio sigârs drewllyd a'n galw ni blant yn *'kids'*. Byth ers hynny nid oes gennyf fawr i'w ddweud wrth y genedl honno. Ond un diwrnod, pan oeddem allan yn chwarae yn yr ysgol – a oedd ar fin y ffordd a arweiniai i'r gwersyll – daeth tua dwsin o lorïau yn llawn o'r milwyr Americanaidd hyn heibio, un ar ôl y llall, gan daflu nifer fawr o 'beli melyn' atom wrth basio. Yn sydyn roedd hi'n debyg iawn i'r *Gold Rush*, gyda phawb yn sgrialu ar draws ei gilydd fel brain ar lwgu i gasglu cynifer ohonynt â phosibl, a hynny'n arwain at ffraeo ac ymladd hyd yn oed. Gwelodd y brifathrawes beth oedd yn digwydd a daeth allan i orfodi'r rhai oedd wedi cael mwy nag un i'w rhannu efo'r rhai oedd wedi methu cael un. Beth oedd y 'peli melyn' ond orennau aeddfed hyfryd. Dyna'r tro olaf inni weld yr Americanwyr, gan iddynt adael yr un mor sydyn ag y daethant.

Hefyd yn ystod 1942, fe ddaeth carcharorion rhyfel i fyw ac i weithio ar bron bob un o'r ffermydd. Eidalwyr oedd y rhai cyntaf, wedi eu gwisgo mewn siwt carcharor rhyfel gyda darn o frethyn sgwâr lliw glas wedi ei osod ar gefn pob dilledyn, a hefyd ar goes y trowsusau, er mwyn i bawb wybod mai carcharorion oedden nhw. Giorgio Domenico oedd yn Hen Hafod, ac am gyfnod byr bu Tony Margani yn Nhŷ Ucha, a Quartilio Sepoloni yn Nhy'n Celyn. Nid wyf yn cofio enwau'r gweddill. Ond fe gafodd Raymond Parry, fferm Ty'n Twmpath, dipyn o drafferth efo'i Eidalwr nhw o Sicili, oherwydd fe ymosododd ar Raymond a bu'n rhaid mynd ag ef oddi yno yn ôl i'r ganolfan gadw. Diffyg dealltwriaeth ieithyddol oedd achos yr helynt yn ôl Dad.

Ar wahân i'r rhai oedd yn byw ar y ffermydd, deuai llond lorri o Eidalwyr a swyddogion o'r fyddin (i wneud yn siŵr nad oedden nhw'n dianc) i fyny i weithio bob dydd o wersyll arbennig yn St Martins ger Croesoswallt. Eu gwaith oedd draenio'r caeau efo caib a rhaw, a hynny am ddim i'r ffermwyr, ac roedd croeso mawr iddynt gan bob ffermwr, fel y gellwch chi fentro. Charles Jones, Llwythder Isa, Llanarmon Dyffryn Ceiriog oedd yn gyfrifol am ofalu amdanynt, trefnu eu gwaith a gwneud yn siŵr eu bod nhw'n gweithio, ond ychydig iawn o ddylanwad yr oedd o'n ei gael arnyn nhw. Byddem ni blant yn ei glywed o'n gweiddi arnynt yn dragwyddol wrth iddynt ddraenio Weirglodd Austin o dan y ffordd i'r ysgol. Yn ôl Charles Jones, roedd yn rhaid iddo weiddi gan eu bod nhw'n ofnadwy o ddiog ac yn ôl Dad, roedd o'n llygad ei le.

Yn gyd-fforman arnynt efo Charles Jones yr oedd Arthur Roberts, gŵr Mrs Roberts y brifathrawes. Deuai i fyny i'r ysgol ar ei foto-beic bob dydd, a'i wraig efo fo yn y seidcar. Nid oedd swyddogion y fyddin i fod i weithio gyda'r carcharorion rhyfel, dim ond cadw golwg arnyn nhw.

Diflannodd yr Eidalwyr i gyd oddi ar y ffermydd yn sydyn ac yn eu lle daeth Almaenwyr. Eto fel yr Eidalwyr, roedd yr Almaenwyr hefyd yn gorfod gwisgo dillad carcharorion rhyfel, ond dillad o liw brown golau gyda chylch mawr melyn ar y cefn a'r trowsus oedd gan y rhain. Dim ond dau o'r Almaenwyr yr wyf fi'n eu cofio. Gweithiai Rudolph Volm yn Hen Hafod; roedd o'n gerddor da ac yn ffidlwr gwych, a hefyd yn hoff iawn o waith coed a gwneud basgedi. Fe wnaeth fasged olchi hyfryd i Mam gario dillad. Wilhelm Licht oedd y llall, yn Nhy'n Celyn, a hwn eto yn gerddor gwych ac yn arbennig o dda am ganu'r piano, er ei fod wedi colli dau o'i fysedd yn y rhyfel. Roedd y ddau yn hollol wahanol i'r Eidalwyr, yn weithwyr heb eu hail ac yn mwynhau cymdeithasu ac wrth eu boddau'n cymryd rhan yng ngweithgareddau'r ardal. Ymhen dim o dro roedden nhw wedi cael eu derbyn ac yn cael eu trin fel un ohonom ni. Aeth Wilhelm Licht adref yn syth ar ôl diwedd y rhyfel ond fe arhosodd Rudolph Volm am ychydig, gan ei fod wrth ei fodd yn Nantyr.

Ymhen blwyddyn ar ôl i'r rhyfel ddod i ben, caewyd y gwersyll a chliriwyd y safle, gan gynnwys y ddau chwilolau, ond mae'r cae hwnnw'n dal i gael ei alw'n 'Cae Searchlights' byth ers hynny.

Roedd galw mawr am goed derw ar ôl diwedd y rhyfel a chan fod llwyn, neu goedwig o goed derw o safon uchel o fewn ychydig lathenni i gefn tŷ Blaen y Cwm, penderfynodd Mr Storey eu gwerthu. Roedd y gwaith o ddymchwel a chludo'r coed yn digwydd yn ystod misoedd yr hydref a'r gaeaf a gwelwyd lorïau mawrion unwaith eto'n pasio'n ôl ac ymlaen heibio i ddrws ein tŷ ni. Achosent anferth o lanast; mwd ym mhobman a Mam yn chwarae'r andros efo nhw, a hefyd efo fy mrawd a minnau am faeddu'r tŷ drwy redeg i mewn ac allan yn dragwyddol. Ond roeddem yn fyddar i'r cyfan ac wrth ein boddau ynghanol y mwd, yn fusnes i gyd.

Ychydig lathenni i mewn i'r goedwig dderw yr oedd caban bwyd ac ymochel y gweithwyr, gyda meinciau pren ar hyd y ddwy ochr a digon o le i ddeg o ddynion eistedd yn gyfforddus ynddo. Yn ystod pryd bwyd, neu ar ddiwrnod gwlyb iawn pan oedd y dynion yn gorfod aros i mewn yn y caban, a minnau gartref o'r ysgol, roeddwn i bob amser i mewn efo nhw yn y caban yn busnesa ac yn gwrando ar bopeth. Dyna pryd y dysgais i adrodd am y tro cyntaf, a hynny yn Saesneg, gan mai Saeson oedden nhw i gyd. Roedd y rheswm am fy mrwdfrydedd i ddysgu adrodd ym mhecyn bwyd y dynion bob dydd, sef darn o gacen sinsir neu ffrwythau ac mi roeddwn i – fel ag yr ydw i hyd y dydd heddiw – yn hoff iawn o'r math yma o gacen. Roedd gweld y dynion yn bwyta'r rhain yn tynnu dŵr o'm dannedd, a sylweddolodd y dynion hyn yn fuan iawn. Awgrymodd un ohonynt wrthyf, os oeddwn i eisiau tamaid o gacen, fod yn rhaid imi adrodd rhywbeth yn gyntaf, yn union fel *Little Tommy Tucker* yn gorfod canu am ei swper! Y dasg a roddwyd i mi un bore Llun oedd dysgu'r rhigwm gwirion hwn erbyn dydd Gwener: '*Welshman, Welshman, travelling through Wales, riding on a nanny goat selling pigs tails*'. Treuliais oriau bob nos yn ceisio'i ddysgu ond roedd dysgu rhywbeth Saesneg yn anodd iawn am mai ychydig iawn o Saesneg oedd gennyf. Cymraeg oedd iaith yr aelwyd a iaith chwarae'r ysgol. Pan ddaeth yr awr fawr brynhawn dydd Gwener, gosodwyd fi ar ben un o'r meinciau i adrodd y rhigwm ac mi gyflawnais y dasg ac ennill fy ngwobr gyntaf erioed, sef tamaid o'r gacen ffrwythau fendigedig!

Dyddiau Prifysgol Nantyr

Credaf mai'r ysgol gynradd yw'r brifysgol i blant. Yma mae sylfeini addysg bywyd yn cael eu gosod, y ddisgyblaeth a'r parch tuag at bobol eraill a'u heiddo, sydd bron wedi diflannu erbyn heddiw. Yn fy marn i, rhieni modern a deddfau gwirion y llywodraeth sydd i'w beio am hynny ac nid y plant na'r ysgolion.

Fy mhrifysgol i oedd ysgol fach Nantyr a adeiladwyd yn 1912 i gynllun unigryw. Y tu blaen i'r adeilad, a oedd yn wynebu'r De, roedd dwy ffenestr anferth mewn pum rhan yn ymestyn o'r llawr i'r nenfwd, gyda nifer fawr o paenau gwydr dwy droedfedd wrth droedfedd, ac felly y mae hi hyd heddiw. Roedd dwy ran i bob ffenestr bryd hynny, yn agor am allan yn ystod y tywydd braf i lain gwastad o darmac, tua chwe llath o led. Yna caed dwy ffenestr mewn tair rhan, tua chwe throedfedd o hyd wrth bedair troedfedd, yn y to llechi byr, a dwy eto ym mhob rhan a gâi eu hagor am allan ar dywydd braf.

Un ystafell ddysgu fawr wedi ei rhannu'n ddwy gan bartisiwn a fedrai agor a chau oedd y tu mewn, a chyntedd helaeth i hongian dillad a bagiau bwyd. Caed tŷ bach a chwt glo ym mhen ucha'r buarth. Deallaf mai ychydig iawn o ysgolion sydd wedi cael eu hadeiladu yn y dull yma. Y prif reswm am hyn, yn ôl y sôn, oedd ei bod yn ofynnol cael digon o olau ac awyr iach i geisio arbed y plant rhag clefyd y diciâu, a achosai broblemau mawr i'r awdurdodau yn y trefi a'r dinasoedd yn y cyfnod hwnnw.

Yr ysgol, ynghyd â'r ddau gapel, sef capel y Bedyddwyr ble cynhelid yr ysgol cyn codi'r adeilad newydd a chapel y Methodistiaid, neu'r Presbyteriaid heddiw, oedd calon y gymuned. Yn yr ysgol y cynhelid eisteddfodau, dramâu, pawb yn ei dro, a phob math o weithgareddau eraill. Mae un eisteddfod arbennig yn dod i'r cof yn dilyn helynt cystadleuaeth y prif unawd. Roedd nifer fawr yn cystadlu ac yn eu plith hen ferch o Lyn Ceiriog o'r enw Miss Pickering, mewn oedran da ac wedi dysgu Cymraeg. Y beirniad oedd Mr R. W. Ellis, perchennog siop a swyddfa bost ym mhentref Pontfadog, a gŵr o athrylith arbennig ym myd cerddoriaeth yn ei dyb ef ei hun! Ar ôl bod ar ei draed am dros hanner awr yn dyfarnu'r unawdwyr, daeth at y gystadleuwriag olaf, sef Miss Pickering, ac roedd ei sylwadau'n llym iawn. Gorffennodd ei feirniadaeth drwy ddweud wrth yr hen ferch, yn Saesneg, *'Your voice and your bellows have finished'* a dechreuodd y gynulleidfa forio chwerthin, gan fod ei sylwadau'n berffaith gywir! Gwylltiodd yr hen ferch a bygwth y beirniad â llythyr twrnai ac yn ôl y straeon a glywyd yn dilyn y perfformiad, cafodd y beirniad dewr gryn drafferth efo hi. Ni chanodd hi byth yn gyhoeddus wedi hynny.

Caewyd yr hen ysgol gan Gyngor Sir Ddinbych yn 1961 am nad oedd digon o blant i'w chynnal, tra cludid yr ychydig rai a oedd yno i lawr i'r Glyn. Serch hynny, mae'r adeilad yn dal i gael ei ddefnyddio fel canolfan allanol i ysgolion eraill. Mae ei pherchenogion, Cyngor Sir Wrecsam, wedi gwario dros gant chwe deg pump o filoedd o bunnau arni'n ddiweddar i'w moderneiddio, gyda chymorth nawdd o gronfa'r Loteri Genedlaethol. Yn bersonol, credaf fod hyn yn wastraff arian llwyr gan nad oes neb yn y gymuned leol ei hangen mwyach, tra bod pentref Glyn Ceiriog yn crefu am ganolfan newydd ac wedi cael eu gwrthod gan Gyngor Sir Wrecsam.

Mae'r diwrnod cyntaf yn Ysgol Nantyr yn dal yn fyw iawn yn fy nghof. Fy nhad aeth â fi yno ar gefn ei feic, a minnau'n eistedd ar y bar, taith o tua milltir a chwarter. Torrais fy nghalon yn llwyr wrth ei weld yn fy ngadael yng ngofal Miss Mair Eluned Roberts, athrawes y plant bach, gan mai dyma'r tro cyntaf i mi fod oddi wrth fy rhieni. Roeddwn yn swp bach yn y gornel ac yn crio'n hidl drwy gydol yr amser. Cafodd Miss Roberts andros o waith i'm cadw yn yr ysgol gan fy mod eisiau mynd adref. Bu'n rhaid i Dad fynd â mi yno bob dydd am tua wythnos cyn imi ddechrau dygymod â'r lle.

Wedi imi setlo, roedd yn rhaid cerdded tua milltir a chwarter bob dydd i'r ysgol, drwy bob tywydd, efo pecyn bwyd mewn bag ar fy nghefn. Brechdanau jam cyrens duon neu eirin damson, tamaid o gacen ffrwythau a sgon, a photel fach o laeth buwch fyddai'r bwyd fel arfer, gan nad oedd cyfleusterau coginio yn yr ysgol yn y flwyddyn gyntaf. Os oedd y tywydd yn

27

braf byddem yn bwyta ein cinio allan ar y glaswellt, ond ar dywydd drwg roedd pawb i mewn yn bwyta wrth ei ddesg.

Merch ifanc oedd Miss Roberts, yn gorfod cwblhau blwyddyn o ddysgu cyn mynd i'r coleg. Roedd ei gofal amdanaf yn arbennig, bron cystal â Mam, ond byr iawn fu ei harhosiad yn yr ysgol. Mi dorrais fy nghalon eto wrth ddeall ei bod yn gadael ar ddiwedd y tymor. Heddiw, wrth edrych yn ôl ar ei gweithredoedd da ar hyd y blynyddoedd, sy'n ddirifedi, ni allaf feddwl am well teyrnged i Miss Mair Eluned Roberts na dweud ei bod yn wir Gristion.

Yn ystod gwyliau'r haf hwnnw wedi iddi adael, addaswyd cyntedd yr ysgol yn gegin, gan osod stôf a phopty mawr i goginio cinio poeth i bawb. Ar y fwydlen byddai un sleisen fach o gig – eidion, porc, neu oen – a gâi eu cyflenwi gan y cigydd Cefni Parry o'r Glyn, dwy daten, moron a chabaets, neu weithiau stwmp maip, sosej a grefi fel dŵr! I bwdin caem gwstard tenau a tharten jam mafon cochion wedi ei choginio mewn tun hir a'i thorri'n ddarnau dwy fodfedd wrth dair. A hefyd, bob yn ail, caem sego neu semolina andros o ddiflas a lwmp o jam yn ei ganol, ych a fi, roedd yn gas gennyf ei weld, ac rwy'n dal felly hyd heddiw. Un peth da am yr hen gogyddes flin, roedd digon o fwyd i'w gael a 'seconds' bob dydd i bawb, ac er mor ddiflas ydoedd, roedd yn well na brechdanau. Y gost am ginio ysgol oedd pum ceiniog y dydd.

Cogyddes yr ysgol oedd Fflori Morris o'r Pandy ger Glyn Ceiriog. Roedd hi tua deugain oed ac yn ddynes denau tua phum troedfedd o daldra. Roedd hi hefyd yn hen ferch i'r carn a phob amser yn gwisgo dillad duon, gyda'i hwyneb blin a'i llais cras fel brân dyddyn, ac fe smociai'n drwm. Fe ddaeth hi'n amlwg yn fuan iawn nad oeddwn i'n un o ffefrynnau Fflori Morris gan ei bod yn pigo arnaf byth a beunydd am rywbeth neu'i gilydd, felly un diwrnod, penderfynais chwarae tric arni heb i neb arall wybod.

Yn ystod y gaeaf byddai Miss Morris yn wastad yn gwisgo côt ffwr ddu, ac roedd hi wedi cael peg wedi ei osod yn arbennig i hongian y gôt ar y wal yn ymyl y stôf i'w chadw'n gynnes nes y byddai arni ei heisiau i fynd adref. Un diwrnod, gwelais fy nghyfle yn ystod amser chwarae'r bore, pan oedd hi a'r ddwy athrawes yn eistedd o flaen tanllwyth o dân agored yn yr ystafell dosbarth yn cael paned o de a smôc. Ar ôl gwneud yn siŵr nad oedd neb yn medru fy ngweld, sleifiais i mewn i'r gegin a rhwymais waelod un llawes y gôt gyda chortyn, a gollyngais dwrch marw yr oedd fy nhad wedi ei ddal yn yr ardd gartref y diwrnod cynt i mewn i'r llawes.

Byddai Miss Morris yn arfer gadael ei gwaith bob dydd yn brydlon am ddau o'r gloch. Y diwrnod hwnnw, wrth iddi roi ei chôt amdani am bum munud i ddau fel arfer, clywyd y sgrech fwyaf byddarol a glywodd yr ysgol erioed! Rhuthrodd y brifathrawes allan mewn dychryn mawr, a phawb arall ar ei hôl i weld beth oedd wedi digwydd. Roedd y gogyddes druan bron mewn llewyg, yn methu dweud yr un gair dim ond cyfeirio at y gôt. Gafaelodd y brifathrawes yn y gôt a'i hysgwyd a disgynnodd y twrch marw ar y llawr. Dechreuodd bob un o'r plant chwerthin ond nid oedd Miss Morris yn gweld y peth yn ddigri o gwbl! Fe gafodd y weithred y fath effaith arni fel y bu'n rhaid i'r athrawon wneud paned o de iddi i'w thawelu cyn iddi fynd adref. Wrth weld mai twrch oedd wedi achosi'r fath helynt, trodd y brifathrawes atom ni blant i ofyn yn sarrug pwy oedd yn gyfrifol am hyn, gan edrych arnaf i. Chafodd neb heblaw Lawrence Evans, fy ffrind pennaf, wybod am ddyddiau mai fi oedd y gwalch drwg ac fe barhaodd llid y gogyddes am fisoedd ar bron bob un o'r bechgyn mwyaf, a minnau yn eu plith wrth gwrs.

Fy mhrifathrawes gyntaf oedd Miss Morris o ardal Wrecsam; dynes fain, denau ond yn dlws o ran pryd a gwedd, gyda gwallt du fel y frân a hwnnw bob amser yn dwt ac fe wisgai'n daclus hefyd. Ond roedd hi'n gas wrth bawb bron, yn enwedig y rhai mwyaf drygionus. Welais i na neb arall yn yr ysgol erioed mohoni'n gwenu, na hyd yn oed yn cilwenu. Yn ystod y gwersi byddai'n cerdded i fyny ac i lawr rhwng y desgiau gyda phren mesur yn ei llaw, gan ei daro'n erbyn canol y llaw arall bob hyn a hyn, er mwyn ein dychryn. Ychydig iawn o esgus oedd arni ei angen i'n taro ni'r bechgyn ar draws ein migwrn efo ochr y pren mesur, a hefyd ar asgwrn y goes o dan y pen-glin – roedd hynny'n waeth o lawer na chael y ffon. Hwyrach fod yn gas ganddi ddynion! Yn wir, roedd pawb yn falch o'i gweld yn gadael.

Olynydd Miss Morris oedd Miss Laura Edwards o Lansilin, athrawes glên, ac i'w dilyn hi daeth Mrs Sera Jane Roberts o'r Glyn a ailbriododd yn ddiweddarach â'r mathemategydd byd-enwog Lancelot Hogen. Roedd Mrs Roberts yn wraig ffeind, hwyliog ac yn smocio fel simdde, yn hollol wahanol i'r hen Fiss Morris. Hwyrach ei bod yn rhy ffeind i ddelio efo plant direidus fel ni. Ond mae gwahaniaeth mawr rhwng bod yn ddrwg a bod yn ddireidus; chwarae diniwed heb falais ydi direidi. Oedd, roedd gan bob un ohonom barch mawr tuag ati.

Ymhen pedwar mis wedi i mi ddechrau'r ysgol, ar yr wythfed o Ionawr 1943, ganed fy chwaer Gaynor. Derbyniais y newyddion rai eiliadau wedi i 'nhad eu cael, wrth iddo ddod allan o'r ciosg ffôn yn ymyl yr ysgol yn ystod ei awr ginio. Gan fod hyn yn achlysur pwysig i mi, cefais fynd adref gydag o'n gynnar ar far y beic. Babi bach eiddil iawn oedd Gaynor a phan oedd hi'n bedair oed bu'n wael iawn efo afiechyd y deubas, neu'r pas. Un noson, pan oedd yr afiechyd yn ei anterth, bu bron iddi farw. Roedd yn pesychu drwy gydol yr amser ac yn methu cael ei hanadl, a Dad a Mam yn poeni'n ofnadwy amdani, ond drwy ryw ryfeddol wyrth a gofal ddydd a nos gan y ddau, fe ddaeth dros yr afiechyd ond bu'n hir iawn cyn gwella'n llwyr.

Y nifer mwyaf o blant a welais i yn yr ysgol mewn un cyfnod oedd tri deg saith o Gymry Cymraeg a dau faciwî o Lerpwl, sef Bili a Brian Shenton o Lerpwl a gafodd amser caled iawn gan mai ychydig iawn ohonom ni blant oedd yn eu deall yn siarad, am eu bod yn Scowsars.

Chwaraeon diniwed

Un tal, main fel polyn teleffon oedd Bili Shenton, tua deuddeg oed, a Brian Shenton yn gyffredin o ran taldra ac yr un oed â mi – dyma'r ddau faciwî y soniais amdanynt yn y bennod flaenorol. Gan fod Bili mor dal, câi ei gam-drin yn ofnadwy gan fechgyn hynaf yr ysgol a byddai'n gwylltio ac yn gwneud pethau'n llawer gwaeth iddo'i hun. Welais i erioed mohonom yn chwarae hoci cyn i'r ddau yma ddod i'r ysgol, ond yn sydyn un diwrnod, ar orchymyn y bechgyn mwyaf, gwelwyd pawb yn gwneud ffyn hoci o goed cyll – roedd digon o'r rheiny i'w cael yn y gwrych a ffiniai â'r cae chwarae. Wedyn penodwyd dau gapten a 'phigo' dau dîm, y bechgyn mwyaf yn un tîm a ninnau'r rhai llai yn y llall, a oedd yn cynnwys Bili a'i frawd wrth gwrs. Doedd dim sôn am reolau na dyfarnwr. Y syniad y tu ôl i hyn oedd cael esgus i waldio Bili yn gyfreithlon am nad oedd neb yn ei hoffi, gan ei fod o'n hollwybodusyn bach ac yn edrych i lawr arnom ni'r Cymry. Roedd y cae chwarae fel maes brwydr Crogen gynt, gyda ffyn yn chwifio heibio ein pennau gan daro Bili ar ei ben, ei freichiau a'i goesau nes eu bod yn ddu-las, a hynny heb i'r bêl fod yn agos iddo, a phawb arall yn gweiddi 'Dyrnwch y diawl mawr!' a chefnogi gweithred yr hogiau mawr. A chofier, os nad oeddech yn ddigon clyfar i basio'r arholiad *Eleven Plus* bryd hynny, roedd yn rhaid i chi aros yn yr ysgol tan eich bod yn bymtheg oed, felly gallwch ddychmygu maint y bechgyn hynaf.

Cafodd y creadur ei ffustio'n ddidrugaredd nifer o weithiau nes iddo wrthod dod i'r ysgol yn y diwedd, a dyna pryd y sylweddolodd yr athrawon beth oedd yn digwydd. Y canlyniad fu i'r teulu symud i lawr i'r Waun i fyw, a dyna ddiwedd ar y chwarae hoci hefyd.

Ar wahân i'r driniaeth a gafodd y brodyr Shenton, caem ninnau'r plant ieuengaf amser digon caled ar y cae chwarae hefyd. Ffens shît sinc rychog, bum troedfedd o uchder wedi ei pheintio'n wyrdd ac yn grib ar ei thop i'n harbed rhag mynd drosti, oedd terfyn gorllewinol yr ysgol. Roedd hon tua chant a hanner o lathenni o hyd o'r pen uchaf i'r pen isaf, a phan fyddai stad Plas Nantyr yn saethu ffesantod neu hwyaid yn ystod y gaeaf, byddem ni'r plant yn eu hefelychu. Ni wrth gwrs, y rhai lleiaf, oedd yr 'adar' anffodus a chan fod hanner uchaf yr iard yn eithaf serth, roedd o'n lle delfrydol ar gyfer y gêm. Ein dyletswydd ni oedd rhedeg i lawr ochr y ffens sinc o'r pen uchaf i'r pen isaf yn un rhes, un ar ôl y llall, a'n dwylo dros ein pennau i arbed ein hwynebau. Y rheol oedd, pe digwyddai pêl eich taro, byddai'n rhaid i chi ddisgyn i'r llawr fel ffesant farw, ond pe baech yn llwyddo i fynd drwy'r bombardiadau heb gael eich taro, byddai'n rhaid i chi fynd yn ôl i'r pen uchaf ac i lawr drachefn.

Y bonheddwyr, neu'r 'byddigions' i ni'r plant, sef y saethwyr, oedd y bechgyn mwyaf wrth gwrs. Byddent yn sefyll ar ddarn o goncrid gwastad y tu ôl i adeilad yr ysgol yn saethu peli atom fel yr andros – rhai ohonyn nhw'n galed ofnadwy, eraill wedi socian eu peli mewn dŵr dros nos er mwyn eu gwneud yn drwm, a phan fyddai un o'r rhain yn ein taro ni, weithiau ar ochr ein pennau, byddem yn gweld sêr. Petaech chi'n digwydd pasio'r ysgol ar y pryd, buasech yn credu mai byddigions y plas oedd yno mewn gwirionedd, gan fod rhai o'r peli'n methu'r targed ac yn taro'r sinc fel ergyd gwn. Ar ddiwedd y saethu fe fyddai'r 'bonheddwyr' yn cyfri faint o 'adar' yr oedd pob un wedi eu saethu, a brolio wedyn pwy oedd y saethwr gorau. Ar ddiwedd rhai o'r dyddiau saethu hyn, byddwn i'n mynd adref efo llygad ddu ond doedd fiw imi ddweud wrth fy rhieni beth oedd wedi'i achosi.

Rhai eraill y buom yn eu hefelychu oedd y dynion tarmacio ffyrdd, ar ôl iddyn nhw fod wrthi'n rhoi wyneb newydd ar y brif ffordd o Lyn Ceiriog i Blas Nantyr a âi heibio gwaelod y cae chwarae ac ymlaen at y *Lodge*, cartref Lawrence Evans. Wrth wylio'r dynion yn gweithio, cafodd y bechgyn hynaf syniad o sefydlu chwarel yng nghornel uchaf yr iard, ble'r oedd craig i'w gweld ar y wyneb a oedd yn malu'n rhwydd. Yr arfau a ddefnyddiwyd i gloddio oedd darnau haearn bwrw o ffrâm hen ddesgiau wedi malu oddi ar y domen sbwriel. Torrwyd y rhain yn ddarnau llai efo morthwyl fel y gellid eu defnyddio i falu'r graig yn fân. Yn dilyn hynny aethpwyd ati i wneud ffyrdd ar hyd a lled y tir glas ar y cae chwarae efo'r cerrig. Byddai rhai ohonom yn brysur yn cloddio fel chwarelwyr, eraill yn cario'r cerrig o'r chwarel yn eu dwylo ac mewn tuniau o bob math a'u gosod yn un rhes o sypiau bach, gan wneud sŵn fel lorri. Byddai eraill yn gwasgaru'r cerrig i wneud y ffordd, ac i orffen y gwaith, rhedai'r bechgyn trymaf yn ôl ac ymlaen ar ei hyd i'w gwasgu'n galed, fel yr hen injan rowlio a gâi ei gyrru gan stêm a ddefnyddid gan weithwyr ffordd.

Parhaodd y chwarae drwy gydol misoedd Mai, Mehefin a hanner Gorffennaf ond daeth i ben yn sydyn iawn wedi inni ddod yn ôl i'r ysgol ar ôl gwyliau'r haf. Erbyn hynny roedd y 'chwarel' wedi ehangu'n dwll go fawr a phopeth yn mynd rhagddo'n dda; pawb yn mwynhau eu hunain wrth chwarae'n ddiniwed, nes i bibell ddŵr ddod i'r golwg. Hon oedd unig ffynhonnell ddŵr yr ysgol a'i tharddiad oedd ffynnon yng nghae Tŷ Cerrig uwchben y chwarel. Pan welodd y bechgyn mawr y bibell, dyma ddechrau herio'r rhai bach, a minnau'n eu mysg, i daro'r bibell efo arf fechan nes y gwelid ychydig o ddŵr yn dechrau llifo'n araf. Gorfodwyd Roy Ingham druan i ddal ati i daro'r bibell efo rhan o lafn injan torri gwair nes bod y dŵr yn tasgu fel ffownten. Yr eiliad y gwelwyd y dŵr yn saethu i'r awyr ac yn llifo i lawr y llwybr at ddrws yr ysgol, diflannodd pawb fel cwningod i bob cyfeiriad a gwadu am y gorau mai nhw oedd yn gyfrifol am y weithred!

Fe achosodd y weithred honno andros o broblem i'r ysgol. Gwagiodd y ffynnon yn llwyr a chan i'r haf fod yn un sych, ychydig iawn o ddŵr oedd yn llifo iddi ar y gorau. Bu'r ysgol heb ddŵr am rai wythnosau nes y daeth digon o law i lenwi'r ffynnon unwaith eto, a bu'n rhaid cario dŵr bob dydd o Dŷ Du, a oedd tua thri chan llath o'r ysgol. Ni chafodd y brifathrawes fyth wybod pwy dorrodd y bibell ond fe gosbwyd pob un ohonom drwy ein cadw i mewn ar ôl amser ysgol i ysgrifennu can llinell yn addo na fuasem yn cyflawni'r fath weithred eto. A dyna fi wedi cael dweud y gyfrinach honno!

Bryd hynny roedd y rhan fwyaf o iard yr ysgol yn dir glas, hyd nes i Gyngor Sir Ddinbych benderfynu tarmacio'r tir islaw adeilad yr ysgol, yn dilyn cwynion gan rai o'r rhieni ein bod ni'n fudr fel perchyll yn dod adref o'r ysgol bron bob nos, yn enwedig y genethod. Dyna pryd y cafodd Lawrence a minnau ein profiad cyntaf o smocio sigaréts. Contractwyr y gwaith tarmacio oedd yn gyfrifol am hyn. Pan oedd y dynion yn dod i'w gwaith yn y bore, byddai siop W. H. Orrit wedi cau. Cwt pren efo to pig oedd y siop, heb fod fawr mwy na chwt ieir, gyda ffenestr pedwar cwarel a chaeadau, a'r arwydd *Brooke Bond Tea* oddi tani mewn llythrennau breision. Roedd y siop rhyw bum can llath o'r ysgol ar ben allt Ty'n Celyn i gyfeiriad Glyn Ceiriog a hon oedd yr unig siop yn yr ardal.

Yn ystod amser chwarae ar ôl cinio, a hynny bron bob dydd, tra oedd y dynion yn gweithio ar yr iard, byddem ni ein dau yn cael ein hanfon gan y gweithwyr, heb yn wybod i'r athrawon, i fyny i'r siop i nôl sigaréts a matsis, *Woodbines, Players,* neu *Craven A,* a'r wobr bob tro oedd un sigarét *Woodbein* yr un gan ddau o'r dynion ac ychydig o fatsis. Roedd y siopwr yn anhapus iawn wrth roi'r nwyddau hyn i ni ond roedd y geiniog yn drech na'i gydwybod, ac fe'u cawsom ganddo bob tro. Mi wnaethom dyfu'n ddynion pwysig dros nos, diolch i'r rhoddwyr hael. Bob cyfle a gaem byddem yn smocio'n slei bach yn y toiledau a chan fod y brifathrawes ei hun yn smocio, nid oedd yn medru arogli mwg baco arnom ni. Ond ar ôl ychydig ddyddiau mi es i'n rhy hyderus a derbyn y rhai cryfaf, sef *John Players,* yn wobr am fy ngwasanaeth. Gan fod Dad yn smocio cetyn, roedd ganddo nifer o hen gatiau o gwmpas y tŷ ac mi gefais innau afael yn un ohonyn nhw gyda chlamp o ben, yn ddi-goes a dim ond twll bach yn ei ganol ar ôl blynyddoedd o gael ei lenwi'n araf efo baco llosg. Er fy mod wedi bod yn ei gario fo efo mi i'r ysgol bob dydd ers inni ddechrau cael y sigaréts, nid oeddwn wedi cael cyfle i'w ddefnyddio eto. Ond wedi imi dderbyn y ddwy sigarét gref yma, meddyliais mai dyna'r cyfle delfrydol i drio'r cetyn. Yn gyntaf roedd yn rhaid imi agor ei geg efo cyllell i gael lle i stwffio'r 'ffags' – fel roedd pawb yn eu galw nhw – i mewn iddo. Diolch byth mai ar fy ffordd adref y taniais y cetyn a dechrau sugno fel llo. Roedd Islwyn fy mrawd wedi dod i gredu fy mod i ar dân wrth weld y fath fwg. Ymhen rhyw ddeg munud roedd pobman yn troi fel olwyn ac ymhen chwarter awr arall roeddwn i'n sâl fel ci. Bu'n rhaid i Islwyn hanner fy ngharo am adref ac yn syth i'r gwely â fi, ac yno y bûm i'n taflu i fyny drwy'r nos gan gredu fy mod yn marw. Bu'n rhaid imi ddweud wrth Mam beth oedd wedi digwydd ac mi gefais flas ei thafod a chlec din, ac ar ben hynny flas y wialen fedw ar draws fy nghoesau a bygwth hanner fy lladd pe bawn yn gwneud yr un fath eto. Rhwng y gosb a'r sigaréts, roeddwn i'n teimlo fy mod yn uffern a'm diwedd wedi cyrraedd. Cymryd y peth yn weddol ddi-hid a wnaeth Dad, gan fy ngwawdio drwy ddweud nad oeddwn i'n ddigon o ddyn eto i ddechrau smocio, ac fe gafodd hynny fwy o effaith o lawer arnaf na'r wialen fedw a thafod miniog Mam. Bu hynny'n ddigon i mi roi'r gorau i smocio am byth, ar wahân i un yma ac acw ac ambell sigâr mewn parti bob hyn a hyn!

Syniad ardderchog arall a gafodd y bechgyn mawr oedd rasio go-cart. Bryd hynny roedd yn rhaid inni greu chwaraeon ein hunain, a'r bechgyn mwyaf oedd yn cael y syniadau i gyd bob tro a ninnau'n dilyn fel defaid. Daeth bechgyn Tŷ Du – Frank, Roy, Cyril, Lawrence a Barri â go-cart yr oedden nhw wedi ei wneud eu hunain i'r ysgol un bore. Roedden nhw wedi defnyddio ystyllen gref tua llathen o hyd, chwe modfedd o led a thua modfedd o drwch, ac wedi hoelio ystyllen fyrrach tua deunaw modfedd o hyd ar draws y cefn, fel llythyren T, i wneud ffrâm y drol. Wedyn gosodwyd echel efo dwy olwyn haearn cratsh defaid o dan y tu ôl, yn cael eu dal yn eu lle gan staplau mawr a hoelion chwe modfedd wedi eu plygu drosodd. Ar y tu blaen, ar gyfer llywio efo'r traed, roedd tamaid o ystyllen tair modfedd o led wrth fodfedd o drwch, a thua deunaw modfedd o hyd. Wedyn caed un follten ddur rhyw dair modfedd a hanner o hyd gyda thri chwarter modfedd o drwch yn mynd drwy dwll ym mlaen ystyllen hir y ffrâm, ond heb ei thynhau'n rhy dynn, er mwyn llywio. O dan yr ystyllen lywio roedd echel a dwy olwyn cratsh defaid arall, neu olwynion pram os nad oedd olwynion cratsh ar gael, eto'n cael ei dal yn dynn yn ei lle efo hoelion chwe modfedd wedi eu plygu drosodd, a phwt o raff i gyd-lywio efo'r traed.

Wedi gweld go-cart bechgyn Tŷ Du, roedd bron pob un o'r bechgyn hynaf eisiau un ac ymhen rhai dyddiau roedd tua deg o rai tebyg wedi cyrraedd yr ysgol. Bu pawb wrthi'n ddyfal yn chwilio am ddeunyddiau, ond druan o ffermwyr yr ardal – roedd pob olwyn haearn cratsh defaid yn y fro wedi diflannu! Serch hynny, buan y daeth yn hysbys i bawb i ble'r oedden nhw wedi mynd.

Ar ôl inni gael ychydig o ymarfer, daeth yr awr fawr i ddechrau rasio. Y ffordd darmac oedd y trac, tua chanllath o hyd a rhyw ddeuddeg troedfedd o led. Cychwynnai ym mhen uchaf iard yr ysgol gan fynd i lawr i'r gwaelod, drwy giât ddeuddeg troedfedd ac yn syth allan i'r ffordd fawr. Pan oedd y rhain i gyd yn taranu i lawr y ffordd heibio ochr adeilad yr ysgol roedd yn berygl bywyd i neb groesi ac roedd y sŵn y tu mewn i'r ysgol yn fyddarol.

Parhaodd y chwarae am rai dyddiau ond roedd nifer y go-carts yn gostwng bob dydd wrth iddynt falu fesul un. Bu'n rhaid inni roi'r gorau i'r gêm hon yn y diwedd hefyd, oherwydd un amser chwarae bore bu bron i dri o'r bechgyn gael damwain yn erbyn car Morris Wyth wrth fynd i lawr yn gynt nag arfer, ac yn syth i mewn i'r ffordd fawr heb feddwl y byddai rhywun arall yn teithio arni. Yn gyrru i lawr yr allt yn ofalus ac yn araf bach – a diolch byth mai yn araf y teithiai – yr oedd perchennog y car a'r siop, W. H. Orrit. Fe gafodd y fath fraw wrth weld y bechgyn yn dod mor gyflym i'w gyfarfod o iard yr ysgol – yn llawer cynt nag yr oedd o erioed wedi gyrru yn ei fywyd! – nes iddo fynd i ben y clawdd. Neidiodd yn wyllt o'r car, a oedd erbyn hyn ar draws y ffordd, a dechrau dweud y drefn ond cyn iddo fedru gweld pwy oedd y drwgweithredwyr roedd pob un wedi diflannu o'r golwg. Brasgamodd i fyny i iard yr ysgol yn wyllt, yn llawer cynt nag yr oedd wedi gyrru i lawr yr allt yn y Morris Wyth a chyhuddodd y brifathrawes, Mrs Sera Jane Roberts, o fod yn anghyfrifol yn gadael i'r plant wneud peth mor beryglus. Cawsom andros o ffrae wedi hynny a bu'n rhaid inni roi'r gorau i'r hwyl hwn eto yn yr ysgol.

Cafodd Wili Orrit, gŵr mawr ac afrosgo, andros o drafferth gyda rhai ohonom ni'r plant hynaf sawl tro, yn enwedig gyda'i gar. Byddai'n gwylltio'n aml efo ni ond ni fyddai byth yn dal dig. Gyrrwr di-hyder iawn ydoedd a ninnau'n manteisio ar y diffyg hwnnw. Un bore rhewllyd roedd y rhan fwyaf serth o allt Ty'n Celyn yn llithrig oherwydd bod dŵr yn llifo ar yr wyneb am ryw bedair llath, ond nid oedd y siopwr druan wedi sylwi ar y rhew nes ei fod ar y rhan honno o'r ffordd, a phan sylwodd, dychrynodd. Erbyn hyn roedd yr hen gar Morris Wyth yn llithro i lawr wysg ei ochr a gwelodd y gyrrwr ofnus ei hun yn mynd i'r ffos ddŵr oedd yn llifo'n gyfochrog â'r ffordd. Ond drwy ryw ryfeddol wyrth, cyrhaeddodd waelod yr allt yn ddiogel a'r car erbyn hyn yn wynebu'r cyfeiriad y daeth ohono! Roedd yr hen greadur wedi dychryn ei bwdin ac yn poeni sut andros yr oedd o am fynd yn ôl i fyny'r allt. Daeth i'r ysgol i ofyn i'r brifathrawes am help rhai o'r bechgyn hynaf i wthio'r car petai'n dechrau troi'n ei unfan ar y rhew, ac fe gafodd gymorth yn ddirwgnach ganddi, yn wahanol iawn i'r dyddiau hyn. I ba le yr aeth cymdogaeth dda, barod ei chymwynas tybed?

Penderfynodd Wili y byddai'n rhaid iddo gael sbîd go dda i fynd drwy'r darn rhew, felly bagiodd yn ôl am ychydig ar hyd y darn gwastad, rhoi'r car yn y gêr isaf, a gwasgu'r sbardun i'r llawr nes bod yr injan yn rhuo fel car rasio Malcolm Campbell. I ffwrdd ag o i fyny'r allt yn hyderus ond yn llawer rhy araf, a ninnau'r plant yn cerdded yn gynt nag o. Dechreuodd groesi'r rhew a ninnau y tu ôl iddo yn chwerthin ac yn cogio gwthio! Rhyw droedfedd i mewn i'r rhew, dechreuodd yr olwynion ôl droi'n eu hunfan ac yn ei ôl i le glân y daeth y car. Stopiodd Wili, dod allan o'r car a chwarae'r diawl efo ni am chwerthin am ei ben. Ychydig a wyddai nad oeddem yn gwthio o gwbl. Erbyn hyn roedd o wedi dechrau cynhyrfu ac aeth yn ei ôl i mewn i'r car. Roedd hynny ynddo'i hun yn dipyn o berfformans, gan ei fod yn ddyn mawr a'r car yn fychan.

Dyma ailgychwyn, a ninnau'r tro hwn yn gwneud ein gorau, ond yn ei ôl y daeth eto ac erbyn hyn roedd y car wedi troi ar draws y ffordd. Gofynnodd inni ei helpu i'w unioni a'i gyfarwyddo i fagio'n ôl i'r gwaelod, a dyma ninnau'n ufuddhau a gweiddi'r cyfarwyddiadau o'r tu ôl ac yntau'n gwneud ei orau i wneud yr hyn yr oeddem yn ei ddweud wrtho. Erbyn hyn roedd o wedi cynhyrfu'n ofnadwy, yn chwys diferol ac yn gwneud pob math o ystumiau, a ninnau'n chwerthin ac yn dweud pethau anghywir wrtho. Yn sydyn, dechreuodd y Morris fynd am y ffos a dyma ninnau'n diflannu o'r golwg cyn gynted â phosib dan chwerthin, a gadael Wili a'i gar ar eu hochrau'n y ffos. Bu'n rhaid iddo gael help gan Wil ac Idris Ty'n Celyn i ddod oddi yno. Ni welodd y siopwr mohonom am beth amser wedi hynny.

Mae bwlio mewn ysgolion yn rhan o natur dynoliaeth am wn

i, gyda'r mawr a'r cryf yn manteisio ar y gwan a'r diniwed, ac felly'r oedd hi yn Ysgol Nantyr hefyd. Er enghraifft, wrth chwarae ceffylau, y gwan a'r diniwed fyddai'r 'ceffyl' bob tro. Yr arferiad oedd clymu'r rêns, sef rhaff ysgafn, yn y ddwy fraich fel llyw ac wedyn defnyddio chwip, gan orfodi'r 'ceffyl' i dynnu coed a'u cario nhw ar eu cefnau. Dro arall byddai chwarae rasio ceffylau ar y gwastad rownd yr ysgol yn boblogaidd ond nid y rhai bach oedd y jocis, ond y mawrion a'r cryfion!

Diflannodd y chwarae ceffylau i ryw raddau gyda dyfodiad y tractor. *Fordson* bach Dafydd Pritchard Williams, ffarm Hen Hafod, oedd y tractor cyntaf i mi ei weld yn Nantyr, a pherchennog y Ffergi bach llwyd cyntaf oedd Ifan Jones y Bonc. Yn sgîl y tractor daeth dull newydd o gynaeafu glaswellt drwy gynhyrchu silwair ac yn naturiol, roedd hyn o ddiddordeb mawr i'r ffermwyr mwyaf blaenllaw. Wrth glywed y trafodaethau gartref ar yr aelwyd, daeth rhai o'r bechgyn yn wybodus iawn am y drefn newydd o gynaeafu ac fe benderfynwyd fod yn rhaid gwneud silwair efo'r holl laswellt oedd ar gae chwarae'r ysgol. Daeth yr arfau a ddefnyddiwyd i dyllu'r graig, a oedd erbyn hyn yn segur, yn werthfawr iawn unwaith eto, y tro hwn i dyllu'r tyllau yr oedd arnom eu hangen i gynaeafu'r silwair. Y syniad oedd turio nifer o dyllau tua llathen sgwâr yma ac acw yn y ddaear, a phawb wedyn, gan gynnwys y merched, i dorri'r glaswellt a'i gario i'r tyllau, tra bo eraill yn ei sathru'n galed. Wedi gorffen yr orchwyl o lenwi pob twll, eu gorchuddio wedyn efo pridd i selio'r gwair rhag i aer fynd ato a'i adael am ryw ddeufis i droi'n silwair. Dyna oedd y bwriad, ond ar ôl rhyw bythefnos o ddisgwyl yn amyneddgar, aeth ein chwilfrydedd yn drech na ni ac roedd pawb bron â marw eisiau gweld a oedd hyn yn gweithio. Agorwyd y tyllau a difethwyd y cyfan, a dyna ddiwedd ar wneud silwair, ond bu'r tyllau yn y ddaear am flynyddoedd, yn berygl bywyd i bawb oedd yn chwarae yn y rhan honno o'r cae.

Mae'r to hŷn yn siŵr o fod yn cofio'r cyfnod pan ddaeth y chwarae powlio olwyn (*hula-hoop*) yn boblogaidd. Hen deiar ac olwyn beic wedi tynnu'r sbôcs oedd y ffefryn. Y gêm oedd ceisio gweld pwy fuasai'n medru rhedeg gyflymaf o amgylch yr iard, gan daro'r olwyn efo'r ffon a'i chadw i fynd heb stopio. Ymhen ychydig ddyddiau wedi i'r gyntaf ymddangos, roedd bron pawb o'r plant hynaf, y bechgyn a'r merched, yn berchen ar ryw fath o olwyn neu deiar ond fe gododd cystadleuaeth ymysg y bechgyn mawr am yr olwyn neu deiar mwyaf o faint. Yn ddyddiol gwelid olwynion a theiars beics, beiciau modur, ceir a hyd yn oed lorïau yn ymddangos, a'r mwyaf oedd y bachgen, y mwyaf oedd ei olwyn neu deiar.

Os oedd hi'n berygl bywyd efo'r go-carts, roedd hi'n beryclach o lawer efo'r teiars. Ar ôl rhyw bythefnos o chwarae o amgylch yr iard, dechreuodd y bechgyn hynaf ddiflasu ac awgrymodd un, 'Beth am ollwng y teiars o ben y llechwedd yng nghae Ty'n Celyn,' a oedd ar yr ochr ddwyreiniol yn union uwchben y cwt glo a thoiledau'r ysgol. Ychydig iawn o daith oedd yna i ben y bryn, ond yn anffodus aeth pethau o chwith ar y diwrnod cyntaf. Wedi inni eu gollwng i lawr am y trydydd tro, newidiodd rhai ohonyn nhw gyfeiriad a diweddu eu taith ar ben to'r cwt glo a'r tai bach. Malwyd y cwteri i gyd ac ambell lechen ar y to. Casglwyd y cyfan o'r llanast a'u cuddio'n y cae y tu ôl i'r adeilad, a chwilio am le arall wedyn i'w gollwng. Dim ond un lle addas oedd ar ôl, sef y bryn serth ar dir fferm y Bonc y drws nesaf, ar ochr orllewinol yr ysgol, yn wynebu'r De.

Ar ôl cael pwyllgor pwysig, penderfynwyd cynnal cystadleuaeth y tro hwn i weld teiar pwy fuasai'n gallu mynd bellaf, ac fe gytunodd pawb yn unfrydol. Bob amser chwarae yn ystod y dyddiau canlynol, gwelwyd rhes hir ohonom yn dringo i ben y llechwedd yn chwys diferol, gan gario pob math o deiars, a rhai ohonynt bron gymaint â ni ein hunain. Y rheol oedd i bawb sefyll mewn rhes wrth ochr ei gilydd a gollwng y teiars i gyd ar yr un pryd.

Ar waelod y llechwedd roedd gweirglodd wastad o fawndir gwlyb yn perthyn i fferm y Bonc, gydag afon Teirw'n llifo drwyddi. Ar ôl y ras gyntaf gwelwyd fod hyn yn andros o hwyl, a phawb yn mwynhau gweld y teiars o amryfal feintioli yn taranu ar wib i lawr y llechwedd i'r weirglodd islaw. Roedd hon yn olygfa anhygoel, gydag ambell un o'r rhai mwyaf yn plannu drwy'r gwrych uchel gan neidio i'r awyr, ugain troedfedd a mwy, gan daro weiren teleffon y plas bron iawn wrth daro rhywbeth caled. Byddai nifer ohonynt yn diweddu yn yr afon ac eraill, yn enwedig y rhai ysgafn, yn mynd yn sownd ym mrigau'r gwrych uchel a'r coed a oedd hanner ffordd i lawr y llechwedd rhyngom ni a'r afon. Ond byddai'r mwyafrif yn suddo bron o'r golwg ym mawndir y weirglodd, a gwaith anodd oedd eu cael nhw allan heb wlychu traed a baeddu ein dillad. Weithiau caem ras i lawr i weld pwy oedd wedi ennill, ac yna'n ôl drachefn i'r top i ailddechrau'r hwyl. Parhaodd hyn am rai dyddiau a'm rhieni'n methu deall pam fy mod i mor fudr yn dod adref o'r ysgol, ond doedd fiw imi ddweud y gwir wrthynt.

Un prynhawn fodd bynnag, rhewodd ein gwaed ar ôl i bawb ollwng ei deiar pan waeddodd un o'r bechgyn a oedd yn cadw golwg rhag i Ifan Jones y ffarmwr ddod heibio, fod Mrs Tanglwys Morris, Fron Heulog yn teithio ar gefn ei beic ar hyd y brif ffordd islaw, rhwng gwaelod y llechwedd a'r weirglodd. Ond roedd hi'n rhy hwyr inni allu gwneud dim gan fod y teiars eisoes ar eu ffordd i lawr. Diolch i'r drefn, roedd Mrs Morris wedi gweld y teiars neu glywed y sŵn taranllyd yn dod i lawr fel cath i gythraul mewn da bryd, ac wedi aros i edrych ar yr olygfa frawychus. Unwaith eto, diflannodd pawb i bob cyfeiriad mor gyflym â phosibl a gadael i'r teiars gymryd eu siawns. Roeddem wedi llwyr ymgolli yn y gêm nes anghofio am y ffordd, a'r posibilrwydd y buasai rhywun yn gallu bod yn teithio ar ei hyd ac y gallent gael eu hanafu efo'r teiars. Erbyn hyn roedd pob un ohonom wedi dychryn yn ofnadwy ac yn ofni dychwelyd yn ôl i'r ysgol.

Pan gyrhaeddodd pawb yn ôl bob yn dipyn, heb ei deiar, roedd Mrs Morris yno o'n blaenau a'r brifathrawes wedi cael yr holl fanylion ganddi am yr olygfa frawychus a'r profiad a gafodd wrth weld y teiars yn neidio i'r awyr o flaen ei llygaid. Roedd ei disgrifiad manwl o'r profiad wedi ysgwyd y brifathrawes yn ofnadwy. Erbyn i ni gyrraedd roedd honno'n crynu fel deilen, yn wyn fel y galchen ac wedi gwylltio. Gwers bur wahanol i'r arfer a gawsom weddill y prynhawn. Gwaharddwyd ni'n gyfan gwbl rhag chwarae gemau tebyg eto tra byddai hi'n brifathrawes ac ni welwyd yr un teiar yn yr ysgol wedi hynny, tra y bûm i yno beth bynnag.

Fel y dywedais eisoes, fy ffrind pennaf oedd Lawrence Evans, un direidus iawn, yn llawn castiau a syniadau. Roedd y ddau ohonom mewn helynt byth a beunydd efo'r brifathrawes ac yn cael ein cosbi'n aml am ein gweithredoedd. Un flwyddyn yn nechrau mis Medi, yn dilyn cyfnod hir o dywydd poeth a sychder mawr, sychodd y ffynnon a oedd yn cyflenwi dŵr i'r ysgol – yn naturiol y tro hwn! – a bu'n rhaid cario dŵr o Dŷ Du, cartref Lawrence, a oedd rhyw dri chan llath ar draws y dyffryn i'r ysgol. Roedd yn rhaid cael dŵr glân bob dydd ar gyfer gwneud cinio a gwneud Horlics a phaned o de i'r athrawon, felly'r drefn bob dydd fyddai dewis dau o'r plant i fynd â thun dau alwyn i nôl y dŵr o Dŷ Du. Daeth tro Lawrence a minnau i fynd i'w nôl un bore ac i ffwrdd â ni yn ufudd a dod â'r dŵr yn ôl yn blant da.

Daeth ein tro eto'r ail wythnos ond roeddem yn anhapus iawn y tro hwn, gan ein bod wedi darganfod bod hyn yn waith caled; Lawrence yn gafael yn un ochr i'r handlen efo'i law chwith a minnau'r ochr arall efo fy llaw dde. Wrth ddod yn ôl i lawr yr allt o Dŷ Du efo'r tun llawn, awgrymodd Lawrence, 'Beth am inni roi pryfed genwair yn y dŵr i arbed inni orfod gwneud hyn eto'r wythnos nesaf,' a chytunais innau fod hynny'n syniad da.

Yn y cae hanner ffordd i lawr yr allt, roedd yna hen furddun. Gadawsom y tun dŵr ar ganol y ffordd a mynd drosodd i'r cae i chwilio am bryfed genwair o dan gerrig yr hen adfail, a oedd erbyn hyn bron dros eu pennau yn y pridd. Codwyd nifer ohonynt cyn dod o hyd i ddau bryfyn braf, tua phedair modfedd yn eu llawn hyd. 'Mi wnaiff y rhain y gwaith yn sicr iti,' meddai Lawrence yn hyderus. Rhoddwyd hwy yn y dŵr ac ymlaen â ni hyd ddiwedd ein taith, yn ffyddiog y buasai hyn yn gwneud y tric. Ond roedd y brifathrawes wedi dechrau anesmwytho wrth weld ein bod yn hir yn cyrraedd yn ôl, ac wrth edrych allan drwy'r ffenestr i edrych ble'r oeddem, fe'n gwelodd ni yn y cae yn codi'r cerrig. Gan ei bod bob amser yn amheus ohonom ni'n dau, roedd hi'n cadw golwg fanwl iawn arnom ni.

Erbyn hyn roedd hi'n dechrau amau ein bod ni ar rhyw berwyl drwg. Yr eiliad y gollyngodd y ddau ohonom y tun, agorodd y brifathrawes y caead a gweld y pryfed yn mwynhau eu hunain yn nofio'n braf yn y dŵr glân. Gwylltiodd yn gacwn a'n cosbi'n llym drwy ein hanfon yn syth yn ôl i Dŷ Du. Yn

41

ogystal â hynny bu'n rhaid inni gario dŵr bob dydd am wythnos gyfan!

Rhaid imi gyfaddef, ni geisiais ddysgu fawr ddim yn yr ysgol; roedd fy niddordebau y tu allan yn llawer pwysicach yn fy nhyb i, ond fe'm gorfodwyd gan fy rhieni i wneud ymdrech arbennig i sefyll arholiad yr *Eleven Plus*. Yn ôl 'nhad nid oedd gennyf obaith caneri o basio gan fy mod byth a beunydd yn cuddio fy ngwaith cartref ac yn chwarae triwant, ac nid oedd y brifathrawes yn poeni llawer pan oeddwn yn absennol ychwaith.

Cynhaliwyd yr arholiad yn yr 'Ysgol Board' fel y'i galwyd hi, yng Nglyn Ceiriog. Cafodd hynny ynddo'i hun effaith ofnadwy arnaf, gan mai anaml iawn y byddem yn mynd i lawr i'r Glyn a doeddwn i erioed wedi bod i mewn yn yr ysgol honno o'r blaen. Aeth fy nerfau'n drech na mi ac roeddwn yn swp sâl. Dim ond un o'r chwech ohonom o Ysgol Nantyr a eisteddodd yr arholiad y flwyddyn honno a lwyddodd i fynd ymlaen i Ysgol Ramadeg Llangollen, Ysgol Dinas Brân heddiw, a Llinos Morris, Bryn Awel oedd honno. Cafodd y gweddill ohonom ailgyfle'r flwyddyn olynol ond dim ond Joan Roberts, Tŷ Cerrig a basiodd y tro hwnnw. Eglurhad y brifathrawes ynghylch methiant disgyblion yr ysgol oedd am mai ychydig o le i blant un ar ddeg a deuddeg oed oedd yn Ysgol Ramadeg Llangollen ar y pryd ac mai'r rhai a ragorai mewn rhifyddeg oedd yn cael y flaenoriaeth. Rhifyddeg oedd fy ngwendid i ac ysgrifennu traethodau a gwneud gwaith llaw oedd fy nghryfder. Dim ond lle i ychydig dros bedwar cant o blant oedd yn Ysgol Ramadeg Llangollen bryd hynny ac roedd ei thalgylch yn ymestyn o Lanrhaeadr-ym-Mochnant yn ne sir Ddinbych hyd at Bentrefoelas yng ngorllewin y sir. Roedd y drefn honno'n andros o annheg i lawer iawn o blant dawnus mewn meysydd eraill. Diolch byth fod cyfundrefn yr ysgolion cyfun wedi dod i rym, ond yn anffodus, nid yw'r gyfundrefn honno ychwaith yn gweithio fel y dylai. Mae llawer gormod o bwyslais yn cael ei roi ar addysg academaidd, gan anghofio am bynciau ymarferol, sydd yr un mor bwysig yn fy marn i.

Direidi dyddiau ysgol

Yn ffinio â'r ysgol mae nant fechan a elwir Nant Tŷ Cerrig ac fe fyddai digon o ddŵr yn llifo ynddi bob amser, hyd yn oed ar dywydd sych yn yr haf. Yn ystod amser chwarae ar ôl cinio ar dywydd poeth, byddai Lawrence a minnau'n aml iawn yn mynd i bysgota brithyll efo'n dwylo i fyny'r nant. Bryd hynny roedd digon o bysgod yn nentydd yr ardal, cyn i'r Comisiwn Coedwigaeth blannu miloedd o aceri o goed pîn yn y mynydd, a chyn dyfodiad y glaw asid. Roedd y ddau ohonom yn giamstars ar y grefft o ddal y brithyll ac yn dal nifer dda, a'r rheiny o faint sylweddol hefyd bob tro.

Y cytundeb oedd, pe byddem yn hwyr yn cyrraedd yn ôl a'r gwersi wedi dechrau, y brifathrawes fyddai'n cael y ddalfa. Roedd hi bob amser yn ddiolchgar o'r rhodd hael, gan ein rhybuddio i beidio â bod yn hwyr y tro nesaf. Ond dechreuodd y ddau ohonom gymryd mantais o'i natur hael drwy ddod yn ôl yn hwyrach bob tro. Fodd bynnag, un prynhawn roeddem bron i hanner awr yn hwyr ac wrth ein gweld yn dod i mewn drwy'r drws yn wylaidd, fe wylltiodd efo ni am y tro cyntaf. Cawsom ein cosbi drwy ein cadw i mewn yn ystod amser chwarae ganol prynhawn i wneud y gwaith yr oeddem wedi ei osgoi, felly chafodd hi mo'r pysgod y tro hwnnw. (Heb yn wybod i ni ar y pryd, roedd y gogyddes Fflori Morris a hithau wedi cael pwt o ffrae eiliadau cyn i ni ymddangos yn y drws, a ni'n dau oedd y peth agosaf ati iddi fwrw ei llid arno!)

Beth felly a ddigwyddodd i'r pysgod a ddaliwyd y diwrnod hwnnw ac a oedd ychydig llai eu maint nag arfer? Roedd y cerydd a gawsom gan y brifathrawes wedi gwneud y ddau ohonom yn flin iawn ac awydd talu'r pwyth yn ôl am y driniaeth ddidostur a gafwyd. Gan nad oedd y gogyddes chwaith ddim yn y llyfrau, penderfynasom wthio dau o'r pysgod o'r golwg i lawr piben ddraen y sinc ymolchi dwylo yn y cyntedd, a oedd hefyd yn rhan o gegin y gogyddes. Bryd hynny nid oedd grid ar geg y biben fel sydd heddiw, dim ond plwg i atal y dŵr.

Ymhen tridiau dechreuodd yr arogl drewllyd mwyaf ofnadwy ddod o'r gegin a Fflori flin yn methu yn ei byw â darganfod beth oedd yn ei achosi. Oherwydd hynny roedd yn llawer mwy blin nag arfer efo pawb a chan fod y tywydd yn boeth, roedd y drewdod yn waeth o lawer! Ar ôl pedwar diwrnod o ddioddef drewdod a oedd yn gwaethygu bob dydd, galwyd am wasanaeth unig blymiwr yn yr ardal, Glyn Kelly o Bontfadog, i agor piben ddraen y sinc. Ymhen chwarter awr datgelwyd beth oedd yn achosi'r fath ddrewdod, sef gweddillion dau bysgodyn bach y pysgotwyr dwylo. O'r eiliad honno, fe'n cosbwyd ni eto drwy ein cadw yn y dosbarth bob amser chwarae am dridiau i ysgrifennu cant o linellau: '*I must not put dead fish in the kitchen drains*'! Roedd hi'n gwbl amlwg i'r brifathrawes, ac i bawb arall hefyd, mai ni oedd yn gyfrifol am y weithred a'r canlyniad fu gwahardd pawb rhag pysgota yn ystod amser ysgol.

Ymhen ychydig ddyddiau cafodd y ddau ohonom syniad ardderchog arall, a hynny ar ôl bod yn chwilota yn nhomen sbwriel yr ysgol. Gwelsom gyfle gwych i ddechrau menter newydd a allai fod yn broffidiol iawn i ni. Wrth ddarllen labeli'r poteli cannydd gweigion a ddefnyddiai'r gogyddes i lanhau'r sinc, gwelsom fod dwy geiniog y botel i'w cael am fynd â nhw'n ôl i'r siop. Aethom ati'n ddistaw bach heb ddweud wrth neb i ddechrau eu casglu a'u golchi'n lân yn y nant. Erbyn i ni orffen chwilota'r domen, roedd gennym ddwsin yn barod i ddechrau'r busnes ailgylchu. Y cam nesaf oedd dyfalu sut i fynd â nhw i'r siop heb i'r siopwr craff W. H. Orrit amau ein bod ni ar berwyl drwg. Ar ôl pendroni ychydig, penderfynwyd mynd â nhw bob yn ddwy, rhyw ddwywaith yr wythnos, a rhannu'r arian, ac er bod Wili Orrit yn methu â deall o ble'r oeddem yn eu cael, wnaeth o mo'n gwrthod a thalodd y ddwy geiniog bob tro.

Wedi i ni ddod i ddiwedd stoc tomen yr ysgol, aethom ati wedyn i ddechrau archwilio tomennydd sbwriel eraill yr ardal, ond yn anffodus i ni, dim ond yr ysgol oedd yn defnyddio cannydd ar y pryd. Fodd bynnag, wrth chwilota yn nhomen sbwriel fferm Ty'n Celyn ar gyrion yr ysgol, sylwodd y ddau ohonom fod y poteli cwrw a oedd yno yn union 'run fath â'r poteli cannydd o ran lliw, maint a siâp. Dyma ddechrau chwilio a chrafu mwy a darganfod tua chwech ohonynt, a rhai wedi bod yno ers blynyddoedd, yn llawn o ddŵr a bawiach. Y gwaith nesaf felly oedd eu golchi'n lân a thynnu'r label rhag i'r siopwr craff weld nad poteli cannydd oedden nhw. Gwnaethom hyn mewn ffos ddŵr a lifai wrth ochr y brif ffordd, tua chant a hanner o lathenni o'r siop.

Erbyn i ni ddod i ddiwedd stoc poteli'r ysgol, roedd Wili Orrit wedi dechrau amau fod y ddau ddyn busnes ar rhyw berwyl drwg, gan ein bod yn mynd yno'n llawer rhy aml. Ar ôl iddo dderbyn ychydig dros hanner y stoc newydd, a thalu amdanynt, dywedodd fod yn rhaid i'r poteli nesaf fod â labeli arnynt cyn y buasai'n talu dwy geiniog yr un. Aeth y ddau ohonom allan o'r siop yn llawn tristwch ac o'r funud honno gorfu inni roi'r gorau i'r fenter.

Yr unig ffordd i gynhesu'r ysgol yn ystod y gaeaf oedd cynnau tân yn y ddwy ystafell ddosbarth, efo dwy sgrin dân fawr i'n harbed ni rhag llosgi. Yn ystafell ddysgu'r brifathrawes roedd mwy o le o bobtu'r tân nag yn ystafell y plant bach, ac oddi amgylch hwn bob amser chwarae, ar ôl tynnu'r sgrin, y byddai'r athrawon a'r gogyddes yn eistedd a'u coesau ar led, gyda'u sgertiau wedi'u codi ymhell dros y pen-glin i gynhesu eu penolau, gan fwynhau paned a smôc a'u blwmeri lliwgar fel bal_ns, tra oedd yn rhaid i ni'r plant mawr fynd allan i chwarae ym mhob tywydd bron. Yr unig dro pan fyddai pawb yn cael aros i mewn oedd os oedd hi'n glawio hen wragedd a ffyn, neu'n bwrw eira'n drwm.

Roedd gweld yr athrawon, ac yn enwedig y gogyddes, yn eistedd o flaen tanllwyth o dân a ninnau bron â fferru y tu allan ynghanol yr eira yn ein corddi ni'r rhai hynaf. Felly ar ôl cinio un prynhawn rhewllyd, a throedfedd o eira ar yr iard, penderfynwyd dysgu gwers i'r tair. Roedd ochr ogleddol yr adeilad ar ychydig o godiad tir a phen y simdde'n agored ac o fewn cyrraedd i ni daflu peli eira i mewn. Yr olygfa nesaf a welwyd oedd pawb am y gorau, yn fechgyn a merched, yn anelu peli eira at dop y simdde ac eraill yn ysbïwyr craff yn gwylio'r athrawon yn mwynhau'r tân a chael smôc.

Ymhen hir a hwyr gwelwyd y tair yn codi'n sydyn mewn panic mawr gan rwbio'u coesau'n wyllt. Roedden nhw wedi cael eu sgaldio wrth i'r eira ddisgyn i mewn i'r tân a phoeri ar eu coesau. Erbyn hyn roedd y tair wedi gwylltio ac allan â nhw i weld beth oedd wedi digwydd, ond nid oedd neb i'w weld yn gwneud dim o'i le – roedd yr 'ysbïwyr' wedi'n rhybuddio eu bod ar eu ffordd. Ond roedd y tair yn llawer mwy craff nag a dybiasem ac wedi sylweddoli beth oeddem ni wedi ei wneud. Cawsom i gyd ein ceryddu am y weithred a'n bygwth efo cosb lem petaem yn chwarae'r fath dric eto.

Gan mai aflwyddiannus fu protest y peli eira yn y simdde, penderfynwyd parhau â chynllun arall efo'r peli. Y tro hwn y syniad oedd eu taflu nhw i mewn i'r ddau awyr- dwll yn y nenfwd ym mhob talcen yn yr adeilad. Gwnaem hyn bron bob dydd tra parodd yr eira. Un diwrnod, wedi i'r eira ddechrau meirioli, dechreuodd diferion o ddŵr ddisgyn yn araf bach yma ac acw o'r nenfwd ar ein pennau yn y dosbarth. Unwaith eto roedd y brifathrawes yn gwybod yn union beth oedd wedi achosi hyn a chafwyd pregeth arall, ond pregeth ofer oedd hon hefyd canys disgynnodd yr had unwaith eto ar y creigiau, fel yr had yn y Beibl gynt!

Dau o blant, mab a merch, oedd gan Sera Jane Roberts, y brifathrawes. Cecil y mab oedd yr hynaf, a Pearl y ferch yr ieuengaf. Byddai'r ddau yn dod i fyny i'r ysgol weithiau ar brynhawn ddydd Gwener. Roedd Cecil rhyw ddwy flynedd yn hŷn na mi, yn mynd i Ysgol Ramadeg Llangollen ac â meddwl mawr ohono ei hun. Roeddem yn teimlo ei fod yn edrych i lawr ei drwyn arnom ni bob amser ac yn gwneud hwyl ar ein pennau, ac roedd hyn yn ein cythruddo bob tro y deuai i'r ysgol.

Un prynhawn Gwener ar ôl pwyllgor pwysig yng nghornel y buarth, penderfynwyd dysgu gwers i Cecil. Daeth ein cyfle pan oedd o'n sefyll y tu allan i ddrws y fynedfa, gydag un o'r hogiau yn sefyll yn erbyn y drws y tu ôl iddo. Heb yn wybod i Cecil roedd un o'r bechgyn wedi dod allan ar ei ôl a chau'r drws i'w atal rhag mynd yn ôl i mewn. Roedd gweddill y criw yn disgwyl amdano o'r golwg rownd y gornel gyda rhaff, a chlymwyd ef yn sownd a mynd ag o i ben ucha'r buarth a'i gloi yn y cwt glo, a oedd yn llawn ar y pryd. Er ei fod yn fachgen cryf, nid oedd ganddo obaith mul mewn *Grand National* o ddod yn rhydd, a gadawyd ef yno drwy'r prynhawn. Wedi i bawb fynd adref roedd ei fam yn methu deall ble'r oedd o, ond ar ôl tua deg munud o chwilio, clywodd sŵn yn dod o'r cwt glo ac aeth yno ar ei hunion a'i ddarganfod wedi ei glymu yng nghanol y glo, yn ddu fel het.

Y bore Llun canlynol a ddaeth a phob un ohonom yn

disgwyl y gwaethaf gan y brifathrawes, ond er ein syndod, ni ddywedodd hi'r un gair am y digwyddiad ac ni welwyd mo Cecil yn yr ysgol byth ar ôl hynny.

Amser cinio un prynhawn dydd Gwener braf yn yr haf, cyhoeddodd y brifathrawes, Mrs Roberts, fod yn rhaid iddi adael yn gynnar i fynd lawr i'r banc yn y Glyn ac y buasai'r athrawes dros dro, Mrs Ffrances M. T. Williams, neu Ffanni fel yr oedd yn cael ei galw gan bawb, yn gofalu amdanom. Athrawes wedi ymddeol yn gwneud gwaith llanw ac yn byw ym Mhontfadog oedd Mrs Williams ac o'r diwrnod cyntaf y daeth i'r ysgol, roedd hi wedi cymryd yn erbyn plant Nantyr. Yn ei barn hi, ac mi ddywedodd hynny nifer o weithiau, plant Ysgol Nantyr oedd y rhai gwaethaf a'r mwyaf afreolus a digywilydd y bu hi mor anffortunus i'w dysgu erioed. Defnyddiai pob cyfle posibl i ganmol plant Pontfadog, gan honni pa mor dda yr oedden nhw gyda'u gwaith ac yn y blaen, a chan fod ei hagwedd tuag atom yn gas, roedd hynny'n gwneud ein hagwedd ninnau tuag ati hithau hefyd yr un mor gas a byddem yn gwneud popeth o fewn ein gallu i'w gwylltio. Wrth golli ei thymer, byddai ewyn yn dod o'i cheg ac fe boerai wrth ein dwrdio. Byddwn i'n sychu fy wyneb efo fy llawes a hynny'n ei dro yn ei gwneud hi'n waeth o lawer.

Gadawodd Mrs Roberts, y brifathrawes, oddeutu un o'r gloch i fynd i'r banc, gan fod yn rhaid iddi gerdded i lawr i'r Glyn am nad oedd hi'n medru gyrru car. Gadawodd y gogyddes hithau am ddau o'r gloch ar ei ben, fel arfer. Dim ond un cloc oedd yn yr ysgol a hwnnw yn y ffreutur, neu'r cyntedd, ac yn ôl ei ddeddf o y gweithredai'r athrawon bob amser. Ychydig funudau ar ôl i'r gogyddes adael, gwnes esgus i fynd allan i'r tŷ bach ac wrth basio'r cloc, neidiais i ben y gadair oedd oddi tano a'i droi ymlaen chwarter awr, ac allan â mi i'r tŷ bach. Yr unig rai a'm gwelodd yn gwneud y camwri oedd Mary Wright a Lawrence ac roeddwn yn gobeithio y buasai Mary'n cau ei cheg, ac mi wnaeth, diolch byth.

Wrth gwrs, fe gafodd pawb fynd adref yn gynnar y diwrnod hwnnw. Ar y ffordd adref euthum i ac un neu ddau o rai eraill – a oedd erbyn hyn yn gwybod beth oeddwn i wedi ei wneud – heibio criw o weithwyr y Cyngor o'r Glyn a weithiai ar ffordd Hen Hafod. Wrth inni basio, dywedodd un o'r dynion, 'Rydych chi'n mynd adref yn gynnar iawn heddiw'. Ddywedodd neb yr un gair, dim ond mynd heibio mor gyflym â phosibl gan deimlo braidd yn euog, ond ar y llaw arall yn meddwl ein bod ni'n glyfar iawn wedi twyllo Mrs M. T. Williams.

Ar ôl dweud y weddi y bore Llun canlynol, roedd pob un ohonom ni'r rhai hynaf dani unwaith eto a Mrs M. T. Williams a'r brifathrawes fel dwy blismones â golwg sarrug iawn ar eu hwynebau, fel petaent ar fin arestio'r drwgweithredwyr gwaethaf erioed. 'Rŵan, dwi eisiau gwybod pwy wnaeth droi'r cloc ymlaen hanner awr,' meddai Mrs Roberts. Roedd wyneb Mrs M. T. yn glaerwyn erbyn hyn a'i llygaid yn pefrio. Roedd hi'n amlwg eisiau tagu pob copa walltog ohonom, gan ein bod wedi gwneud iddi deimlo'n rêl ffŵl. Ni ddywedodd neb air, dim ond edrych i lawr ar ein traed. Gwnaeth y brifathrawes bob ymdrech i'n gorfodi i ddweud ond ni chafodd wybod pwy a gyflawnodd yr anfri. Y prynhawn Gwener blaenorol doedd Mrs M. T. ddim wedi sylweddoli beth oedd wedi digwydd nes cyrhaeddodd y car i'w nôl, hanner awr yn hwyr yn ei thyb hi, am chwarter i bedwar. Un o ddynion y Cyngor a basiwyd ar y ffordd adref oedd wedi gollwng y gath o'r cwd a dweud wrth y brifathrawes wrth iddi ei gyfarfod o ar y stryd yn y Glyn ar ei ffordd o'r banc y prynhawn hwnnw. Dywedodd wrthi ei fod o wedi gweld rhai o'r plant yn mynd adref o'r ysgol yn gynt nag arfer, am tua chwarter i dri o'r gloch. Synnais o glywed fod y cloc wedi ei droi hanner awr ymlaen, a minnau ond wedi ei droi chwarter awr.

Roedd Mrs M. T. yn wallgof, yn poeri fel cath, a'r brifathrawes hefyd yn ceryddu ond gyda gwên fach slei ar ei hwyneb. Gan na chyfaddefodd neb, y gosb fu cadw pob un o'r criw yr oedd hi'n eu hamau o fod yn gyfrifol am y weithred i mewn gydol amser chwarae'r bore hwnnw i wneud y gwaith yr oeddem wedi ei golli wrth fynd adref yn gynnar. Yn ddiweddarach yn y dydd, cyfaddefodd Mary Wright wrthyf mai hi oedd yn gyfrifol am droi'r cloc ymlaen y chwarter awr ychwanegol, ar ôl iddi fy ngweld i'n gwneud yn gyntaf! Os mêts, mêts ynte?!

Priodas Nova a finnau Medi 26ain, 1987

Priodas Tegid a Sara, 2000

Fy mrawd Islwyn, fy chwaer Gaynor a minnau

Pawb o drigolion Nantyr yn ystod dathlu coroni'r Frenhines ym Mehefin 1953

Plas Nantyr yn y tridegau

Ysgol Nantyr

W.H. Orritt, o flaen ei siop yn Nantyr

Agor Ysgol Nantyr yn 1914

Capel y Bedyddwyr, Nantyr

Un o hen geir cyntaf Mr Storey, Plas Nantyr

Fy nhaid, fy nhad a'i frawd a'i chwiorydd yn Ty'n Celyn

Priodas gyntaf fy nhad

Fy nhad yn ifanc

Yncl Wallace a'i deulu (tad Andrew Davies AC) o Henffordd

Priodas fy nhad a mam yng Nghapel Rehoboth, Llangollen

Mam a'i dwy chwaer a thri brawd

Priodas fy nhad a mam

Fy nhaid ar gefn ceffyl yn Ty'n Celyn, Nantyr

Fy mhriodas gyntaf 1960

Y pedwar bachgen ar ddiwrnod bedyddio Tegid a Dylan yn 1963

Fi ac Elfed ar y Ffergi

Dylan ac Elfed

Medwyn a'i wraig Angela

Priodas Elfed a Gwawr

Fy wyresau, Fflur, Siriol ac Erin

Cystadleuaeth gwisgo i fyny Noson Lawen Ffermwyr Ifanc Glyn Ceiriog

Y saethwr mawr

Saethu eto

Yr A.J.S.

*Ffrindiau gorau – Brynmor a
June Griffiths*

Noson adloniant rhwng clybiau Ffermwyr Ifanc Sir Ddinbych

Ffermwyr Madeira 1995

Ffermwyr Madeira 1995

Defaid yn Ffrainc – Auverene Valley

Offer grym-fwydo gwyddau yn Ffrainc

Sŵ Caer – fi'n holi Huw John Hughes

Dathlu 'Helo Bobol' yn ddeg oed yn Ysbyty Glan Clwyd

Criw ohonom yn darlledu o Sŵ Caer. Huw John Hughes, fi, Medwen Williams, Hywel Gwynfryn, Gari Williams a Myrddin ap Dafydd

Teulu Tŷ Du

Cipar Mr Storey, Plas Nantyr oedd tad Lawrence, sef John Evans, neu Jac Lodge i'w gyfoedion. John Tŷ Du oedd o i ni blant, gan mai yn Nhŷ Du yr oedd o'n byw ar y pryd ac roedd o'n ŵr ffraeth a chwim iawn ei feddwl. Un tro roedd Roy, brawd Lawrence, a minnau wedi bod yn Ysbyty Maelor, Wrecsam yn cael tynnu ein tonsiliau. Ymhen ychydig ddyddiau ar ôl inni gyrraedd gartref roedd 'nhad, John Evans a minnau'n cydgerdded efo'r cŵn ar hyd y ffordd gefn i fyny tuag at y plas pan ofynnais i'n ddiniwed i John Evans ymhle'r oedd tonsiliau ci. 'Rhwng ei ddwy goes ôl o!' oedd yr ateb sydyn, heb wên ar ei wyneb.

Dro arall, a minnau ychydig yn hŷn ac erbyn hynny'n byw yn Nhŷ Uchaf, mi gefais dro trwstan wrth fynd i lawr i'r ysgol un noson. Roeddwn wedi prynu beic ail-law gan Brynle, Hen Hafod ac wrth imi fynd i lawr y ffordd drwy ganol buarth Tŷ Du, a hynny heb olau fel arfer, trewais rywbeth yng nghanol y ffordd a chefais fy nhaflu oddi ar y beic yn erbyn wal. Mae'n rhaid fy mod wedi bod yn gorwedd yno yn anymwybodol yn y tywyllwch am tua awr a hanner, yn ôl yr amser y gadewais fy nghartref am tua saith o'r gloch, a phan gyrhaeddais ddrws ffrynt Tŷ Du, rhywsut neu'i gilydd, nid oedd gennyf syniad ble'r oeddwn i. Sylweddolodd y teulu'n syth fy mod wedi cael fy anafu, gan fod gwaed ar fy wyneb, ac roeddwn hefyd yn gloff. Rhoddodd Mrs Elsi Evans fi i eistedd yn ymyl tanllwyth o dân ac fe wnaeth gwpaned o de cryf a digon o siwgr ynddi imi. Wedi imi ddod ataf fy hun a dechrau siarad yn gallach, aethom allan i chwilio am y beic efo lamp stabl a'i ddarganfod wedi malu'n rhacs yn erbyn wal rhyw hanner canllath i ffwrdd o'r fan ble'r oeddwn i wedi bod yn gorwedd. Cododd John Evans y beic a'i roi yn y cwt, gan na fuasai'n bosibl i mi ei wthio adref, a cherddodd gyda mi i Dŷ Uchaf. Wrth gydgerdded, yn hanner anymwybodol, gofynnais iddo beic pwy oedd gennyf ac meddai ar ei union, 'Beic Brynle os nad wyt ti wedi talu amdano'. Gŵr yr oeddwn yn falch o'i weld bob amser oedd John Evans.

Yr hyn a oedd wedi digwydd yn y tywyllwch ar ganol buarth Tŷ Du, yn ôl bob golwg, oedd bod gwartheg duon ffarm Ty'n Celyn yn gorwedd ar ganol y ffordd, a chan fy mod innau'n teithio'n gyflym heb olau, euthum yn eu herbyn heb eu gweld!

Y bore canlynol, ar ôl noson boenus iawn, aeth fy nhad â mi i lawr i'r Glyn i weld Dr Beresford. Ar ôl fy archwilio dywedodd y doctor fy mod wedi torri asgwrn pont fy ysgwydd a bod yn rhaid clymu fy ysgwyddau efo strapen ledr i'w cadw'n llonydd, rhag i'r asgwrn symud. Mi fûm felly am chwe wythnos boenus a'r strapen ledr yn brathu i mewn i'm cnawd. Diolch byth fod dulliau meddygol newydd i'w cael heddiw.

Roedd Roy, un o frodyr Lawrence, a oedd ychydig yn hŷn na fi, yn hoffi ffureta a saethu cwningod fel ei frodyr eraill. Gofynnodd i mi un bore, 'Oes gen ti awydd dod i ffureta efo mi y prynhawn yma efo gwn? Mi wnawn ni chwarae triwant'. Cytunais yn eiddgar wrth gwrs, unrhyw beth i gael peidio mynd i'r ysgol. Y trefniadau oedd y buasai o'n mynd adref i nôl y ffuredi a gwn 'twelf-bôr' ei dad yn syth ar ôl cinio, a minnau'n ei gyfarfod wrth y capel, allan o olwg yr ysgol, ymhen deg munud wedyn. Pan oedd yr athrawon yn cael paned o de a smôc ar ôl cinio, gwelais Roy yn diflannu drwy'r giât am adref a sleifiais innau ar ei ôl fel y cytunwyd, heb ddweud gair wrth neb, ddim hyd yn oed wrth Lawrence.

Yn gyntaf roedd yn rhaid dewis y lle gorau i fynd i hela, oherwydd bryd hynny roedd cwningod yn bla ym mhobman. Penderfynodd Roy mai clawdd gwrych gweirglodd ffarm y Bonc, am y ffin â'r briffordd, rhyw bum can llath i gyfeiriad Plas Nantyr o'r ysgol oedd y man delfrydol, yn bennaf gan mai dim ond ar hyd un ffordd y gallai'r cwningod ddianc, a hynny allan i'r cae. Wedi inni gyrraedd yno efo gwn a ffuredi mewn bocs, dyma fynd ati i archwilio'r lle i edrych am olion cwningod. Gwelsom dyllau yma ac acw mewn rhes hir ar hyd y clawdd a golwg defnyddio mawr arnyn nhw, a thail ffres yn glwstwr y tu allan. Wedyn rhaid oedd cytuno pa dwll oedd yr un gorau i ollwng y ffured fenyw i mewn iddo, gan mai'r fenyw a ddefnyddid yn rhydd bob amser. Yna fe gamodd y ddau saethwr pwysig yn ôl rhyw ugain llath o'r cae i ddisgwyl. 'Aros di y tu ôl i mi,' meddai Roy, 'a bydd ddistaw.' Roedd hyn i gyd yn gynhyrfus iawn i mi, er fy mod wedi hen arfer ffureta efo 'nhad, oherwydd ni chefais i erioed o'r blaen y cyfle i ddefnyddio gwn fy hun. Roedd y profiad yn un newydd sbon. Yn sydyn, rhuthrodd cwningen allan o'r twll yn y ddaear. Cododd Roy y gwn ar ei ysgwydd yr un mor sydyn a thanio, a lladdodd hi yn y fan a'r lle. Roedd o'n hen law arni. Wedi iddo saethu un arall, daeth y ffured allan o'r ddaear. 'Dyma ti, dyma dy gyfle di,' meddai, a rhoddodd y gwn yn fy llaw i minnau roi cynnig arni. 'Gofala gadw'r gwn yn dynn ar dy ysgwydd. Os na wnei di hynny bydd yn dy gicio di'n dy ysgwydd ac yn dy wyneb.' Ar ôl iddo ddangos i mi sut i'w drin yn ddiogel, gan mai dyma'r tro cyntaf i mi afael mewn gwn go iawn gyda'r bwriad o'i ddefnyddio, gollyngodd y ffured i mewn i'r twll yn y ddaear a rhedeg yn ôl ataf i i wneud yn siŵr ei fod o y tu ôl i mi, rhag ofn imi ei saethu wrth gynhyrfu.

Erbyn hyn roeddwn i'n dechrau cynhyrfu go iawn wrth ddisgwyl yn eiddgar i gwningen ddod allan. Yn sydyn rhuthrodd un allan a'r eiliad y gwelais i hi, codais y gwn ar fy ysgwydd a thanio. Ond Ow! roeddwn i wedi cynhyrfu cymaint wrth ei gweld nes i'r ergyd fynd i ganol pren rhyw ddeg troedfedd uwch ei phen, a gofynnodd Roy imi'n gellweirus, wrth weld y twll yn y pren, a oedd y gwningen yn hedfan!

Wedi'r profiad cyntaf hwnnw yn ddeg oed, meistrolais y gwn mewn dim o dro. Bûm allan efo 'nhad laweroedd o weithiau wedi hynny, yn dysgu sut i drin gwn ac i saethu'n gywir, yn ddiogel, a hefyd yn gyflym ac rwy'n mwynhau saethu a hela o bob math hyd heddiw. Yn fy nhyb i nid yw ymgyrchwyr yn erbyn hela yn gwir ddeall ecoleg cefn gwlad.

Hwyaid Mrs Morris

Roedd dau gapel yn Nantyr bryd hynny, sef capel y Methodistiaid Calfinaidd, sy'n eglwys Bresbyteraidd heddiw, a chapel y Bedyddwyr, sydd wedi cau ers nifer o flynyddoedd. Gan fod fy nhad yn flaenor yng nghapel y Methodistiaid, roedd yn rhaid i ni blant fynd yno i'r tri gwasanaeth ar y Sul: pregeth yn y bore a'r hwyr ac Ysgol Sul yn y prynhawn, dyna oedd y drefn yn Nantyr. Heather Jones, Hen Felin; Joan Tŷ Cerrig; Eryl Tŷ Isaf; Owain, Llinos a Clwyd, Bryn Awel; ni ein tri; Idris Ty'n Celyn; a Huw, Gwilym a Doris, Hafod y Garreg oedd pobol ifanc y capel. Fe fyddai Mam yn gwahanu Islwyn a minnau yn ystod pregeth bob tro drwy eistedd rhwng y ddau ohonom, gan fy mod i'n ei bryfocio o hyd ac yntau'n cwyno wrthi ac yn crio. Wedyn byddwn i'n cael andros o binsiad-tro uwchben fy mhenglin gan Mam ac erbyn diwedd y bregeth byddai fy nghoesau'n biws. Mae'r pinsiad hwnnw'n dal i frifo hyd heddiw ac yn codi ias oer bob tro y byddaf yn meddwl amdano.

Gan ein bod ni'n byw ymhellach o'r capel na neb arall, ar wahân i deulu Hafod y Garreg, byddai'r tri ohonom yn aml iawn, pan fyddai'r tywydd yn braf, yn cael ein gwahodd i gael te ym Mryn Awel gyda Mrs Hannah Morris a David Charles ei gŵr, rhieni Owain, Llinos a Clwyd, ac roedd hyn yn rhoi pleser mawr i ni. Fe fyddai Mrs Morris bob amser yn groesawgar dros ben ac yn gwneud digon o frechdanau, cacennau a threiffl. Wedi inni orffen bwyta byddem ni'r plant yn mynd allan i chwarae pêl-droed neu griced yn y cae gwastad y tu ôl i'r tŷ, a phawb yn hapus ac yn mwynhau eu hunain, ond un prynhawn Sul fe bechais Mrs Morris yn anfaddeuol. Roedd hi'n cadw ieir a hwyaid a byddai'r rheiny o'n cwmpas yn y cae, a chan nad oedd hwyaid gennym ni gartref, roeddwn i wedi fy swyno ganddynt. Wrth weld fy mod yn methu cadw fy llygaid oddi arnynt, perswadiodd Owain fi i geisio dal hwyaden. Dyma ddechrau rhedeg ar eu holau ac Owain yn fy nghymell drwy ddweud fy mod yn rhy araf, a minnau'n benderfynol o ddal un. Rhedais a daliais i redeg ar eu holau nes i un ddisgyn ar ei hyd, wedi llwyr ymlâdd. Erbyn hyn roedd Owain a'r lleill wedi diflannu, gan fy ngadael i ar fy mhen fy hun oherwydd bod yr ieir ar hwyaid yn cadw cymaint o sŵn. Yn sydyn ymddangosodd Mrs Morris rownd y gornel. Roedd hi wedi clywed sŵn yr hwyaid a dod allan i weld beth oedd yn digwydd, a gwelodd yr hwyaden ar ei hyd. Cefais gerydd ganddi a rhybuddiodd fi i beidio â gwneud hynny byth eto. 'Mae hwyaid yn wahanol i ieir,' meddai. 'Fedran nhw ddim rhedeg ymhell oherwydd eu traed. Maen nhw'n colli eu gwynt yn hawdd am mai adar y dŵr ydan nhw. Cofia di hynny.' Ac i ffwrdd â hi'n ei hôl i'r tŷ. Roeddwn i wedi dychryn o weld Mrs Morris yn edrych mor gas a'r dagrau'n llifo i lawr fy ngruddiau, ac adref yr aeth y tri ohonom. Ond roedd gwaeth i ddod. Dywedodd Islwyn fy mrawd wrth Dad a Mam beth oeddwn i wedi'i wneud a chefais fwy o gerydd o lawer ganddyn nhw a'm gwahardd rhag mynd yno eto. Ond maddeuodd Mrs Morris i mi ar ôl i Llinos ddweud wrthi mai Owain oedd wedi fy annog i redeg ar ôl yr adar a chefais fynd yno droeon i gael te wedi hynny, a'r hwyaid yn cael llonydd.

Dechrau'r newid byd

Pan ddechreuodd yr Ail Ryfel Byd, roedd y llywodraeth yn gorfodi pob ffarmwr i aredig hyn a hyn o dir glas parhaol bob blwyddyn ar gyfer tyfu cnydau i fwydo'r genedl. Y rheswm dros hyn oedd prinder bwyd mawr y wlad, yn dilyn llwyddiant llongau tanfor yr Almaen yn suddo'r llongau nwyddau a arferai fewnforio'r holl fwydydd o dramor. I sicrhau bod pob ffarmwr a oedd â thir addas i dyfu cnwd yn cydymffurfio â'r ddeddf, sefydlwyd pwyllgorau sirol o amaethwyr gan y Weinyddiaeth Amaeth. Galwyd y pwyllgorau hyn yn *War Agricultural Excecutive Committiees* – neu'r 'WARAG' – ac roedd ganddynt bwerau gweithredol pellgyrhaeddol.

Am y tro cyntaf roedd ffermwyr yn gorfod llenwi ffurflenni ac yn cael eu gorfodi hefyd i aredig a phlannu'r tir â gwahanol gnydau: ceirch, gwenith, haidd, tatws a maip ac yn y blaen. Ceid tâl o ddwy bunt yr erw am gynhyrchu'r cnydau hyn – a dyna ddechrau'r cymorthdaliadau amaethyddol sydd wedi parhau hyd heddiw. I gyd-fynd â hyn cyflwynwyd llyfrau dogni, yn fwyaf arbennig i sicrhau bod digon o gyflenwad o fwyd ar gyfer y lluoedd arfog.

Sefydlwyd gwasanaeth contractio ganddynt hefyd, gyda fflyd o dractorau a pheiriannau i weithio ym mhob ardal. Y 'Fforddiaswn' Standard neu'r 'Fforddiaswn' Bach oedd y rhan fwyaf o'r tractorau hyn, ac yn ddiweddarach daeth y *Fordson Major* uchel i wneud y gwaith.

Swyddogaeth aelodau'r pwyllgorau sirol hyn oedd goruchwylio'r gwaith drwy fynd o amgylch yr ardaloedd i gynghori ffermwyr. Caent gyngor ynghylch pa dir a faint ohono y dylsent ei aredig, pa gnydau i'w plannu, a phe bai angen byddent yn trefnu'r gwaith contractio hefyd. Ond roedd cael pobol o'r tu allan, fel petai, yn dweud wrthynt beth i'w wneud ar eu tir eu hunain braidd yn groes i'r graen i nifer fawr o ffermwyr ar y dechrau. Bu gwrthdaro ffyrnig, bron hyd at ymladd ambell dro. Byddai ambell ffarmwr yn bygwth taflu'r swyddog i'r afon gerllaw ac eraill yn eu bygwth â ffon neu wn. Yn aml iawn credid mai ffermwyr aflwyddiannus oedd y swyddogion, ac felly roedd gweld un o'r rhain yn dod i'r buarth, yn llawn awdurdod, fel dangos lliain coch i darw i ambell un! Os nad oedd y ffarmwr yn cydymffurfio â'r rheolau, roedd gan swyddogion y Weinyddiaeth hawl i orchymyn y contractwyr i fynd ar y ffarm ac aredig y cae a ddewiswyd ganddynt hwy heb ymgynghori â'r ffarmwr. Ei ddadl yntau gan amlaf oedd bod y tir yn anaddas i'w aredig ac y buasai'n achosi anhwylustod iddo, ond y swyddogion fyddai'n ennill bron bob tro, a hynny gan fod y Weinyddiaeth y tu cefn iddynt.

Y prif gnydau a gâi eu tyfu dan orfodaeth yn ardal Nantyr oedd ceirch, ychydig o haidd a thatws. Pan oedd yn adeg codi tatws ar ffarm Ty'n Celyn, cartref Mrs Jones a'i gŵr Henry, roedd yn rhaid i ni fechgyn yr ysgol fynd yno i helpu efo'r casglu. Daeth Mrs Jones yno o ardal Maen Gwynedd ger Llanrhaeadr-ym-Mochnant pan roddodd fy nhaid y gorau i ffarmio Ty'n Celyn. Roedd hi'n bladres o ddynes galed, fusneslyd, bob amser yn gwisgo dillad duon llaes hyd at ei thraed a ffedog fras. Fe'i gwelid yn aml iawn yn sefyll ar drothwy drws y tŷ, gan lenwi'r gwagle. Byddai o hyd yn edrych i lawr y buarth a arweiniai allan i'r ffordd, gan lygadu popeth oedd yn digwydd a phawb oedd yn mynd heibio fel barcud ac fe wyddai hanes pawb yn yr ardal, er nad oedd hi'n mynd allan rhyw lawer ei hun. Roedd ganddi lais cras hefyd a phan fyddai'n chwilio am fy nghefnder Idris, gwaeddai 'Cog!' nerth esgyrn ei phen a'i bloedd yn atseinio hyd at ben draw'r cwm. Dyna ein darlun ni, blant, o Mrs Jones, perchennog Ty'n Celyn.

Mrs Jones a fagodd Idris gan fod ei fam, Anti Menna, chwaer Dad, wedi aros ar y ffarm efo Mrs Jones pan chwalwyd y teulu ġan fy nhaid, William Jones Davies, ar ôl marwolaeth Nain, Deborah Maria. Bu farw Nain yn fam ifanc dri deg a phedair mlwydd oed ar Ebrill y 18fed, 1906 ar ôl rhoi genedigaeth farw i faban naw diwrnod ynghynt ar y 13eg o Ebrill. Gadawyd Taid efo chwech o blant ifanc, dau fab a phedair merch, sef Henry William a Dad, Gwladys, Kate, Menna a Blodwen. Achosodd ymadawiad sydyn Nain boen meddwl mawr i Taid. Roedd o'n poeni sut y gallai barhau i ffarmio hebddi a magu'r plant. Ar ôl ychydig fisoedd o wneud ei orau ar ei ben ei hun, clywodd gan aelod o'r teulu fod Miss

Nellie Williams, merch ifanc dlos, ugain oed, o West Farm, Cricheath ger Croesoswallt, yn chwilio am waith. Cysylltodd â hi ar unwaith a chytunodd hithau i ddod i Dy'n Celyn i gyfarfod y teulu. Pan welodd y nyth, cynigiodd ei gwasanaeth iddo fel gofalwraig tŷ ac fe'i cyflogwyd yn y fan a'r lle ond yn fuan iawn, trechwyd y ddau gan natur ac o fewn blwyddyn a hanner roedden nhw wedi priodi. Fodd bynnag, ar ôl ychydig fisoedd o ofalu am y plant a'i gŵr, roedd y wraig ifanc yn dechrau anesmwytho. Nid oedd yn hapus o fod yn wraig ffarm Nantyr mwyach ac yn y diwedd llwyddodd i argyhoeddi 'nhaid i roi'r gorau i ffarmio a chwilio am waith arall. Gwerthodd yntau'r stoc i gyd i Mrs Jones a'i gŵr Henry, y tenantiaid newydd, a chwalodd yr aelwyd. Rhannodd bump o'r plant rhwng y teulu ac aeth Anti Kate efo'i thad a'i mam wen i fyw i dŷ o'r enw Cynfal House, Ffordd y Wyddgrug, Cei Conna yng nglannau Dyfrdwy. Yn fuan iawn llwyddodd Taid i gael swydd efo cwmni yswiriant *Prudential.*

Ymhen deg mlynedd roedd gan Taid a Nellie chwech o blant – pedwar mab a dwy ferch, sef Maldwyn, Glyn, Dewi a Wallace, y meibion, a Nesta a Nina, y ddwy ferch. Mae Andrew Davies, un o feibion Yncl Wallace, yn un o weinidogion y Cynulliad Cenedlaethol heddiw yng Nghaerdydd.

Yn ôl Dad, roedd hi'n amhosib byw efo'i fam wen ac ychydig iawn a wnaeth o, a gweddill y plant eraill, ar wahân i Anti Kate, efo hi wedyn.

Bu farw Taid yn 1935 yn dilyn damwain trên ar groesfan Cei Conna ar noson wlyb a stormus ac fe'i claddwyd gyda'i wraig gyntaf ym mynwent Tregeiriog yn ymyl y baban bach a fu farw.

Un o Dregeiriog oedd Mam hefyd a William Salisbury oedd enw fy nhaid. Roedd o a Nain, Meri Elin, yn cadw ffarm y Fodwen, Llanarmon Dyffryn Ceiriog ac yntau'n feili i deulu Gittins, perchenogion garej yng Nghroesoswallt, pan aned Mam. Cafodd y ddau wyth o blant, sef Tomos, Myfanwy May, Dilys Moira (Mam), Sera Jane, Clera Elinor, Mary, William Lloyd a Richard Trefor. Dim ond Anti Myfanwy, neu 'Fani' fel y'i gelwir hi gan bawb, sy'n fyw heddiw, yn 97 mlwydd oed ac yn crwydro'r lle fel cywen.

Bu Nain yn wael iawn am flynyddoedd ac yn gaeth i'w

gwely, ac mae hithau a Taid, a fu am flynyddoedd ar ôl colli Nain yn feili ym Mlaen Cwm, Llanarmon Dyffryn Ceiriog i Tomos Morris, Plas Pengwern, Llangollen, wedi'u claddu ym mynwent Tregeiriog.

Rŵan, yn ôl â ni at Mrs Jones! Roedd arnom ni blant ofn Mrs Jones, Ty'n Celyn yn ofnadwy a phob tro y pasiem giât y buarth a gweld yr hen wraig yn sefyll fel gwrach yn nrws y tŷ gan edrych i gyfeiriad y ffordd, byddem yn sleifio heibio'n sydyn. Ond os oedd Mrs Jones eisiau ein help i hel y tatws, rhaid oedd ufuddhau. Ar y diwrnod cyntaf byddai pawb wrth ei fodd yn mynd o'r ysgol a chael reidio ar y trelar. Fodd bynnag, byddai'r stori'n bur wahanol ar yr ail ddiwrnod gyda'r cefn yn dechrau brifo a Wil y bòs yn gyrru ar bawb. Oherwydd hyn roedd y gwaith i'w weld yn galetach ac o ganlyniad byddem ninnau'n dechrau chwarae. Achosai hynny i ni ffraeo'n aml iawn gan ein bod yn taflu pob taten ddrwg, yn enwedig y rhai gwlyb a drewllyd, at ein gilydd gydag ambell un yn taro'r wyneb a'r chwarae'n troi'n chwerw.

Bryd hynny byddai gwragedd yr ardal, rhai ohonyn nhw'n dod i fyny o'r Glyn, yn helpu i gasglu a phob un â'i bwced ei hun. Gwaith cyntaf Wil ar ôl cyrraedd y cae fyddai gosod y gwragedd bob yn ddwy yma ac acw ar hyd y rhes, gyda sach bob un, a ninnau'r plant bob yn ail â nhw.

Petai'r haf wedi bod yn un gwlyb, byddai'n anodd iawn i'r peiriant codi tatws – a gâi ei dynnu gan dractor – ryddhau'r cnwd o'r pridd, oherwydd y chwyn yn bennaf. Roedd gwlydd y domen fel carped yn cadw'r pridd, a'r tatws oddi tano, yn wlyb.

Un a faged gan Mrs Jones oedd Wil y bòs, gyrrwr y tractor *Fordson* bach, ac roedd yn greadur cyfrwys iawn. Byddai'n dod i lawr y rhes yn eithaf cyflym i chwalu'r tatws ond teithiai'n yn ôl i ben y rhes, i ailgychwyn, yn araf iawn rhag iddo orfod ein helpu ni a'r merched i orffen casglu. Gwaith Idris oedd gofalu bod digon o sachau i bawb a chlymu'r geg efo cortyn pan oedden nhw'n llawn. Ar ddiwedd y dydd byddai Idris a Wil yn casglu'r sachau a'u gwagu nhw i dwll yng nghanol y cae ar gyfer gwneud 'hog' neu 'gwtsh', sef twll hir tua dwy droedfedd o led a throedfedd a hanner o ddyfnder, wedi ei dyllu'n arbennig yng nghanol y cae gyda gwely da o wellt ar ei waelod. Wedi gorffen llenwi'r hog drwy osod y tatws yn daclus gyda chrib fel crib to, rhoddid y sachau drostynt yn ofalus fel gwrthban. Yna byddent yn chwalu haenen o wellt neu redyn trwchus ar ben y sachau i'w harbed rhag rhewi a'u claddu efo digon o bridd er mwyn eu cadw dros y gaeaf. Gwneid yr holl waith hwn â rhaw ac o gael ei wneud yn iawn, byddai'r tatws yn gwrthsefyll y rhew caletaf.

Hel tatws oedd yr orchwyl gasaf gen i gartref hefyd. Arferai 'nhad a nifer o weithwyr eraill blannu dwy res yng nghae tatws a swêdj y plas bob blwyddyn, ac nid rhesi byrion oedden nhw chwaith! Byddwn i ac Islwyn fy mrawd yn gorfod casglu bob taten hyd at syrffed, gyda 'nhad yn eu codi â fforch bob munud sbâr a oedd ganddo ar ôl ei oriau gwaith. Gosodai ddwy sach yma ac acw ar hyd y rhes – un ar gyfer tatws bwyta i'r tŷ a'r llall ar gyfer tatws mân i besgi'r mochyn a gâi ei ladd bob blwyddyn i fwydo'r teulu dros y gaeaf. Byddai yntau wedyn yn gwneud hog yn yr ardd i gadw'r tatws bwyta dros y gaeaf. Roedd Dad yn arddwr llysiau da iawn ond ni thyfai flodau. Ceisiodd wneud ei orau i'm dysgu innau drwy 'ngorfodi i'w helpu, ond roeddwn yn gweld y gwaith yn galed iawn bryd hynny.

Diwrnod lladd mochyn

Adeg y rhyfel roedd y llywodraeth yn caniatáu i bob teulu ladd mochyn at ei ddefnydd ei hun os oedd ganddynt le i'w gadw. Yn nechrau mis Awst bob blwyddyn byddai 'nhad yn prynu mochyn *large white* tua chwe mis oed gan un o'r ffermwyr lleol. Roedd holl sbarion y tŷ yn cael eu berwi, yn ogystal â'r tatws mân, a'u cymysgu gyda blawd pesgi arbennig gan gwmni *Jones and Co.* o Groesoswallt i fwydo'r anifail.

Achlysur trist iawn i ni blant oedd diwrnod lladd y mochyn gan ei fod yn cael ei drin yn union fel anifail anwes gan bob un ohonom, er bod ein rhieni'n ceisio ein dysgu mai bwyd dros y gaeaf ydoedd, ac roedd yn rhaid inni dderbyn hynny.

Fe fyddai'r orchwyl o'i ladd yn digwydd ar brynhawn Sadwrn yn niwedd mis Tachwedd bob blwyddyn. Dim ond yn y prynhawniau y byddai 'nhad yn rhydd o'i waith, gan ei fod yn gorfod gweithio bob bore. Roedd y paratoadau'n dechrau ymhell cyn toriad gwawr: golchi a llenwi'r boeler berwi dillad a oedd yn dal tua deg galwyn efo dŵr glân, yna cynnau'r tân a gofalu bod digon o danwydd wrth law er mwyn i Mam ei gadw i fynd tra byddai Dad wrth ei waith.

Edwart Roberts, Ty'n Berllan, Pandy, ger Glyn Ceiriog oedd bwtsier teithiol yr ardal. Roedd yn ŵr addfwyn, byr ei gorff, gyda llais main, tawel a phob amser yn gwisgo clos pen-glin ac esgidiau a legins lledr brown. Byddai'n cyrraedd acw ar gefn ei feic yn brydlon am un o'r gloch a'i arfau wedi eu rhwymo'n dwt ar y bar, wedi eu hogi'n barod. Ei eiriau cyntaf wedi cyrraedd bob amser oedd, 'Sut ma'i John?' cyn plannu'n syth i weld y mochyn cyn yngan gair ymhellach. Ar ôl treulio ychydig funudau'n astudio'r creadur dros ben drws y cwt, byddai'n troi at y pesgwr balch ac yn dweud, 'Wel John, rwyt ti wedi gwneud job dda ohono eto eleni'. Wedyn byddai'r sgwrsio arferol yn digwydd wrth iddo grwydro i weld a theimlo'r dŵr i wneud yn siŵr ei fod yn ddigon poeth, ac archwilio'r fainc lladd.

W. H. Morris, neu Bert Ty'n Pistyll, cyfaill gorau 'nhad, fyddai'n ei gynorthwyo i ladd bob tro – cawr o ddyn cryf fel Charles Atlas ond gydag ychydig mwy o fol. Roedd o fel angor yn y goes ôl a 'nhad yn ŵr cryf yn yr ysgwydd. Rhwng y ddau, byddai'r hen fochyn druan fel petai mewn feis.

Wedi i mi ddod ychydig yn hŷn, fy ngwaith i oedd dal y gwaed mewn bwced, rhoi ychydig o halen ynddo a'i droi efo llwy bren â choes hir rhag iddo dewychu a difetha, ar gyfer gwneud pwdin gwaed.

Wedi i'r mochyn orffen gwaedu, y cam nesaf oedd ei sgaldio i dynnu'r blew ac roedd yn rhaid i'r dŵr fod yn berffaith i wneud y gwaith yma.

Roedd y bwtsier yn cadw llygad barcud ar y boeler ac yn sydyn byddai'n gweiddi 'Mae'n barod!'. Ef ei hun fyddai'n gyfrifol am y gwaith o'i sgaldio, a hynny drwy arllwys y dŵr berwedig yn araf-ofalus efo jwg tun o'r bwced ar gorff yr anifail. Wedyn byddai pawb â'i ysgrafell yn dechrau crafu'r blew, a hynny cyn gynted â phosibl. Ar gyfartaledd byddai'r gwaith hwnnw'n cymryd oddeutu awr i'w gyflawni.

Yna codid y mochyn gyda phwli i'w grogi ar fachyn o nenfwd y tŷ golchi gerfydd ei ddwy goes ôl, a hynny ar gambren wedi ei wneud o bren onnen yn arbennig at y diben hwnnw. Roedd hynny'n andros o waith caled gan fod y lle yn gyfyng iawn. Yna rhaid oedd tynnu ei berfedd a'i lanhau'n lân, a'i adael i grogi gyda thaten yn ei geg er mwyn iddo waedu'n llwyr. Roedd glendid yr un mor bwysig bryd hynny ag y mae heddiw. Hanner ffordd drwy'r gwaith o dynnu'r perfedd byddai'r bwtsier yn tynnu'r bledren ddŵr ac yn ei rhoi i ni'r bechgyn. Byddem ninnau wedyn yn ei chwythu'n llawn aer ac yn chwarae pêl-droed efo hi am ryw ddeuddydd neu dri.

Y nos Lun canlynol byddai Edwart Roberts yn dod 'nôl i dorri'r corff yn ddarnau porc a bacwn. Rhennid y rhan helaethaf o'r porc rhwng ffrindiau a byddent hwythau'n eu tro yn talu'n ôl pan fyddent yn lladd mochyn eu hunain. (Wrth gwrs, byddai'r rhan fwyaf yn rhoi yr un mor hael ag yr oeddynt wedi ei dderbyn, ond roedd ambell un yn fwy cynnil.) Yna rhaid oedd halltu'r bacwn efo halen a falwyd yn fân. Gwaith Islwyn a minnau oedd malu'r halen ar ôl iddo ddod o'r siop yn galen ddwy droedfedd o hyd, wyth modfedd o led. Roedd yn rhaid defnyddio solpitar a phupur hefyd a'u rhwbio'n iawn i'r esgyrn rhag i'r cig fynd yn ddrwg ac i atal pry chwythu rhag dodwy ei

76

wyau arno.

Y cam nesaf oedd gosod y darnau cig ar lechi o amgylch y bwtri am gyfnodau amrywiol. Gadewid yr horob ên, sef y cig o amgylch y pen, am o leiaf deg diwrnod; yr horobau, sef yr ystlysau, am dair wythnos; y ddwy ysgwydd am fis i bump wythnos; a'r ddwy goes ôl, sef yr hamiau, am ryw bump neu chwe wythnos, yn dibynnu ar eu maint. Diwedd y gwaith oedd hongian y cyfan ar fachau yn nhrawstiau nenfwd y gegin i'w sychu. Dyletswydd Mam ar ôl i'r bwtsier orffen halltu oedd berwi'r esgyrn, y pen a gweddill y mân ddarnau cig a oedd ar ôl yn y boeler golchi am oriau. Wedyn roedd yn rhaid i mi ei helpu i dynnu'r cig oddi ar yr esgyrn pan oedd yn boeth a'i osod ar blatiau yn barod iddi ei falu'n fân yn y felin gig i'w wneud yn frôn mewn ystenau bychain. Yna gosodid plât ar ben y cig a haearn smwddio ar ben hwnnw i'w wasgu'n dynn. Hyd heddiw, ni chefais i erioed well brôn na bacwn na'r hyn a gawn gartref bryd hynny.

Gaeaf mawr 1947

Hwn oedd y gaeaf caletaf a welais i erioed, gyda phopeth wedi
ei orchuddio, hyd yn oed y gwrychoedd, a lluwchfeydd anferth
o eira a phob ffordd a llwybr wedi diflannu'n llwyr.
Dechreuodd drwy fwrw eira mân yn niwedd mis Ionawr ar ôl
dyddiau o rew caled. Cofiaf glywed Dad yn dweud bod
arwyddion o haenen galed a'i bod yn bryd dod â'r defaid yn nes
am adref, ond cyn iddo lwyddo i wneud hynny dechreuodd
fwrw'n drymach, a pharhaodd i fwrw'n gyson. Ar ben hynny
cafwyd gwyntoedd cryfion iawn a rhew caled bob dydd a nos
am dros ddeufis a hanner. Gan fod pob ffordd i lawr i'r Glyn
wedi cau erbyn hyn, nid oedd yn bosibl cael bwyd a nwyddau
i fyny i'r siop a bu'n rhaid i Wili Orritt gau'r siop am gyfnod, a
hefyd bu'n rhaid cau'r ysgol. Fe wnaeth y cyngor sawl ymdrech
i agor y brif ffordd, ond yn ofer, oherwydd bod y gwyntoedd
cryfion yn ei chau bron cyn gyflymed ag yr oeddynt yn ei hagor.

Arferai Tomos Jones, wagner-goetsmon Plas Nantyr, yrru i
lawr i'r Glyn bob nos Wener efo dau geffyl a choets pedair
olwyn, ond methai â symud yn yr eira mawr. Roedd hon yn
debyg i'r goets fawr ond ychydig yn llai, gyda dwy olwyn fawr
y tu ôl a dwy olwyn lai ar y blaen. Diben y daith wythnosol
oedd nôl nwyddau a bwyd ar gyfer y plas ac i ninnau a
theuluoedd eraill y stad. Caem gig gan Cefni Parry'r bwtsier –
eidion neu borc gan amlaf – a byddai Dad yn mynd i lawr i'r
Glyn ar ei feic i dalu amdano unwaith y mis.

Gan ein bod ni'n lladd mochyn ac yn tyfu tatws, a Mam yn
medru gwneud bara ei hun, nid oedd fy rhieni'n poeni llawer
am fwyd ond roedd glo yn brin, er bod Dad wedi gofyn i
gwmni Saunders o Riwabon ddod â glo inni cyn iddi ddechrau
bwrw eira. Wrth gwrs, ar ôl y diwrnod cyntaf o eira, nid oedd
gobaith i'r cyflenwad hwnnw gyrraedd.

Pan glywodd Mr Storey, meistr y stad, am sefyllfa
argyfyngus ei weithwyr, rhoddodd un neu ddwy sachaid o lo
o'i stoc ei hun i'r rhai oedd mewn angen, gan ein cynnwys ni.
Rhoddodd ganiatâd i Dad fynd i'r llwyn o goed pin a oedd o
fewn dau gant a hanner o lathenni i'r tŷ i dorri hynny o goed tân

yr oedd arnom eu hangen, ond er mai dim ond dau gant a hanner o lathenni o'r tŷ oedd y llwyn, roedd cario'r coed tân yn andros o waith caled gan fod ychydig o lechwedd rhwng y tŷ a'r coed. Oherwydd hyn roedd Dad yn gorfod cario pob darn ar ei gefn drwy lathen a mwy o eira ar y dechrau. I wneud y gwaith yn galetach fyth, roedd y gwyntoedd cryfion, rhewllyd yn cau'r llwybr yn ystod y nos fel nad oedd golwg ohono fore drannoeth. Y drefn oedd i 'nhad fynd i lawr i'r llwyn i ddewis ac i daflu'r pren, ac agor y llwybr efo'i draed cyn mynd i'w waith yn y bore, ac yna byddai Islwyn a minnau'n mynd ar ei ôl i drimio'r pren efo cryman yn barod iddo ei lifio'n ddarnau o faint hwylus i'w cario ar ei gefn. Yna byddai'r ddau ohonom yn eu llifio efo llif *bushman* yn ddarnau tua deg modfedd o hyd a'u hollti'n barod ar gyfer y tân. Y broblem efo coed pin oedd eu bod nhw'n llosgi'n gyflym ac ychydig iawn o wres oedd yn cael ei daflu i'r aelwyd, felly roedd yn rhaid cael tanllwyth o dân bob nos, a digon o goed wrth law. Diolch i'r Bod Mawr, cafodd 'nhad iechyd a nerth i ofalu am ei deulu drwy gydol yr argyfwng na welwyd ei debyg yn ein hoes ni.

Un prynhawn dydd Sadwrn rhewllyd ond heulog yn niwedd mis Ionawr, cyn i'r eira mawr gychwyn a phan oedd ychydig bach o eira ar y caeau, bu bron i mi gael fy lladd wrth sledio i lawr y llechwedd o dan y tŷ gyda'm ffrind Stifyn Jefferies ac Islwyn fy mrawd. Roedd y tir yng ngwaelod y llechwedd yn eithaf gwastad ac afon Teirw'n llifo drwyddo, gyda ffens gref o weiren blaen rhyngom ni a'r afon. Roedd popeth yn mynd rhagddo'n ardderchog a ninnau'n teithio ar ein boliau ar y sled gan lywio â'n traed. I lawr y llechwedd â ni mor gyflym â phosibl, gan ddefnyddio'r darn tir gwastad yn y gwaelod i stopio, ond ar ôl rhyw hanner awr, wrth fynd i lawr yn rhy gyflym, methais â stopio fel yr arferwn ei wneud a phlannodd y sled yn syth i mewn i bolyn yn y ffens. Drwy ryw ryfeddol wyrth, llwyddais i godi fy mhen oddi ar y sled ar y trawiad, ond torrais fy nhrwyn a holltais fy ngwefus uchaf ar stapal yn y polyn. Roeddwn yn gwaedu fel mochyn ond llwyddais, gyda chymorth fy mrawd a'm ffrind, i gyrraedd y tŷ. Cafodd fy rhieni andros o fraw o'm gweld yn waed i gyd. Nid oedd yn bosibl cael doctor i fyny i'r tŷ, na mynd â mi i lawr ato yntau gan fod y ffyrdd i gyd yn rhy lithrig. Yr unig obaith oedd y buasai Tanglwys Morris, Fron Heulog, a oedd yn medru cymorth cyntaf, yn dal gartref, oherwydd roedd hi'n feichiog.

Yn ffortunus nid oedd Fron Heulog ymhell ac aeth 'nhad â mi yno yn union fel ag yr oeddwn. Golchodd Tanglwys Morris fi'n lân a phwythodd fy ngwefus – ni allaf gofio gyda beth – a bu'n rhaid imi ddioddef yn dawel gan nad oedd modd iddi ei rhewi. Gwellodd y briw mewn dim o dro heb adael craith barhaol, ond chefais i ddim sledio wedyn y gaeaf hwnnw.

Ymhen ychydig ddyddiau penderfynodd Tanglwys Morris, ar gyngor ei gŵr Robert, neu Bob Ty Isa' fel yr oedd pawb yn ei adnabod yn lleol, symud i lawr i'r Glyn i aros gyda Mr a Mrs Huw Jones, Rhydlafar a bu yno am dri mis. Tra oedd hi yno ganed Gwyndaf, eu plentyn cyntaf, sydd heddiw'n cadw siop lyfrau ail-law yn Llandrillo-yn-Rhos ger Bae Colwyn, ar ôl cyfnod o ddeg mlynedd ar hugain o wasanaeth fel heddwas.

Diwrnod o ryddhad a llawenydd mawr i bawb oedd y diwrnod pan agorwyd y brif ffordd i lawr i'r Glyn gan ddynion y Cyngor Sir, gyda chymorth unrhyw un arall a oedd ag amser rhydd a rhaw. Hwn oedd y gwaith caletaf a wnaeth y dynion erioed – turio drwy luwchfeydd a oedd dros ddeuddeg troedfedd a mwy mewn rhai mannau, a'r eira wedi caledu fel carreg, a hynny am dros dair milltir. Wedi iddynt agor y mannau gwaethaf, daeth lorri aradr eira anferth Americanaidd y *Big Mac* i fyny at y Lodge i orffen y gwaith. Erbyn hyn roedd yr eira'n dechrau meirioli ac yn ei sgil daeth llifogydd ofnadwy, y rhai gwaethaf erioed mewn rhai ardaloedd. Ychydig iawn o lanast a gawsom ni gan fod Dad wedi rhagweld y gallasai'r pistyll a oedd yn llifo o'r llwyn i'r ffordd bron gyferbyn â drws y tŷ orlifo i mewn. Cyn i'r dŵr ddechrau codi aeth ati i godi clawdd bychan gyda cherrig a hen sachau yn llawn pridd ar draws y giât fechan a oedd yn y wal rhwng y tŷ a'r ffordd. Er bod ychydig o ddŵr wedi dod i mewn i'r buarth bach rhwng drws y tŷ a'r ffordd, am ei fod islaw lefel y ffordd, ni ddaeth dim i mewn i'r tŷ ei hun. Yn dilyn yr eira mawr hwnnw cafwyd haf bendigedig.

Wedi i'r eira glirio aeth Dad a minnau i mewn i'r llwyn i weld faint o goed oedd wedi cael eu torri. Er bod Dad wedi torri'r coed mor isel â phosibl yn ystod y gaenen, cawsom syndod o weld bod dros bum troedfedd o fôn y pren yn dal ar ôl. Er mwyn eu tacluso, torrodd Dad bob un ohonynt at y ddaear a'u cario adref i wneud coed tân, er bod y glo wedi cyrraedd erbyn hyn a phethau wedi dod yn ôl i'w trefn arferol.

Cafodd yr eira mawr andros o effaith ar 'nhad. Collodd y mwyafrif o'i ddefaid magu oherwydd iddynt lwgu. Roedd o a nifer o weithwyr eraill y plas wedi ymdrechu'n galed sawl tro i fynd â bwyd iddynt, ac i ddod â nhw'n nes at y bwyd, ond yn aflwyddiannus. Yr olygfa a dorrodd ei galon oedd gweld dros dri chant o'r defaid dwyflwydd oed, oll yn gyfeb, wedi llwgu mewn sied yn Nant Dramws yng ngodre'r mynydd, rhyw ddau gan llath o'r ffordd. Roedd llygaid pob un yn agored, yn edrych tua'r drws fel petaent yn dal i ddisgwyl i rywun ddod i'w hachub unrhyw funud gyda thamaid bach o fwyd. Pan welodd o'r olygfa honno, torrodd ei ysbryd ac ni fedrodd fwyta am ddyddiau wedyn gan fod bwyd yn codi cyfog arno. Collodd nosweithiau o gwsg hefyd ac ni allai fynd i'w waith am rai dyddiau gan ei fod yn methu anghofio'r olygfa drist, ac ni lwyddodd i'w hanghofio weddill ei oes. Ef oedd wedi magu'r defaid ac roedd yn eu hadnabod bob un.

Calan gaeaf y flwyddyn honno, dywedodd 'nhad nad oedd am aros gaeaf arall ym Mhlas Nantyr a'i fod yn bwriadu chwilio am swydd arall. Ar ôl y golled fawr roedd yn dal i weld yr olygfa erchyll, ond nid oedd swydd arall ar gael yn unman yn yr ardal ar y pryd a bu'n rhaid iddo aros yn y plas am aeaf arall.

Ganol mis Mehefin 1948 cafodd Dad ysgytiad arall. Trawyd Mam yn wael yn sydyn gyda gwres mawr ac andros o boen yn ei hochr a gwaelod ei bol. Gofynnodd Dad i'r tri ohonom ofalu amdani tra oedd o'n mynd ar ei feic i lawr i'r ciosg wrth yr ysgol i ffônio Doctor Beresford. Chwarae teg i'r hen ddoctor, daeth i fyny'n syth ac ar ôl archwilio Mam dywedodd, *'I think she has appendicitis'*, a bod yn rhaid iddi fynd i'r ysbyty ar unwaith. Gadawodd y doctor ac aeth i lawr i'r ciosg yn ei gar i alw'r ambiwlans yn y Waun ac yna daeth yn ôl i'r tŷ i aros efo Mam. Wrth ddisgwyl am yr ambiwlans aeth Dad drws nesaf i ofyn i Mrs John Hammond Williams a fuasai hi'n gofalu am y tri ohonom ni nes y deuai o'n ei ôl, ac wrth gwrs, roedd hi'n fwy na bodlon.

Cyrhaeddodd yr ambiwlans mewn dim o dro a chludwyd Mam ar frys i Ysbyty Maelor, Wrecsam. Dilynodd Dad hi yng nghar y doctor. Wedi iddi gyrraedd fe'i harchwiliwyd hi'n syth a darganfuwyd fod llid y pendics o'r math gwaethaf arni, ond nid oedd wedi byrstio, diolch byth. Aethpwyd â hi i mewn i'r theatr ar unwaith. Roedd y llawdriniaeth drosodd cyn i Dad gyrraedd adref yn y car efo Doctor Beresford. Faint o feddygon teulu a fuasai'n gwneud hynny heddiw tybed? Bu'r llawdriniaeth yn llwyddiant, diolch i'r hen ddoctor, a bu'n rhaid i Mam aros yn yr ysbyty am ddeg diwrnod.

Yn ystod y dydd ar yr ail ddiwrnod yn yr ysbyty, clywodd Mam fod y gantores opera fyd-enwog Leila Megane yn y ward nesaf, gan fod ei gŵr, y cyfansoddwr T. Osbourne Roberts yn wael iawn yno. Y noson honno, yr 21ain o Fehefin, ynghanol yr holl brysurdeb, daeth distawrwydd mawr dros y ward pan glywyd llais nefolaidd Leila Megane y drws nesaf yn canu'r emyn 'Y Nefoedd' ar y dôn a gyfansoddwyd yn arbennig ar ei chyfer hi gan ei gŵr, ac yna, distawrwydd. Yn ôl Mam roedd y profiad yn wefreiddiol a phawb yn y ward yn eu dagrau, gan gynnwys y nyrsys. Ymhen ychydig wedi hynny, dywedodd un o'r nyrsys fod T. Osbourne Roberts wedi marw tra oedd ei wraig yn canu'r emyn.

Ar ôl i bopeth gael eu cwblhau yn y ward, daeth y gantores i mewn i'r ward ble'r oedd Mam i ddiolch i'r nyrsys. Roedd hi fel angyles yn ôl Mam, yn ddynes dal, dlws gyda gwallt du a dillad hardd iawn amdani. Dywedodd wrth bawb fod ei gŵr wedi cael ei ddymuniad olaf, sef cael mynd adref i'r Nef yn sŵn cerddoriaeth 'Y Nefoedd'. Pan glywodd Dad hyn roedd o'n eiddigeddus iawn, gan fod Leila Megane yn un o'i ffefrynnau, ynghyd â David Lloyd.

Tra oedd Mam i mewn yn yr ysbyty, daeth fy nghyfnither Eva, a oedd ddeuddeg mlynedd yn hŷn na mi, i ofalu amdanom ond nid oedd yn gallu aros mwy na phythefnos am ei bod yn gorfod mynd yn ôl i'w gwaith yn Coventry. Pan ddaeth Mam adref o'r ysbyty nid oedd yn medru gwneud dim am rai wythnosau, dim ond dweud beth oedd angen ei wneud a sut i'w wneud, a gofalu ei fod yn cael ei wneud yn iawn. Gan fod

Dad yn gorfod mynd i'w waith bob dydd, yr unig un ar ôl i wneud y gwaith oeddwn i. Bu'n rhaid imi aros gartref o'r ysgol am ychydig ac yn ystod y cyfnod hwnnw dysgais sut i olchi'r llawr ar fy ngliniau efo cadach llawr a bwced, ac os nad oeddwn yn gwneud y gwaith yn iawn, drwy adael stribedi a oedd i'w gweld yn blaen ar lawr llechi glas, byddwn yn gorfod ei wneud o eto ac mi ddigwyddodd hynny rhyw ddwywaith.

Ar ôl pythefnos gartref yn gofalu am Mam, bu'n rhaid i mi fynd yn ôl i'r ysgol a gwneud y gwaith tŷ cyn mynd i'r ysgol ac yn ystod min nos ar ôl dod adref efo Dad. Gallwn wneud popeth yr oedd ar Mam ei angen cyn cychwyn, a hithau erbyn hynny'n medru dechrau gwneud gwaith ysgafn ar ei phen ei hun.

Aeth bron i flwyddyn heibio a 'nhad yn dal yn fugail ym Mhlas Nantyr. Pan ddaeth yn dymor y gwanwyn 1949, penderfynodd fod yn rhaid iddo wneud ymdrech unwaith eto i chwilio am swydd arall ac ymhen ychydig wythnosau, yn dilyn ymholiadau yma ac acw, clywodd fod yr arwerthwr F. K. Ikin o Groesoswallt yn chwilio am reolwr newydd i'w ffarm Tŷ Uchaf, dafliad carreg o Flaen Cwm. Fodd bynnag, cyn i 'nhad fedru cysylltu â'r arwerthwr, derbyniodd lythyr ganddo un bore yn ei wahodd i ddod i'w gyfarfod ar y ffarm y bore Sul canlynol. Roedd rhywun wedi dweud wrtho fod Dad yn chwilio am swydd arall.

Nid oedd 'nhad yn rhyw fodlon iawn ei fod yn gorfod mynd ar fore Sul ac yntau'n flaenor yn y Capel Methodist, fel y'i gelwid bryd hynny, ond ar ôl trafod gyda Mam a'r tri ohonom ninnau, penderfynodd dderbyn y gwahoddiad. Cyn diwedd y cyfweliad anffurfiol, cynigiodd Mr Ikin y swydd iddo, i ddechrau ymhen pythefnos, a derbyniodd 'nhad hi heb oedi o gwbl.

Pan ddywedodd wrth y beili David Davies y bore canlynol ar fuarth ffarm y plas ei fod wedi cael swydd arall ac y byddai'n gorffen yno ymhen pythefnos, ymateb D. D. oedd, 'Fedri di ddim mynd, mae dy angen di yma,' gan ysgwyd ei getyn o flaen ei wyneb a symud ei het yn ôl ac ymlaen. Roedd wedi cael dipyn o sioc. 'Fydd yr hen ddyn ddim yn hapus dy fod ti'n gadael ychwaith. Mae ganddo feddwl mawr ohonot ti,' meddai,

83

ac i ffwrdd ag ef i gyfeiriad y tŷ mawr, gan gerdded yn fân ac yn fuan.

Fore trannoeth, galwodd Mr Storey Dad i mewn i'r plas i gael gair efo fo. Diolchodd iddo am ei wasanaeth a gwnaeth ei orau i'w gael i newid ei feddwl. Dywedodd 'nhad wrtho ei fod wedi mwynhau gweithio iddo ond bod colli'r holl ddefaid wedi torri ei galon. Derbyniodd yr hen feistr ei resymau ac ysgydwodd ei law, gan ddymuno'n dda iddo yn ei swydd newydd, a dywedodd os na fyddai'n hapus gyda Mr Ikin, fod croeso iddo ddod yn ôl i'r plas.

Yn 1952, ymhen dwy flynedd a hanner, gwerthodd Mr Storey stad Plas Nantyr i gwmni coedwigaeth y *Cardigan Timber Company*, ond eu hunig ddiddordeb nhw yn y lle oedd y coed mawr gwerthfawr a oedd yno. Wedi iddyn nhw glirio'r coed gorau, gwerthwyd hi wedyn yn 1954 i'r perchennog presennol, Harry Blackburn, ffarmwr mawr o gyrion Dinas Caer.

Symud i ffarmio Tŷ Uchaf

Ffarm fechan dri deg saith erw oedd Tŷ Uchaf, gyda naw o wartheg godro. Bryd hynny byddai'r llaeth yn mynd bob dydd mewn caniau deuddeg galwyn i ffatri laeth *Kraft* yn Whittington ger Croesoswallt, a ninnau'n gorfod mynd â'r caniau i lawr at ffarm Ty'n Twmpath efo caseg a throl i gyfarfod y lorri laeth. Gyrrwr y lorri oedd Glyn Edwards, neu Glyn Plas Einion fel yr adwaenid ef gan bawb. Roedd y daith i lawr i Dy'n Twmpath tua dwy filltir o hyd yn ôl ac ymlaen a chan fod Hen Hafod hefyd yn gorfod gwneud yr un daith, cytunwyd i rannu'r gwaith fel bod Dad a ffarmwr Hen Hafod yn teithio i Dy'n Twmpath bob yn eilddydd yn unig. Gan mai fi oedd y brawd hynaf yn ein tŷ ni, bu'n rhaid i mi ddysgu godro efo llaw, nos a bore, bob dydd gŵyl a gwaith i helpu fy rhieni, ac Islwyn hefyd yn ddiweddarach.

Roeddwn i wrth fy modd yn Nhŷ Uchaf. Roedd digon o bethau i'w gwneud yno, megis ffureta a rhwydo cwningod a'u gwerthu nhw am hanner coron y cwpl i Twm Bather, Dôl Hir i gael ychydig o bres poced. Roedd sied Twm yn llawn rhesi o gwningod yn barod i'w hanfon i ffwrdd i ddeliwr yn Lerpwl neu Fanceinion, ond bu'r demtasiwn o weld cymaint o gwningod yn y sied agored honno yn ormod i un hogyn o'r ardal. Sleifiodd i mewn i'r sied un noson a dwyn nifer o gyplau. Fodd bynnag, fe wnaeth un camgymeriad mawr – ceisiodd eu gwerthu nhw'n ôl i Twm ac fe gafodd ei ddal a'i gosbi.

Wrth ffureta gyda Dad un prynhawn dydd Sadwrn, cefais brofiad annymunol iawn. Fy nghyfrifoldeb i oedd gofalu am y ffured lein, sef y bwch, gyda chortyn cryf wedi ei glymu'n ei goler. Yr unig dro y byddai'r bwch yn cael ei ddefnyddio oedd pan fyddai'r ffured fenyw yn mynd ar goll, neu'n methu dod allan o'r ddaear. Pan fyddai hynny'n digwydd, byddai'n bryd mynd ati i ddechrau turio yma ac acw efo rhaw gul arbennig i chwilio amdani, a'r unig ffordd o wneud hynny oedd drwy ddilyn cortyn y bwch. Weithiau byddwn yn gorfod turio i lawr tua llathen neu fwy, ac o bryd i'w gilydd byddai lein y bwch yn mynd yn sownd mewn gwreiddyn pren a'r broblem yn llawer gwaeth wedyn. Treuliais sawl prynhawn Sadwrn yn gwneud dim ond turio drwy gydol yr amser, gan fod y cwningod yn gwrthod dod allan. Weithiau byddai'r ffured fenyw wedi eu lladd ond byddai'r bwch yn sicr o'm harwain ati yn y diwedd. Fy nghyfrifoldeb i y prynhawn hwnnw oedd gofalu am y bwch. Roeddwn yn ei ddal yn fy llaw o flaen fy wyneb ac yn edrych yn syth i'w lygaid, gan ddisgwyl am y cyfarwyddyd i'w roi i mewn yn y twll gan fod y fenyw yn andros o hir yn dod allan. Yn sydyn, rhoddodd y bwch hwb ymlaen a brathodd fi'n y darn mwyaf trwchus ar flaen fy nhrwyn a'r diafol bach yn gyndyn iawn o ollwng ei afael. Roedd y gwaed yn pistyllio o'm trwyn a'r bwch yn dal i hongian arno. Clywodd 'nhad fi'n gweiddi o ochr arall y gwrych a daeth ataf dan wenu i weld beth oedd yn bod. Ceisiodd yntau berswadio'r anifail i ollwng ei afael drwy deg, ond roedd yn andros o gyndyn o wneud hynny. Yn y diwedd bu'n rhaid iddo wasgu troed y bwch yn galed a'i frifo'n iawn cyn yr agorodd hwnnw ei geg. Nid oeddwn fawr gwaeth ar ôl y profiad – dim ond ychydig o waed ar fy wyneb a thri thwll bach yn fy nhrwyn! Roedd Tŷ Uchaf yn lle delfrydol i bysgota efo dwylo hefyd gan fod afon Teirw'n llifo drwy waelod y caeau isaf a digon o frithyll brown ynddi.

Dyfodiad y Ffergi bach

Un gaseg o'r enw Loffti oedd gan Mr Ikin ar y ffarm, a honno'n mynd i oed ond yn dal i wneud yr holl waith. Roedd Dad wrth ei fodd efo'r hen gaseg ond nid oeddwn i'n hapus o gwbl i weithio efo hi gan ei bod yn sefyll ar fy nhraed o hyd. Ond un bore Sul – dim ond ar fore Sul y byddai'n ymweld â'r ffarm – awgrymodd Mr Ikin y meistr ei fod yn bwriadu prynu tractor newydd, sef *Ferguson* bach llwyd, sydd erbyn heddiw'n cael ei adnabod fel y 'Ffergi bach'.

Wir i chi, achosodd y newyddion andros o gynnwrf yn ein tŷ ni, gyda 'nhad yn crynu fel deilen wrth feddwl am y fath beth am mai gŵr wedi treulio'r rhan fwyaf o'i oes yn dilyn y wedd oedd o, a byd peiriannau'n hollol ddieithr iddo. Roeddwn i, ar y llaw arall, yn grwt deuddeg oed wedi gwirioni'n llwyr â'r syniad ac yn methu aros i gael fy nwylo ar y tractor. Ar wahân i Ifan Jones y Bonc, prin iawn oedd tractorau *Ferguson* yn ardal Nantyr ar y pryd, er bod ambell *Fordson* bach o gwmpas y lle.

O'r diwedd, dyma'r awr fawr yn cyrraedd pan welwyd cwmni *Rogers & Jackson* o Groesoswallt – *Shukers* yn ddiweddarach, sydd erbyn heddiw wedi cau – yn dod i fyny'r ffordd ac i mewn i'r buarth efo *Land Rover*, a'r Ffergi bach, model TE20, rhif GCA 147 newydd sbon danlli ar drelar y tu ôl iddo. Y pris, gan gynnwys aradr dwy gŵys a bocs, neu 'dransport bocs' fel y mae'n cael ei alw gan bawb, oedd pum cant a dau ddeg a phump o bunnoedd. Y 'transport bocs' oedd y teclyn mwyaf defnyddiol a ddyfeisiwyd erioed, gan ei fod yn codi ac yn gostwng dan reolaeth hydrolig. Hwn oedd y tractor cyntaf i gael ei gynhyrchu efo'r system hydrolig pegwn tri phwynt, y *three point linkage*, a ddyfeisiwyd gan Harry Ferguson ei hun yn Coventry. Golygai hynny fod pob peiriant ar gyfer trin y tir yn cael ei gario yn hytrach na'i lusgo. Chwyldrodd y ddyfais hon y diwydiant amaeth ac yn fuan iawn gwelwyd system hydrolig ar bob tractor newydd arall. Oedd, roedd y Ffergi bach llwyd newydd yn wledd i lygaid hogyn deuddeg oed.

Cefais aros gartref o'r ysgol i gyfarch y tractor pwysig y

diwrnod hwnnw, a phan oedd Mr Smith y gwerthwr yn dadlwytho'r tegan newydd yn araf ac yn drefnus, roeddwn i'n gynhyrfus iawn, ond syllu arno'n syn a wnâi Dad, gan edifarhau am ei enaid fod y fath beth wedi cyrraedd. Gwaith Mr Smith oedd dangos i'r ddau ohonom sut i yrru'r peiriant, neu'r 'anghenfil' yng ngeiriau Dad. Dechreuodd egluro, gan siarad Saesneg pymtheg yn y dwsin, a Dad a minnau heb fod yn deall yr un gair yr oedd o'n ei ddweud bron. Gofynnodd Dad iddo siarad yn arafach a dangos yn bwyllog sut yr oedd popeth yn gweithio, a dyna a wnaeth wedyn, diolch i'r drefn.

'Yn gyntaf,' meddai, wrth eistedd ar y sedd, 'rhaid i chi gofio mai petrol ydi'r tanwydd sy'n ei yrru.' Dad oedd yn cael y cyfarwyddiadau ganddo a minnau'n glustiau i gyd yn gwrando ar bob gair yn ofalus. Eglurodd mai ar y chwith yr oedd y clytsh, a'r brêc ar y dde, a hefyd bod yna bedair gêr ymlaen ac un yn ôl yn y blwch gêr a oedd yn y canol rhwng ei ddwy goes. 'Mae'r rhain wedi eu marcio gyda'r rhifau un, dau, tri a phedwar i fynd ymlaen, fel y gwelwch chi, a'r llythyren R i fynd yn ôl.' Yna dechreuodd gymhlethu pethau drwy egluro sut i danio'r peiriant a sut i'w ddiffodd.

Y cam nesaf oedd dangos a sut oedd lifer y system hydrolig yn gweithio'r pegwn tri phwynt, gan godi a gostwng yr aradr a oedd yn sownd iddo. Gallwn weld ar wyneb 'nhad ei fod ar goll ers meitin, ond nad oedd o am gyfaddef hynny. Dangosodd Mr Smith inni sut i osod a dadfachu'r aradr oddi ar y tractor hefyd. Wedi iddo gwblhau hynny a dadfachu'r aradr a'i gosod yn ddiogel ar y gwastad wrth ochr y tractor, a gosod y bocs yn ei lle, eglurodd fod yn rhaid codi'r fonet i roi petrol ynddo, gan fod y tanc o dan honno. I wneud yn siŵr fod Dad yn deall, cododd y fonet drwy ollwng y ddau lifer bach a oedd yn ei dal i lawr yn dynn, un o bobtu gwaelod y dangosfwrdd, a dangos ble'r oedd rhoi'r petrol i mewn yn y tanc. Wedyn dywedodd ei bod hi'n amser iddo adael ond addawodd y deuai'n ôl ymhen ychydig ddyddiau i'n dysgu ni sut i'w drin yn iawn. Neidiodd i lawr oddi ar y sedd ond heb ddiffodd yr injan.

Wedi iddo fynd yn ddigon pell, dyma ni'n dau yn ailddechrau ymarfer. Druan o Dad, ni fedrai'n ei fyw â meistroli'r gêrs ond yn ffodus, gan fy mod i'n glustiau i gyd pan oedd Mr Smith yn egluro, tybiwn fy mod yn gwybod y cyfan. Gofynnais i Dad a gawn i drio, ond erbyn hyn roedd o wedi cynhyrfu ac yn gweiddi arnaf dros sŵn y peiriant i gau fy ngheg. Fodd bynnag, ar ôl rhyw hanner awr o ffraeo, cytunodd. O'r diwedd roeddwn i'n fy elfen ac yn eistedd ar y sedd mewn amrantiad llygad sgwarnog. Gan fod Mr Smith wedi gadael y tractor bach yn wynebu'r giât, roedd yn rhaid mynd yn ôl cyn symud ymlaen, felly dyma roi troed ar y clytsh a phlannu'r lifer gêr i gyfeiriad yr R, am yn ôl, yn union fel yr oedd Smith wedi egluro. Ond doedd dim byd yn digwydd, felly dyma drio eto, ac eto, ac eto, ond heb lwc. Erbyn hyn roedd yr hogyn hollwybodus yn dechrau colli ei hyder ac yn dechrau sylweddoli nad oedd gyrru'r Ffergi bach mor hawdd ag yr edrychai. Dyma drio eto, a chofio'n sydyn fod yn rhaid codi'r lifer yn gyntaf a'i thynnu i lawr i'r dde, a thrwy ryw lwc deuthum o hyd iddi a daeth tawelwch mawr o enau 'nhad. Dychwelodd fy hyder unwaith eto a dyma ddechrau codi'r clytsh, ond Ow! yn llawer rhy sydyn a stopiodd y peiriant, yn bennaf am imi anghofio gollwng y brêc ar yr un pryd.

Erbyn hyn roedd 'nhad yn dechrau colli ei amynedd ac yn fy llusgo oddi ar y sedd, cyn mynd arni ei hun unwaith eto. Rhoddodd yntau gynnig arni eto a minnau'n ceisio ei helpu gydag awgrymiadau o'r llawr, ond yn ddigon pell rhag cael clusten am y fath hyfdra. Ar ôl tua deg munud o felltithio'r ceffyl haearn a rhoi cynnig ar hyn a'r llall, yn sydyn dyma'r peiriant yn tanio a Dad yn gwenu fel giât ond roedd y sŵn yn aflafar ac ar ôl rhyw funud neu ddau, cofiodd fod yn rhaid tynnu'r lifer yn ôl wedi i'r peiriant danio. Wedi gwneud hynny, daeth sŵn mwyaf peraidd y dydd o grombil y Ffergi bach. Y dasg nesaf oedd gosod y bocs ar y pegwn tri phwynt a llwyddo gyda hwnnw yn ddidrafferth iawn.

Wedi i'r hen ŵr fagu digon o hyder y medrai yrru'r tractor yn iawn, penderfynodd fynd am dro bach i lawr y buarth, a oedd ychydig yn serth ond yn eithaf gwastad ar ôl cyrraedd y gwaelod. Dyma fentro i lawr yn araf, araf yn y gêr gyntaf a minnau'n sefyll yn y bocs y tu ôl, yn llencyn a hanner. Erbyn hyn roedd yn bryd iddo droi'n ôl ar i fyny, ac fe wnaeth yn llawn hyder, ond roedd angen ychydig mwy o betrol ar yr injan neu fe fyddai'n stopio. Dyma'r cyd-yrrwr yn y bocs y tu ôl yn dweud wrth y gyrrwr cyflym, 'Rhowch ychydig mwy o sbîd i'r injan'. Ufuddhaodd yntau ond gan orwneud yn llawer rhy gyflym. Rhoddodd y tractor hergwd sydyn ymlaen cyn i'r pen blaen godi i'r awyr a tharo'n erbyn tri pholyn bach a oedd yn gorwedd ar eu hyd, un ar ben y llall, yn daclus yn erbyn y wal. Arhosodd y pen blaen ar i fyny ar ben pedair o risiau carreg yr ysgubor. Yn ei fraw, caeodd y gyrrwr y lifer bach a stopiodd yr injan yn stond, a minnau ar fy hyd ar y llawr y tu ôl iddo wedi cael fy nhaflu o'r bocs. Sefais ar fy nhraed a'i gwadnu hi'n ddigon pell oddi wrth y gyrrwr anffodus, a oedd erbyn hyn wedi dychryn am ei fywyd o weld y tractor newydd sbon, ychydig oriau oed, yn sownd ar ben y grisiau! Yno'r oedd o'n fy niawlio ac yn rhoi'r bai i gyd arnaf i: 'Pe taset ti wedi cau dy geg, ni fuasai hyn wedi digwydd,' meddai gan ddal i eistedd ar y sedd am fod arno ofn dod i lawr oddi ar y tractor.

Y broblem fawr nesaf oedd cael 'y diawl peth', yn ôl 'nhad, i lawr o ben y grisiau. Awgrymais, o hirbell, os oedd o wedi cyrraedd pen y grisiau wrth fynd ymlaen, y buasai'n sicr o ddod i lawr wrth ei yrru'n ôl, a chytunodd â mi. Ar ôl rhyw chwarter awr o geisio'i aildanio eto, a darganfod y gêr i symud yn ôl, daeth y Ffergi i lawr yn araf bach gan greu'r sŵn mwyaf dychrynllyd a glywyd erioed ar fuarth y ffarm. Erbyn hyn roedd gweddill y teulu wedi troi allan wrth glywed y sŵn a Mam wedi cynhyrfu ac yn poeni fod rhywun wedi cael ei anafu wrth weld y fath olygfa, ond diolch i'r drefn, roedd pawb yn holliach. Roedd cael cynulleidfa'n edrych arno, gan chwerthin ar ôl deall fod pawb yn iawn, yn codi cywilydd ar y gyrrwr balch ac roedd hyn yn gwneud y sefyllfa'n llawer gwaeth. Wedyn roedd yn rhaid archwilio'r llanast ar y tractor ac mi fuasech chi'n credu'n ôl y sŵn wrth iddo ddod i lawr fod ei ben blaen wedi malu'n rhacs, ond wrth lwc, nid felly'r oedd hi.

'Diolch i'r Bod Mawr' meddai Dad, 'dim ond tolc go dda sydd yna o dan du blaen y fonet.' Fe sythwyd hwnnw'n bur sydyn gyda morthwyl a gordd fechan.

Ar ôl y diwrnod cynhyrfus, bythgofiadwy hwnnw, daeth yr hen giaffar yn gyfarwydd iawn â thrin y Ffergi ac ymhen ychydig wythnosau, pasiodd ei brawf gyrru i fynd ar hyd y ffordd fawr ar y cynnig cyntaf. Cynhaliwyd y prawf ar andros o ddiwrnod oer ar hyd ffyrdd culion Nantyr. Roedd y profwr pwysig, a oedd yn gwisgo het a chot uchaf ddu, laes, yn sefyll yn y bocs y tu ôl gyda'i ffeil ar y llawr a'i droed arni, gan roi cyfarwyddiadau i'r gyrrwr a gafael yn dynn yn y ddwy adain arbed mwd. Wedi cyrraedd yn ôl i'r ffarm a'r prawf drosodd, cyfaddefodd y profwr mai hwn oedd y tro cyntaf iddo yntau gynnal prawf gyrru tractor a'i fod yn hynod ofnus, ond roedd y gyrrwr gofalus wedi ei dawelu ar ôl hanner y daith.

Er bod 'nhad wedi pasio'r prawf gyrru, roedd o'n dal i fod â pharchus ofn o'r Ffergi. Roeddwn innau, ar y llaw arall, wedi dod yn gryn giamstar ar ei drin. Ymhen ychydig wythnosau, galwodd Mr Smith y gwerthwr heibio i gael gweld sut oedd y tractor yn plesio. Gan ei bod hi'n wanwyn ac yn amser inni feddwl dechrau aredig, cynigiodd roi ychydig wersi inni ar sut i osod a defnyddio'r aradr, a oedd hyd yn hyn wedi bod yn segur, heb wneud eiliad o waith. Derbyniodd Dad ei awgrym ac aeth y tri ohonom ati i droi ein llaw at aredig tir sofl. Mr Smith a farciodd y dalar ac agor y ddwy gŵys gyntaf, a minnau wedyn yn parhau. Roedd Dad yn sefyll yn gwbl fodlon ar ben y dalar yn gwylio'r cyfan, gan honni fod aredig gyda'r wedd yn well gwaith o lawer. Wedi ychydig oriau credwn fy mod yn ddigon da i aredig y gweddill ar fy mhen fy hun. Gadawodd Mr Smith ac ni welsom mohono byth wedyn.

Y penwythnos canlynol, ar ôl imi orffen trin y tir sofl, a hynny, yn ôl Dad, yn eithaf taclus, dywedodd ei fod eisiau imi ddysgu aredig tir glas y cae y tu cefn i'r tŷ a oedd braidd yn serth. 'Cofia bob tro dy fod ti'n marcio'r dalar ar gŵys yn troi allan,' meddai, a dangosodd imi sut i wneud hynny, ond ar ei draed yn hytrach nag ar sedd y tractor. Roedd y tir braidd yn rhy serth iddo fo fynd ar y tractor. Wedi egluro'r cyfan i mi a gweld fod popeth yn mynd yn iawn, gadawodd fi i barhau ar fy mhen fy hun.

Ar ôl imi fod wrthi'n ddygn am ryw awr, daeth heibio i weld sut waith oeddwn i'n ei wneud. Wrth iddo ddod ar draws y darn tro, fe'i gwelais yn brasgamu'n wyllt tuag ataf a'i freichiau'n chwifio yn yr awyr, gan weiddi arnaf nerth esgyrn ei ben i roi'r gorau iddi. Stopiais yn syth i gael gweld beth oedd yn ei boeni. Ar ôl deg munud o dderbyn fy niawlio, sylweddolais fy mod yn aredig efo blaen un swch wedi torri, ar ôl taro carreg. Roedd y gŵys gyntaf yn troi'n berffaith a'r llall yn rhyw hanner troi. Wrth lwc, dim ond newydd ddigwydd oedd hyn a dangosodd imi sut i osod swch newydd a'm siarsio i ofalu na fuaswn byth yn gwneud y fath beth eto.

O'r diwrnod hwnnw hyd heddiw, rwy'n cofio'r wers honno'n dda. Dysgais hefyd i beidio byth â defnyddio sychau haearn bwrw i droi tir caregog, a chefais i byth drafferth gyda'r aradr honno wedyn. Yn ystod y tair blynedd a hanner y buom ni yn Nhŷ Uchaf, fi wnaeth aredig a thrin bron i hanner y ffarm.

Hen sopen o ferlen

Byddai dwy ferch Mr Ikin yn dod efo fo i Dŷ Uchaf bron iawn bob dydd Sul. Roedd y ddwy, Beti a Judith, tua'r un oedran ag Islwyn a minnau ac wedi bod yn swnian ers hydoedd eu bod nhw eisiau merlen. Gofynnodd Mr Ikin i Dad a oedd o'n fodlon iddynt gael un a'i chadw hi ar y ffarm. Pan glywodd Dad hyn roedd o wrth ei fodd gyda'r syniad o drin ceffyl unwaith eto, ond nid oeddwn i'n hapus o gael ceffyl o gwmpas y lle.

Un bore Sul torrodd Mr Ikin y newydd ei fod wedi prynu merlen chwe mlwydd oed gan werthwr ceffylau o ardal Pen-y-bont-fawr. Roedd hwnnw wedi ei sicrhau ei bod yn un glên, wedi hen arfer efo plant a'i bod yr union beth ar gyfer y merched. Llyncodd Mr Ikin ei stori ond roedd yn rhaid iddo'i nôl o ffarm Cae Hir Cymdu, sydd rhwng Llanarmon Dyffryn Ceiriog a Llanrhaeadr-ym-Mochnant. Gofynnodd i Dad a fuasai o'n mynd i'w nôl hi, a chytunodd yntau. Yn wir, nid oedd ganddo ddewis ond y cwestiwn oedd, sut oedd o'n mynd i'w nôl?

Ar ôl pendroni ychydig cafodd 'nhad syniad da iawn: 'Awn ni yno ar y Ffergi bach,' meddai. 'Fe gei di eistedd yn y bocs y tu ôl ac mi wnaf innau ddreifio. Rwyt ti'n rhy ifanc i yrru ar y ffordd fawr a bydd yn rhaid i ti ffogeth y ferlen adref.' Roedd pawb ond fi yn edrych ymlaen yn eiddgar at weld y newydd-ddyfodiad i'r stoc a cheisiais ddod ohoni drwy ddweud nad oeddwn i wedi bod ar gefn merlen erioed o'r blaen. Awgrymais y dylai ofyn i rywun arall a oedd wedi arfer marchogaeth ceffylau, ond ofer fu fy ngwrthwynebiad.

Roedd y daith i Gae Hir dros fynydd y Berwyn oddeutu pymtheg milltir ac yn mynd drwy chwech o giatiau, i lawr heibio i Ben-y-bryn, hen gartref John Ceiriog Hughes y bardd, a thrwy bentref Llanarmon i fyny allt serth Cyrchynan. Cychwynasom yn gynnar ar fore Sadwrn hyfryd o braf, i gornel uchaf y cae uwchben y tŷ a thrwy'r giât oedd yn agor i fynydd Hen Hafod. Ar ôl dros awr o deithio'n hamddenol yn y trydydd gêr, a sgwrs efo Ifor Jones a'r teulu wrth basio ffarm Pen-y-bryn, a'r hen ŵr yn teimlo fel arglwydd y cwm wrth yrru'r Ffergi drwy bentref Llanarmon, cyraeddasom ben ein taith.

Wedi inni fod yng Nghae Hir am rhyw bum munud, cyrhaeddodd y gwerthwr ceffylau ar gefn ei ferlen gan dywys ein merlen ni y tu ôl iddo, a sicrhaodd y ddau ohonom ei bod yn anifail tawel a hawdd ei thrin. Ond ar ôl inni gael paned a bara brith gan Mr a Mrs Johnny Lloyd, y perchenogion ar y pryd, bu'r daith adref yn un llawer iawn mwy trafferthus na'r daith yno. Gyrrodd Dad y Ffergi yn araf a gofalus ar y blaen, a minnau'n dilyn ar gefn y ferlen, yn llawn pryder rhag iddi fy nhaflu. Wrth nesáu at ben allt serth Cyrchynan, penderfynais mai'r peth doethaf fuasai dod i lawr oddi arni a'i harwain ar droed nes cyrraedd gwaelod yr allt, ac yna'n ôl â mi ar ei chefn. Ymlaen â ni wedyn yn bwyllog drwy bentref Llanarmon, i fyny'r allt serth heibio Pen-y-bryn a thrwy'r tair giât gyntaf ar y mynydd. Erbyn hyn roeddwn i'n gweld fy hun fel y seren ffilmiau John Wayne ac yn teimlo'n dipyn o foi ar gefn y ferlen. Ond Ow! pan stopiodd Dad rhyw hanner canllath ar y blaen i ni a neidio oddi ar y tractor i agor y bedwaredd giât, penderfynodd y ferlen fod arni eisiau cael gwared â'r cowboi. Cododd ei phen ôl yn sydyn a'm taflu i'r llawr, ac wrth imi daro'r llawr, gollyngais y ffrwyn ac i ffwrdd â hi fel cath i gythraul yn ôl ar draws y mynydd at y giât ddiwethaf inni ddod drwyddi, tua milltir i ffwrdd.

Yn anffortunus, gwelodd Dad y peth yn digwydd a dechreuodd fy niawlio gan ddweud, 'Pam y gwnest ti ollwng y ffrwyn? Mae'n rhaid iti fynd ar ei hôl hi rŵan a'i dal hi'. I ffwrdd â mi fel Guto Nyth Bran, gan ei ddiawlio yntau dan fy ngwynt, heb aros i glywed mwy a rhedeg fel petai'r diafol wrth fy sodlau. Gallwn symud yn llawer cynt na fo ar y tractor bach. Wrth lwc roedd y ferlen wedi aros wrth y giât ac ar ôl imi gael fy ngwynt ataf, ceisiais ei dal, ond roedd yr hen sopen yn gyfrwys ac yn symud o'r neilltu bob tro y deuwn yn ddigon agos ati, gan droi ei phen ôl tuag ataf fel petai'n paratoi i roi cic imi. Erbyn hyn roeddwn wedi gwylltio efo Dad am fy meio i, ac efo'r hen gnawes am fy nhaflu, ac yn ei galw'n bob enw dan haul ond wnaeth hynny ddim tycio chwaith.

Yn y man, cyrhaeddodd Dad ar y tractor a holi'n flin, 'Beth sy'n bod arnat ti yn methu dal pwt o ferlen?' ond methodd yntau â'i dal hefyd. 'Mae'n rhaid inni newid tacteg,' meddai ymhen ychydig, 'neu mi fyddwn yma drwy'r dydd.' Roedd yntau wedi gwylltio efo hi erbyn hynny hefyd. Gyrrodd flaen y tractor yn dynn at y ffens i wneud cornel ac ar ôl rhyw ddeg munud llwyddodd y ddau ohonom i gornelu'r anifail rhwng y tractor a'r ffens. 'Dos yn ôl ar ei chefn a dal dy afael yn dynn yn y ffrwyn,' meddai, ond gwrthodais gan awgrymu iddo fo fynd ar ei chefn neu inni ei thywys y tu ôl i'r tractor. 'Na, mae'n rhaid i ti ei ffogeth hi adref. Fedri di ddim gadael i bwt o ferlen gael y gorau arnat ti,' meddai wrth fy nghodi i'r cyfrwy a hithau wedi ei dal yn sefyll fel santes. Chefais i ddim trafferth efo hi weddill y daith am adref.

Amser te awgrymais wrth 'nhad y dylsem fynd allan i'r cae bach yng nghefn y tŷ ble'r oedd y ferlen yn pori i geisio ei dal hi eto, y tro hwn gydag ychydig o ddwysfwyd mewn hen sosban. Roeddwn am ei mentro hi ar ei chefn unwaith eto, gan ei bod wedi ymddwyn yn iawn weddill y ffordd adref. Cytunodd yr hen ŵr a safodd wrth y giât wrth i mi gerdded at y ferlen yn araf, gan siarad yn glên efo hi. Edrychodd hithau'n ddigon dymunol arnaf innau ond pan oeddwn o fewn llathen i'w phen, trodd yr hen sopen yn sydyn a rhoi andros o gic ym môn fy nghoes efo'i throed ôl nes fy mod ar fy hyd ar lawr. Roeddwn yn gandryll efo hi y tro hwn ac yn fwy penderfynol nag erioed o'i dal fy hun, doed a ddelo.

Yn y diwedd llwyddais i'w chael i mewn i'r buarth a'i dal. Daeth Dad ataf, rhoi'r cyfrwy arni a'm codi ar ei chefn a cheisiais innau ei chael i symud, ond gwrthododd y ferlen yn lân, yn union fel mul. Yn sydyn rhoddodd Dad andros o slaes iddi ar ei chefn, rhoddodd hithau ddau gam ymlaen a thaflodd fi drachefn ar fy mhen ôl ar y buarth caregog. Y tro hwn wnes i ddim gollwng fy ngafael, er fy mod mewn andros o boen. 'Dyna ddigon,' meddai 'nhad, 'Dydi hon ddim yn addas i'r merched.'

Adroddodd hanes y ddrama wrth Mr Ikin a chytunodd yntau gan ddweud bod yn rhaid i'r gwerthwr ceffylau ei chymryd yn ôl a bod yn rhaid iddo ddod i Dŷ Uchaf i'w nôl. Pan ddaeth i'w chasglu dywedodd y gwerthwr wrth 'nhad ei fod wedi cael cadarnhad gan gyn-berchennog y ferlen, ffarmwr o ardal Llanrhaeadr-ym-Mochnant, ei bod yn hen ferlen iawn ac yntau wedi cymryd ei air.

Ni chafodd dwy ferch Mr Ikin byth ferlen wedyn, na minnau chwaith.

Pêl-droed a snwcer

Prif gêm bechgyn a dynion Nantyr oedd pêl-droed, a minnau yn eu mysg, ond doeddwn i ddim mor hoff â hynny o fynd i wylio gemau pêl-droed. Yn niwedd y 1940au a dechrau'r 1950au, roedd tîm da iawn yn Nantyr. Gweirglodd ffarm Ty'n Twmpath oedd y cae ac afon Teirw'n llifo gerllaw. Hwn oedd yr unig gae gwastad, sych yn yr ardal a oedd yn ddigon mawr i chwarae pêl-droed arno, ac erbyn heddiw y mae wedi ei droi'n llyn pysgota mawr.

Ar nos Wener y byddem yn chwarae gan amlaf, a hynny yn ystod yr haf. Welsoch chi erioed y fath gymysgfa o chwaraewyr yn eich bywyd: rhai yn eu trowsusau 'ribs' pen-glin ac esgidiau hoelion mawr, eraill ag esgidiau ysgafn, ac ambell un mewn esgidiau taro *(slip-on's)* a ddeuai oddi ar y droed cyn hedfan drwy'r awyr ar ôl y bêl. Byddai eraill mewn oferôls a welingtons, ac un neu ddwy o'r rheiny hefyd weithiau yn dilyn y bêl drwy'r awyr. Roedd nifer o hogiau ifanc efo trowsusau byr ac esgidiau pêl-droed go iawn hefyd.

Cotiau oedd yn marcio'r gôl, heb byst na rhwyd na chroesfar i'w gweld yn unman. Roedd uchder y ffug groesfar yn dibynnu ar daldra'r gôl-geidwad gyda'i freichiau yn yr awyr. Yr afon oedd y llinell ar un ochr, a hanner ffordd i fyny'r llechwedd oedd y llall, ac wrth gwrs, nid oedd angen llinellwyr.

Roedd pawb i fod i gyfarfod am saith o gloch, ond anaml iawn y byddai hynny'n digwydd. Pan fyddai rhyw ddeuddeg wedi cyrraedd, y drefn oedd dewis capteiniaid i'r ddau dîm a hwythau wedyn, ar ôl tafliad ceiniog, yn dewis eu tîm. Wedi i'r gêm ddechrau byddai'r rhai a gyrhaeddai'n hwyr yn ymuno â'r ochr oedd yn brin. Weithiau, erbyn diwedd y gêm, byddai hyd at bymtheg yn chwarae bob ochr.

Y peth hyfryd oedd gweld pobl o bob oed yn chwarae yn y tîm, rhai dros eu hanner cant ac yn heini dros ben, megis John Evans Tŷ Du a 'Nhad hefyd ar adegau. Natur y rheiny oedd rhedeg fel yr andros am ychydig lathenni cyn rhoi andros o gic i'r bêl i rywle ym mhen pellaf y cae, wedyn byddent yn eu dyblau'n ceisio cael eu gwynt atynt. Roedd ambell chwaraewr dawnus iawn yn ein mysg hefyd, megis Lawrence a'i frawd Barri, ond ar y llaw arall roedd eraill heb syniad mochyn sut i chwarae ond yn mwynhau'r hwyl. Yn wir, hwyl oedd y cyfan i bawb ar wahân i'r dyfarnwr druan a oedd yn mentro'i fywyd i gadw trefn.

Byddai'r gemau yn parhau am oddeutu awr, ond erbyn y diwedd ni fyddai golwg o'r rhai hynny nad oeddynt mor heini â'r gweddill am eu bod wedi rhoi'r gorau iddi ers meitin ac yn eistedd ar y llechwedd yn gweiddi ar y 'reff' druan i agor ei lygaid a bygwth ei daflu i'r afon oherwydd rhyw benderfyniad amheus!

Wedi i'r gêm ddod i ben byddai pawb yn eistedd ar y llechwedd yn sgwrsio a thynnu coes y naill a'r llall, cyn mynd adref fesul un a dau. Welais i erioed helynt yn y gemau hyn, dim ond pawb yn mwynhau eu hunain.

Ar fy mhen-blwydd yn bedair ar ddeg oed, dechreuais fynd allan ar nos Sadwrn efo Lawrence i lawr i'r Glyn i chwarae snwcer yn y *Billiard Room* fel y'i gelwid hi, yn Neuadd Goffa Ceiriog. Bryd hynny roedd yno bedwar bwrdd maint llawn – dau safonol ar gyfer y chwaraewyr da a'r ddau arall i'r dysgwyr. Hon oedd yr ystafell fwyaf poblogaidd yn y pentref, yn llawn bob nos, ac er mwyn cael gêm rhaid oedd bwcio bwrdd bob tro. Os nad oeddech yn gwneud hynny, ni fyddai gennych obaith cael gêm o gwbl y noson honno. Fodd bynnag, roedd yno un peth pwysig iawn ar goll, sef nad oedd neb ar gael i ddysgu'r rheolau i ni nac i'n dysgu sut i chwarae'n iawn, megis y cyfrinachau sut i reoli a ble i daro'r bêl wen. Roedd yn rhaid inni ddysgu ein hunain wrth wylio chwaraewyr da megis Hubert Hughes, Cadfan Davies ac eraill yn chwarae. Ond un peth ydi gwylio; os nad oes rhywun yno i'ch dysgu drwy ddangos wnewch chi byth bencampwr.

Hwyl oedd y cyfan i Lawrence a minnau, a'r ddau ohonom yn benderfynol o guro'r llall drwy deg neu drwy dwyll – yn aml iawn drwy dwyll – wrth symud y bêl yn slei bach pan nad oedd neb yn edrych, a hefyd wrth gyfri'r sgôr. Nid oeddem yn berchen ciw felly rhaid oedd defnyddio ciwiau'r neuadd, a chiwiau ofnadwy oedd rhai ohonyn nhw hefyd, rhai yn gam ac mewn cyflwr difrifol. Ond roedd yno un arbennig efo cylchoedd arno a hwnnw oedd ffefryn y ddau ohonom, felly y cyntaf i'r felin oedd yn cael chwarae efo fo ac am ryw reswm neu'i gilydd, roedd y ciw hwnnw'n rhoi rhyw fath o hyder i bwy bynnag oedd yn ddigon cyflym i gael ei ddwylo arno. Treuliais oriau yn chwarae snwcer efo Lawrence hyd at y 1960au a phob munud yn hwyl, ond er yr holl oriau o chwarae, wnaiff yr un ohonom byth bencampwr!

Un o ffyddloniaid y *Billiard Room* oedd Tom Aled Roberts, y plismon lleol a'r plismon gwlad gorau a fu yn yr ardal erioed. Roedd o'n adnabod pawb yn y Dyffryn, o Lanarmon i'r Waen, ac roedd gan bob un ohonom ni bobol ifanc barch mawr tuag ato am fod arnom ei ofn! Un o'i brif ddiddordebau oedd chwarae biliards a snwcer, a hynny'n ei lifrai plismon yn aml iawn fin nos. Byddai'n hoff iawn o'n herio ni am gêm a fo fyddai'n ennill gan amlaf, ond roedd o'n gollwr sâl a dyna pryd y byddai'r ddau ohonom yn cadw'n ddigon pell o'i olwg. Nid fyddai o byth yn y *Billiard Room* ar ôl hanner awr wedi naw o'r gloch y nos, gan y byddai'n dechrau ei ddyletswyddau bryd hynny.

Roedd yr hen Roberts yn medru bod yn gastiog ar brydiau hefyd ac fe chwaraeodd un o'i gastiau arnom ni ein dau un nos Sadwrn. Beiciau oedd ein hunig drafnidiaeth yr adeg hynny a'r arferiad oedd eu gadael yn y gwrych hanner ffordd i lawr allt Ty'n Cestyll, rhyw dri chan llath o'r pentref, rhag ofn i rywun eu dwyn petaem yn mynd â nhw i lawr i'r pentref. Ond roedd rheswm arall hefyd – nid oedd gennym olau arnynt. Un nos Sadwrn dywyll roedd y plismon craff yn sefyll wrth droed y pren mawr ar ganol y pentref, gyferbyn â gwesty *Glyn Valley* bryd hynny ond erbyn heddiw y mae wedi ei ddymchwel. Roedd ei gar Vauxhall gwyrdd ychydig yn uwch, yn wynebu pentref Llanarmon. Wrth i ni ei basio'n ddiniwed, meddai mewn llais awdurdodol, 'Nos da, bois,' a dyma ninnau'n ei ateb yn gwrtais ac yn wylaidd, 'Nos da, Mr Roberts'. Pan oedd y ddau ohonom hanner ffordd i fyny'r allt, ychydig cyn inni gyrraedd y beiciau, clywsom sŵn car yr hen Roberts yn mynd i fyny'r ffordd uwch ein pennau am Nantyr. Roedd y ddau ohonom yn adnabod ei sŵn cwynfanllyd yn dda. Gan nad oedd gennym olau ar y beiciau, daeth rhyw euogrwydd mawr drosom a phenderfynasom gerdded bob cam, rhag ofn i'r plismon ein dal. Felly nid oedd gennym ddewis ond cerdded a gwthio'r ddau feic di-olau. Roeddem yn disgwyl ei weld unrhyw funud ar hyd y ffordd adref ond nid oedd golwg o Roberts yn unman.

Wedi inni gyrraedd, ar ôl cerdded tair milltir, roedd y ddau ohonom yn flin iawn fod y diafol drwg wedi ein gorfodi i gerdded bob cam heb achos.

Y nos Sadwrn ganlynol daeth yr hen Roberts atom yn y *Billiard Room* a dweud gyda gwên fawr ar ei wyneb, 'Mi wnes ichi gerdded adref bob cam nos Sadwrn diwethaf yndo'r diawliaid bach!' a cherddodd ymaith gan chwerthin, ond wnaeth hynny ddim inni roi goleuadau ar y beiciau chwaith.

Ymhen pum mlynedd ar ôl y tric hwnnw, ymddeolodd yr hen Roberts a symudodd i fyw i dŷ'r Neuadd Goffa i ofalu am y neuadd a'r *Billiard Room*, wedi ymddeoliad David Roberts a'i wraig.

Pan oedd yn blismon, arferai gael sachaid o datws, swedjen neu ddwy, wyau a nifer o bethau eraill yn anrhegion gan ffermwyr yr ardal ond wedi iddo ymddeol, sychodd y ffynhonnell honno ac felly roedd o'n gorfod begera am datws. Addewais innau rai iddo fel arfer a phob tro y byddwn yn mynd i'r neuadd am gêm yn ystod yr hydref, gofynnai i mi pryd roedd y bag tatws yn dod. Roeddwn wedi cael llond bol arno a phenderfynais chwarae tric arno un nos Sadwrn. Gan mai 'bag o datws' oedd ei gais byth a hefyd, rhoddais bedair taten fach mewn bag papur a mynd â nhw i 'nghanlyn i mewn i'r neuadd snwcer. Wrth imi gyrraedd, a Roberts yn eistedd yn ei gadair y tu ôl i'r cownter bach fel arfer, dechreuodd holi ble'r oedd y bag tatws. Cyn iddo orffen, rhoddais y bag papur ar y cownter a dweud, 'Dyma chi'r bagiad tatws,' ac allan â mi cyn gynted â phosib a'r tatws yn saethu heibio fy mhen yn erbyn y drws.

Ymhen rhyw hanner awr wedi i Roberts ddod ato'i hun, cerddais i mewn gyda sachaid fawr o datws iddo a chawsom andros o hwyl. Fe'i atgoffais o'r tric yr oedd o wedi ei chwarae arnom ni ac yn rhyfedd iawn, wnaeth o byth ofyn imi am datws wedyn!

Pan symudodd yr hen blismon o'r Glyn i fyw i Lansannan, fe gafodd y Neuadd Goffa a'r ardal golled enfawr. Ni welwyd ei debyg fel plismon nac fel gofalwr y neuadd wedi hynny.

Dechrau gweithio a chymdeithasu

Pan ddaeth yn amser ymadael o'r ysgol yn bymtheg oed, gofynnodd Mr Ikin imi beth oeddwn am ei wneud, a dywedais wrtho mai'r unig beth y medrwn ei wneud oedd gweithio ar ffarm, gan fod 'nhad wedi dysgu'r gwaith hwnnw imi ar hyd fy oes. Er mawr syndod cynigiodd waith imi gartref ar y ffarm, ac un diwrnod yr wythnos gydag ef ym marchnad anifeiliaid Croesoswallt. Derbyniais ei gynnig ac fe'm cyflogwyd yn y fan a'r lle. Wrth gwrs, roedd 'nhad yn falch iawn gan ei fod yn dioddef o'r cryd cymalau yn ofnadwy ar adegau, ar ôl cael ei daro'n ei goes gan hwrdd, a hefyd am mai fi oedd yn arfer gwneud y gwaith tractor i gyd ac yn mynd i gynorthwyo cymdogion yn y cynhaeaf gwair ar ddiwrnod dyrnu. Bryd hynny byddai pawb yn helpu ei gilydd ar adeg y cynhaeaf.

Ymunais â Chlwb Ffermwyr Ifanc Dyffryn Ceiriog ble'r oedd nifer o fechgyn a merched yr ardal eisoes yn aelodau. Dysgais fwy drwy fod yn aelod o'r mudiad hwnnw nag a wnes gydol yr amser yn yr ysgol, am wn i. Pwysodd fy rhieni arnaf i gymryd rhan ym mhob gweithgaredd o fewn y clwb ac i wneud fy ngorau bob amser, ac ymdrechais i wneud hynny bob tro. Bu cyfnod bod yn aelod o'r clwb yn un hapus dros ben i mi, yn enwedig pan fyddem yn cael gwahoddiad i barti gan glwb arall. Dyna pryd y caem gyfle i gyfarfod merched ifanc o glybiau eraill, wrth gwrs!

Mae un parti Nadolig arbennig yn Llangollen yn aros yn y cof, ar ôl inni symud i fyw o Nantyr i Benbrongyll, Pontfadog. Roedd y clwb lleol wedi gwahodd pedwar aelod o bob clwb yn y sir i barti Nadolig, gan gynnwys Clwb Dyffryn Ceiriog. Yn wir, roedd merched y clwb wedi bod yn brysur iawn yn paratoi bwyd ar gyfer tua wyth deg ohonom, yn frechdanau, sgons a nifer fawr o gacennau blasus eraill, a digon o dreiffl i fwydo trigolion Llangollen i gyd. Fodd bynnag, erbyn naw o'r gloch dim ond tri chlwb oedd wedi cyrraedd, llai na chwarter y nifer yr oeddynt yn ei ddisgwyl. Un o'r clybiau a ymddangosodd oedd clwb Rhuthun, gan gynnwys Tegid Jones, Plas yr Esgob. Roedd Tegid a minnau'n adnabod ein gilydd yn bur dda gan fod ganddo gysylltiad teuluol â Dyffryn Ceiriog.

Wedi i bawb orffen bwyta, sylweddolodd y ddau ohonom fod bron hanner y bwyd a'r treiffls dros ben yn y gegin, felly ar ôl i'r gemau ddechrau, sleifiodd Tegid a minnau i mewn i'r gegin ble gwelsom y treiffls yn un rhes ar y bwrdd. Aeth y demtasiwn yn ormod i ddau a oedd mor hoff o dreiffl gan ein bod wedi cael blas arno yn ystod y pryd bwyd ac yn gwybod ei fod o'n dreiffl da. Dyma ddechrau bwyta, un ar ôl y llall, fel yr arth fach yn stori Elen Benfelen a'r tair arth, nes ein bod bron â byrstio ac yn methu chwythu. Wedi inni sylweddoli faint oeddem ni wedi ei fwyta, daeth chwa o euogrwydd drosom ac allan â ni cyn gynted â phosibl i ymuno yn y gemau. Ar ôl ychydig dechreuodd y ddau ohonom deimlo'n annifyr ac fe amharodd hynny ar weddill y noson, mae'n rhaid cyfaddef.

Wrth imi fynd adref ar gefn tractor ar ddiwedd y noson efo Dafydd Owen, Llwydiarth, dechreuais deimlo'n sâl a thaflu i fyny yn ofnadwy. Chysgais i'r un winc y noson honno, gan fy mod wedi bod yn sâl drwy'r nos. Fore trannoeth roedd gennyf andros o gur pen tan ganol dydd ond chredwch chi byth, er gwaethaf hynny i gyd, rwy'n dal i fod yn hoff iawn o dreiffl da!

Arweinydd Clwb Dyffryn Ceiriog ar y pryd oedd Bryn K. Ellis, neu'r Parchedig Bryn Ellis o'r Parc ger y Bala erbyn heddiw. Roedd Bryn yn arweinydd da iawn a byddai'n ein hannog bob amser i gymryd rhan mewn cystadlaethau siarad cyhoeddus a beirniadu stoc, ac i gystadlu yn yr eisteddfodau sirol a phob math o weithgareddau eraill er mwyn inni fod yn fod yn ffermwyr, gwladwyr a dinasyddion da, yn ôl arwyddair y mudiad. Serch hynny, ar y dechrau roedd Lawrence a minnau'n ddraenen yn ystlys Bryn, gan ein bod yn chwerthin o hyd ac yn achosi i Eirian Parry (Eirian Austin heddiw) ac Eirlys Powell chwerthin efo ni, ac yn amlach na heb nid oedd dim i chwerthin yn ei gylch. Ond un noson fe gawsom gerydd ganddo yn dilyn sioe sleidiau gan Major Morgan, Plas Tan y Garth, Pontfadog.

Lluniau wedi'u tynnu pan oedd o'n gwasanaethu Prydain yn yr India oedd y rhain i fod ond nid oedd yr hen greadur wedi paratoi ymlaen llaw ac fe anghofiodd fynd drwyddynt i dynnu'r rhai amherthnasol o'r casgliad. Oherwydd hynny aeth popeth yn draed moch. Roedd rhai lluniau yn ymddangos wyneb i waered, eraill wysg eu hochrau a rhyw bump ohonynt na wyddai ef ei hun beth oeddynt hyd yn oed. Roedd y ddau ohonom yn y cefn yn betio efo Eirian ac Eirlys Powell sut y byddai'r llun nesaf yn ymddangos. Byddem yn anghywir bob tro ac yn dechrau chwerthin yn afreolus wedyn.

Erbyn canol y noson roedd y gweddill wedi dechrau piffian chwerthin efo ni a'r hen Fajor druan yn cynhyrfu'n fwy byth, ond chwarae teg iddo, rhoddodd y gorau iddi a chyfaddef mai arno fo yr oedd y bai am beidio paratoi rhag blaen. Roedd yn gweld y peth yn ddoniol erbyn hynny a chwarddodd efo ni, diolch byth, ac ymlacio ar ôl egluro beth oedd wedi digwydd. Yn y diwedd fe gafodd pawb, gan gynnwys yr hen Fajor, noson hwyliog iawn.

Dros y cyfnod y bûm i'n aelod o'r mudiad, cefais y fraint o fod yn gadeirydd y clwb ac yn gynrychiolydd ar y pwyllgorau sirol. Un o'r profiadau mwyaf cofiadwy oedd cael cynrychioli'r sir yn y gystadleuaeth beirniadu gwartheg duon, a dod yn ail efo Ifor Jones (y Parchedig Ifor Jones erbyn heddiw), Berth, Pentrecelyn, gydag un marc yn unig y tu ôl i'r enillwyr yn sioe amaethyddol y *Royal Welsh* a gynhaliwyd ym Margam yn y de yn 1959, yn nyddiau teithiol y sioe.

Wedi imi ddod ychydig yn hŷn, bûm yn arweinydd y clwb ac fe barhaodd hynny am dros ugain mlynedd. Bûm hefyd yn un o is-lywyddion y sir am ddwy flynedd.

Dysgodd y mudiad imi sut i gymdeithasu, rhywbeth sydd ar goll mewn llawer iawn o'n cymunedau heddiw. Oni bai am Glybiau Ffermwyr Ifanc, ni fuaswn wedi llwyddo yn fy swydd fel gohebydd i Radio Cymru, felly mae fy nyled i'r mudiad yn enfawr.

Yn niwedd y 1960au roeddwn i, ynghyd â Sidney Davies a Moelwyn Jones, yn un o'r criw a sefydlodd adran bentref gyntaf yr Urdd yn Nyffryn Ceiriog ac fe lwyddodd yr adran y tu hwnt i bob disgwyl. Yng nghanol y 1970au penderfynwyd rhannu'r adran yn ddwy, un i'r plant lleiaf a'r llall i'r rhai hŷn. Ar ôl rhyw ddwy flynedd roedd angen arweinydd newydd i'r adran plant hŷn ond nid oedd neb â diddordeb yn y gwaith. Soniais am y broblem wrth fy ffrind Brynmor Griffiths ac fe awgrymodd yntau fod y ddau ohonom yn gwneud y gwaith ar y cyd, a chytunais ag ef.

Yn ystod y cyfnod hwnnw byddai'r plant yn perfformio sgetsys, dramâu byrion a nosweithiau llawen – a rhai ohonynt yn mentro i'r llwyfan am y tro cyntaf yn eu bywydau. Brynmor fyddai'n ysgrifennu'r rhan fwyaf o'r sgetsys a minnau'n ei gynorthwyo a chyd-gynhyrchu efo fo. Roedd gan Brynmor stoc dda o syniadau gwreiddiol ynghyd â sgetsys a dramâu byrion a ysgrifennodd pan fu'r teulu'n byw yn Awstralia am bum mlynedd ac roedd wedi perfformio nifer ohonynt yno hefyd.

Yn anffodus, oherwydd pwysau gwaith, bu'n rhaid i'r ddau ohonom roi gorau i'r gwaith pleserus hwnnw ond mae'r adran yn parhau'n gryf hyd heddiw, a phob blwyddyn ers diwedd y 1970au rwy'n cael yr anrhydedd o fod yn brif arweinydd Eisteddfod Cylch Edeirnion yn Llangollen.

Yn ystod yr egwyl yng nghyfarfod prynhawn yr eisteddfod yn 2003 derbyniais anrheg annisgwyl gan Mrs Gwenda Owen, Cadeirydd y Pwyllgor Trefnu, sef geiriau'r gân 'Safwn yn y Bwlch' gan Glyn Roberts a genir gan Hogiau'r Wyddfa wedi eu gosod mewn ffrâm a llun o dirwedd Eryri uwchben. Ni anghofiaf y munudau hynny tra byddaf byw gan imi gael andros o syrpreis a phrofiad y byddaf yn ei drysori am oes.

Yn niwedd y 1960au ymunais fel arweinydd â'r grŵp Bois y Bryniau. Pedwar o hogiau lleol oedd y rhain, yn teithio o gwmpas yr ardal i gadw nosweithiau llawen. Hefyd, yn ystod y cyfnod hwnnw, bûm yn aelod o Gôr Meibion Dyffryn Ceiriog ond bu'n rhaid imi roi'r gorau i'r côr oherwydd pwysau gwaith. Bûm hefyd, am gyfnod, yn arwain cyfres o nosweithiau i ddiddori ymwelwyr gyda'r tenor poblogaidd bythol-wyrdd o Fetws Gwerful Goch, Trebor Edwards a Lleisiau'r Alwen yng ngwesty'r *Hand* yn Llangollen, ac yn Wrecsam gyda Meirion Lloyd ac Eirlys Dwyryd a'r diweddar R. T. Roberts, sef Bob Bach Henllan, ac yn ddiweddarach gyda Trebor Edwards a'i ddiweddar chwaer Gweneurus.

Cawsom nifer o gyngherddau cofiadwy ond mae un arbennig yn aros yn y cof, sef yr un yng Ngwesty Deucoch, Sarn

Bach, Abersoch. Roedd Trebor, Gweneurus a minnau'n cynnal dwy noson yn olynol yno ac yn hwyr yn cychwyn oddi cartref fel arfer ar y noson gyntaf. Dyma gyrraedd chwarter awr yn hwyr a'r ystafell yn orlawn, a phobl yn sefyll wrth y drws yn disgwyl yn eiddgar amdanom. Cwestiwn cyntaf Gweneurus wrth fynd i mewn drwy'r drws oedd, 'Ble mae'r piano?' gan nad oedd golwg o biano yn unman. Gwthiais drwy'r gynulleidfa at y bar ble'r oedd y perchennog yn chwys diferol yn gwerthu cymaint ag y medrai o gwrw cyn inni gychwyn, gan fod y bar yn cau tra oeddem ni'n perfformio. Gofynnais iddo ble'r oedd y piano a'i ateb oedd 'Does yna'r un, dim ond organ drydan yn y gornel yn y fan acw'. Yn ôl â mi i dorri'r newydd i Gweneurus a bu bron iddi lewygu pan ddywedais mai organ drydan oedd yno. Yn ôl â mi at y perchennog eto a gofyn iddo ddod atom i ddangos sut oedd yr organ yn gweithio. Fe ddaeth, a chyfaddef nad oedd ganddo syniad twrch beth i'w wneud â hi, ond 'Gwnewch eich gorau,' meddai ac i ffwrdd ag o yn ôl at y bar!

Bu Trebor a Gweneurus yn ceisio datrys pa fotymau i'w tynnu, gyda Trebor yn busnesa drwy dynnu'r botwm yma ac yna un arall, a'r gyfeilyddes druan yn tynnu'r sŵn mwyaf digalon o berfedd yr organ Hammond. Dechreuodd fygwth ein gadael gan ei bod bron â chrio, a dyna pryd y penderfynais wneud rhywbeth i dynnu sylw'r gynulleidfa oddi ar y ddau.

Dechreuais adrodd ychydig o straeon a diolch byth, roedd y gynulleidfa'n ymateb yn dda. Bob hyn a hyn ceisiwn wrando beth oedd yn digwydd y tu cefn i mi ac ar ôl rhyw ugain munud, clywais sŵn llawer mwy peraidd yn dod o grombil yr organ a Gweneurus yn dweud wrth ei brawd fod popeth yn iawn. Cawsom noson ardderchog, pawb wedi mwynhau eu hunain ac ni sylwodd neb fod problem o gwbl.

Wrth inni adael rhybuddiodd Gweneurus y perchennog i beidio gadael i neb fynd yn agos at yr organ hyd nes y byddem wedi gorffen y noson ganlynol, ac ar yr ail noson fe wnaeth Gweneurus yn siŵr ein bod yn cyrraedd yno mewn da bryd. Cawsom noson ardderchog arall wedyn, gyda nifer fawr o'r gynulleidfa yno am yr eildro.

Y pantomeim bythgofiadwy

Yn ystod gaeaf 1971, penderfynodd aelodau pwyllgor adloniant Neuadd Goffa Oliver Jones, Dol-y-wern fynd ati i gynhyrchu pantomeim am y tro cyntaf erioed i godi arian at y neuadd. Dywedodd cadeirydd y pwyllgor, Clifford Owen o Bontfadog, y buasai o'n cynhyrchu'r sioe pe bai pawb arall nad oeddynt yn y cast yn fodlon ei helpu. Cytunodd pawb wneud ei ran, rhai i ofalu am y dillad, y coluro, y celfi, y goleuadau a'r gerddoriaeth, gan ei fod yn brosiect mawr inni ymgymryd ag o.

Wedi darllen nifer o sgriptiau, dewisodd y cynhyrchydd *Cinderella*, i'w berfformio'n Saesneg cyn Nadolig 1972. Y cam nesaf oedd dewis y cast a Cliff ei hun oedd yn gwneud hynny. Cefais i ran un o'r ddwy chwaer hyll gyda Peter Davies, a Rona Bates fel y Farwnes.

Ar ôl misoedd o ymarfer ac andros o hwyl, daeth yr awr fawr ond digwyddodd dau beth annisgwyl iawn i'r ddwy chwaer hyll a Cinderella ar y noson agoriadol. Yn ystod golygfa ystafell newid y ddwy ar y llwyfan, wrth i'r ddwy chwaer hyll baratoi eu hunain i fynd i'r ddawns, roeddwn i'n gorfod gwisgo staes ac roedd meistres y gwisgoedd wedi cael andros o drafferth cael staes i fy ffitio. Ar ôl holi nifer fawr o wragedd yn yr ardal, llwyddwyd i gael hyd i un digon mawr ond un a oedd wedi gweld ei ddyddiau gwell ac yn hen ffasiwn, a hwnnw gan Mrs Parry'r Weniar, Glyn Ceiriog. Er ei fod braidd yn hen ac yn clymu i fyny'r cefn gyda chareiau, roedd yn edrych mewn cyflwr da ond braidd yn dynn i mi, a hynny heb glymu fawr ddim arno. Yn anffodus, wrth imi ymddangos ar y llwyfan am y tro cyntaf yn yr olygfa agoriadol, baglais ar draws rhywbeth nad oedd i fod yn rhan o'r set wrth ddod i mewn yn rhy wyllt a disgynnais ar fy hyd i ganol y llwyfan. Roedd y gynulleidfa'n credu bod hyn i fod i ddigwydd wrth gwrs, ond wrth imi daro'r llawr clywais rai o gareiau'r staes yn torri a chan fy mod ar y llwyfan drwy gydol yr amser, ni fedrwn gael neb i'w clymu'n ôl, ond llwyddais i gadw'r staes amdanaf tan yr olygfa pan oedd y ddwy chwaer yn newid i fynd i'r ddawns. Wrth imi dynnu fy sgert fer, teimlais y staes o dan y bais yn llithro i lawr

yn araf, a dyma hi'n dechrau ymddangos uwchben fy mhen-
gliniau, yn is na'r bais a'r blwmer mawr pinc. Roedd y
gynulleidfa wedi sylwi erbyn hyn ac wedi dechrau chwerthin,
ac yna'n sydyn disgynnodd y staes i lawr i'm traed. Daeth
bonllef o gyfeiriad y gynulleidfa – roedd tua pedwar cant yno i
gyd! Nid oedd modd i Peter, fy 'chwaer hyll', na minnau wneud
dim ond ymuno â nhw, ac fe barodd y chwerthin am o leiaf bum
munud.

Ar ôl y chwerthin roedd gan y ddau ohonom andros o
broblem wrth gwrs, sef sut i ddal ati â'r perfformiad gan fod yr
ymgom rhyngom wedi newid yn llwyr. Roedd Muriel druan, a
chwaraeai ran Cinderella, bron mewn llewyg y tu ôl i'r llwyfan,
gan fod ei rhan hithau hefyd wedi newid yn llwyr am mai hi
oedd i fod i'n cynorthwyo i wisgo ar gyfer y ddawns fawr.
Roedd hi'n ddigon nerfus ar y gorau ac wedi fy rhybuddio sawl
gwaith cyn y perfformiad i beidio camymddwyn ac i beidio â
gwneud dim yn wahanol i'r hyn yr oeddem wedi ei ymarfer, a
minnau wedi addo na fuaswn yn gwneud dim i'w drysu.
Roedd y cynhyrchydd yntau yn y cefn bron â chael cathod bach,
yn chwys diferol ac yn cerdded yn ôl a blaen yn poeni beth i'w
wneud, ond ni allai wneud dim ac roedd pob un o'r criw yn y
cefn yn g'lana' chwerthin, fel pawb arall yn y gynulleidfa.

'Beth ydan ni'n mynd i wneud rŵan?' holodd Peter yn ystod
y chwerthin mawr.

'Mae'n rhaid inni geisio dal ati a chreu sgwrs ein hunain,'
meddwn, 'a rhoi cyfarwyddyd i Cinderella fel na fydd raid iddi
ddweud yr un gair.' Ac felly y bu, ac mi wnaeth hithau hynny'n
wych. Diolch byth, ni ddeallodd y gynulleidfa fod yr olygfa
honno a barodd am tua hanner awr dda rhwng y chwerthin a
phopeth, oll yn fyrfyfyr.

Digwyddodd yr ail beth pan oedd y Farwnes a'r ddwy
chwaer hyll yn cerdded i mewn i'r ddawns, erbyn hyn wedi eu
gwisgo'n grand mewn gwallt gosod a dillad crand a logwyd
gan gwmni o Gaer. Glyn Evans oedd yn gyfrifol am y
gerddoriaeth a'i ddyletswydd ef oedd chwarae cerddoriaeth y
ddawns ychydig eiliadau cyn i'r llenni godi ac i ninnau ein tair
ymddangos ar y llwyfan. Yn y sgript roedd y tair ohonom i fod
i ganmol dewis y band o gerddoriaeth wrth gerdded o amgylch

y set, ond roedd y band yn fud! Roedd Glyn wedi llwyr anghofio ac yn edrych arnom yn cerdded o amgylch y llwyfan pan ddywedodd Peter yn uchel, 'Dydi'r band ddim wedi cyrraedd!' a minnau'n ei ategu yr un mor uchel. Ni sylweddolodd Glyn o gwbl ac roedd hi'n anodd iawn inni beidio dechrau chwerthin unwaith eto. Bu'n rhaid inni ddweud hyn deirgwaith a chyfeirio ato cyn iddo sylweddoli beth oedd yn rhaid iddo'i wneud. Unwaith eto, dechreuodd y gynulleidfa chwerthin ac felly y bu am rhyw dri i bedwar munud, a ninnau'n chwerthin efo nhw erbyn y diwedd a'r hen blant yn y rhes flaen yn gweiddi ac yn mwynhau eu hunain, ond roedd Cliff Owen y cynhyrchydd druan yn wallgof efo Glyn! Wedi hynny ni fu dim troeon trwstan a gwnaeth pawb eu gwaith yn ardderchog.

Perfformiwyd y pantomeim bedair gwaith – ar dair noson ac un ar brynhawn Sadwrn yn arbennig i'r plant, a nifer ohonynt wedi bod yn gweld y cynhyrchiad ddwywaith o'r blaen. Daeth rhieni â'u plant yno o bob cyfeiriad, rhai o Wrecsam a Chroesoswallt ac ymhellach ac roedd y neuadd yn orlawn yn ystod y pedwar perfformiad. Heb os, hwnnw oedd y cynhyrchiad mwyaf llwyddiannus a gafwyd yn hanes y neuadd.

Gan fod *Cinderella* wedi bod yn llwyddiant ysgubol, penderfynwyd cynnal pantomeim arall y flwyddyn ganlynol ac ar ôl darllen nifer o sgriptiau dewiswyd *Little Red Riding Hood*. Fodd bynnag, cafodd Clifford Owen, y cynhyrchydd, andros o drafferth cael pobl i dderbyn y mân rannau ac oherwydd hynny penderfynodd roi'r gorau i'r syniad ac ni chafwyd pantomeim arall wedi hynny.

Symud i Benbrongyll

Ar ôl pum mlynedd hapus iawn yn Nhŷ Uchaf, dywedodd y meistr wrth Dad a Mam ar ddechrau 1953 fod y ffarm yn rhy fach i gadw'r ddau ohonom. Roedd arno awydd ceisio prynu ffarm arall ychydig yn fwy, tua phum deg naw erw, ar ben bryn uwchben pentref Dôl-y-wern yn ardal Pontfadog a gofynnodd i Dad fynd gydag ef i'w gweld.

Ar ôl crwydro o'i chwmpas, cytunodd y ddau ei bod yn werth rhoi cynnig amdani ac ymhen yr wythnos roedd Mr Ikin wedi prynu Penbrongyll am dri chant ar ddeg o bunnoedd gan Robert Evans, y perchennog.

Ar ôl arwerthiant ei stoc, symudodd Robert Evans i lawr i Lyn Ceiriog i fyw ond cyn i ni fedru symud yno, roedd angen atgyweirio mawr ar y tŷ a'r adeiladau. David Charles Morris, Bryn Awel, Nantyr gafodd y gwaith ond yn gyntaf bu'n rhaid iddo gytuno i un amod bendant, sef ei fod yn dechrau ar unwaith ac yn gorffen y cyfan cyn symud oddi yno i rywle arall, a chwarae teg, fe gadwodd at ei air.

Roedd y tŷ carreg tair llofft yn gyntefig iawn a'r unig le i ymolchi oedd mewn hen sinc gydag un tap dŵr oer rhwng drws y parlwr a'r hen grât ddu hen ffasiwn yn y gegin fyw. Roedd modd gweld golau dydd o dan y drws allan a hwnnw'n agor yn syth i mewn i'r gegin, cythgam o ystafell oer pan oedd y gwynt yn dod o gyfeiriad y Dwyrain. Fel ym mhobman arall bryd hynny, roedd y tŷ bach tua deg llath ar hugain i ffwrdd yn yr ardd.

Y meistr wnaeth y cynlluniau adeiladu ei hun ar ôl trafod â D. C. Morris i gael gweld beth oedd yn bosibl. Rhannwyd un llofft yn ddwy i wneud ystafell ymolchi newydd gyda bath a thoiled 'fflysio' a gosodwyd dau danc dŵr newydd, un oer ac un poeth, y naill uwchben y llall, a chwpwrdd i gynhesu dillad rhwng y ddau. Tynnwyd yr hen grât ddu a oedd wedi malu a gosodwyd grât *Triplex* newydd yn ei lle.

Rhannwyd y bwtri hir yn ddau a thynnwyd y llechfeini a oedd ar hyd un ochr yr ystafell a ddefnyddid i halltu cig mochyn ac i drin a chadw llestri gwneud menyn arnynt. Yr her wedyn oedd gwneud cegin newydd i Mam yn un hanner yr ystafell, gyda sinc newydd a phopeth oedd arni eu hangen bryd hynny, a chadw'r hanner arall fel pantri i gadw bwyd yn oer.

Roeddem fel teulu yn edrych ymlaen yn eiddgar at gael symud i mewn i'r tŷ, gan fod y cyfleusterau modern hyn oll yn newydd i ninnau hefyd.

Wedi i'r adeiladwyr orffen yn y tŷ, dechreuwyd ar y gwaith o foderneiddio adeiladau'r ffarm. Tra oeddynt wrthi'n gweithio ar y tŷ, roedd un o swyddogion y Weinyddiaeth Amaeth o Ruthun wedi galw heibio ar gais yr adeiladwr i ddweud beth oedd angen iddo'i wneud i'r adeiladau er mwyn cydymffurfio â Deddf Marchnata Llaeth 1933. Dyna pryd y sefydlwyd Bwrdd Marchnata Llaeth Cymru a Lloegr a roddodd sefydlogrwydd i'r diwydiant llaeth ar ôl cyfnod cythryblus iawn. Sefydlu'r Bwrdd Marchnata Llaeth oedd y peth gorau a ddigwyddodd erioed i gefn gwlad Cymru. Cododd y diwydiant ar ei draed ac fe ymaelododd bron iawn pob un ffarmwr llaeth â'r Bwrdd ar y dechrau, ond yn anffodus erbyn heddiw mae'r Bwrdd wedi'i diddymu.

Ar ôl i'r swyddog archwilio'r adeiladau, dywedodd wrth D. C. Morris a Dad, a oedd wedi dod yno'n unswydd i'w gyfarfod, fod yn rhaid atgyweirio'r ddau gôr a chodi tŷ llaeth newydd am fod yr hen rai yn hollol anaddas i gynhyrchu llaeth. Aeth i'w fag dogfennau ac estyn llyfryn bach a oedd yn cynnwys y rheolau, yn ogystal â'r rhestr o newidiadau y byddai'n rhaid eu gwneud ar y ffarm. Yna, pe bai'r gwaith gorffenedig yn pasio'i archwiliad, fe gâi Dad drwydded i werthu llaeth ym Mhenbrongyll.

Dechreuodd D. C. weithio ar y ddau gôr hynafol gyda'u stolion pren a'u taflodydd isel â thyllau mawr ynddynt uwchben y gwartheg. Roedd hen wair a edrychai fel petasai wedi bod yno ers canrif a mwy yn gymysg â hen frigau coed yn hongian o'r tyllau, a hadau gwair a chwain yn disgyn am eich pen. Ni allai Dad, a oedd yn bum troedfedd saith modfedd o daldra, sefyll yn syth y tu mewn heb daro'i ben yn y to ac roedd yn rhaid gwyro'r pen bob tro i fynd i mewn ac allan drwy un o'r drysau. Tynnwyd y cyfan a'i losgi ar ganol y buarth cyn gosod stolion newydd sbon wedi'u gwneud o biben yn eu lle, a lloriau concrid. Roedd yn rhaid gwneud taflod newydd o ystyllod rhigol a thafod uwchben y côr hefyd, gyda lle i saith buwch, rhag i lwch a baw ddisgyn i'r llaeth wrth inni odro â llaw.

Pan ddaeth y swyddog o'r Weinyddiaeth Amaeth i archwilio'r gwaith a rhoi trwydded inni werthu llaeth, dywedodd wrth Dad ei fod wedi bod yn lwcus iawn o gael adeiladwr cystal i wneud y gwaith. Yn ôl Mr Ikin, fe gostiodd y cyfan ddeunaw cant o bunnoedd ac oherwydd safon y gwaith gorffenedig ym Mhenbrongyll, yn enwedig y to a oedd yn wynebu'r tŷ, fe gafodd D. C. Morris lawer mwy o gytundebau drwy gael ei gymeradwyo gan Mr Ikin.

O'r diwedd, daeth y diwrnod mawr – y mudo ar y 3ydd o Ebrill, 1953. George Edwards o Lwyn-mawr, cariwr anifeiliaid yr ardal, a symudodd y gwartheg a'r lloi efo lorri. Gan nad oedd digon o le iddo droi'r lorri'n ôl yn y buarth, bu'n rhaid inni ddadlwytho'r holl anifeiliaid wrth fynedfa Ty'n y Mynydd, y ffarm drws nesaf, a'u gyrru i lawr tua phum can llath i'r buarth. Cawsom andros o waith eu cael i mewn i'r gwahanol adeiladau gan fod pobman yn ddieithr iddyn nhw. Ni ein hunain a symudodd y dodrefn efo'r Ffergi bach a threlar.

Ar ôl tair blynedd ar ddeg o fyw yn Nantyr, roeddem fel teulu yn teimlo'n drist wrth ffarwelio ond aethom yn ôl yno fel teulu ar Fehefin y 3ydd, i barti mawr yn yr ysgol i ddathlu coroni'r Dywysoges Elizabeth yn frenhines. Ar ôl digonedd o fwyd, cafwyd chwaraeon i'r plant a thynnu lluniau. Roedd yn ddiwrnod i'w gofio i bawb gan fod pob un yn yr ardal yn bresennol, a hynny am y tro cyntaf a'r tro olaf. Yn dilyn hynny, ymhen yr wythnos, llogwyd bws i fynd â ni i gyd i weld ffilm o'r digwyddiad mewn sinema yng Nghroesoswallt.

Roedd ffarm Penbrongyll wedi cael ei gadael braidd yn wyllt ac roedd angen croen newydd ar y mwyafrif o'r caeau a'r holl wrychoedd angen eu plygu. Yn ôl Dad, cael y gwrychoedd i drefn oedd y peth pwysicaf. 'Cofia, os oes gen ti wrychoedd da, fe fydd gen ti gymdogion da hefyd,' meddai. Roedd hyn yn andros o waith caled am eu bod nhw wedi tyfu'n rhy fawr i un allu gwneud y gwaith ar ei ben ei hun, felly cefais fy mhrentisio i ddysgu'r grefft yn iawn ac yn ystod y saith mlynedd y bu Dad yno, fe blygodd y ddau ohonom dros hanner y gwrychoedd.

Roedd o wedi dysgu'r grefft gyda'i ddau ewythr yn Nhŷ-hwnt-i'r-afon, felly roedden nhw oll yn daclus.

Bob yn ail â phlygu gwrych yn ystod y gaeaf a'r gwanwyn, roedd yn rhaid inni drin y tir a chan fod dros hanner y caeau mewn gwir angen eu haredig a'u hailhadu. Dair blynedd yn ddiweddarach, prynodd Mr Ikin bum erw ychwanegol o dir gan Trefor Hughes, sef Ty'n y Mynydd Bach a oedd am y ffin â ni.

Oeddwn, roeddwn i a'r Ffergi bach yn brysur dros ben ond cefais sawl ysgarmes efo'r hen dractor ar hyd y blynyddoedd. Y waethaf ohonynt, am wn i, fu wrth fynd â'r hwch Gymreig bedigri at y baedd i'r Waun ger Wrecsam. Erbyn hyn roeddwn i'n un ar bymtheg oed ac wedi pasio fy mhrawf gyrru i gael mynd â'r tractor ar y ffordd. Un bore dywedodd 'nhad fod yn rhaid mynd â'r hwch at y baedd ymhen yr wythnos, a hynny i fferm Halton yn y Waun, gan mai yno'r oedd yr unig faedd pedigri o'r un brid yn yr ardal, ond nid oedd gennym fodd i'w chludo yno. Ar ôl pendroni mawr, cafodd 'nhad weledigaeth, sef troi'r hen drap merlen dwy olwyn a oedd yn y cartws yn drol fach. Roedd o'n dipyn o foi gyda gwaith coed ac aeth ati'n syth i addasu'r hen drap, gyda chymorth Theo Davies, y saer o Lyn Ceiriog.

Roedd 'nhad wedi bod yn cadw golwg barcud ar yr hwch ers dyddiau rhag ofn inni fethu ei dal yn gofyn baedd ar yr union adeg iawn ac un bore dyma floedd gan yr arbenigwr: 'Cwyd o'r gwely 'na! Mae'n amser iti fynd â'r hwch at y baedd.'

Doedd dim angen dweud eilwaith. Roeddwn i'n barod cyn iddo orffen gweiddi bron, oherwydd roedd hwn yn ddiwrnod mawr i minnau hefyd am fy mod i gael gyrru'r Ffergi ar y ffordd fawr ar ben fy hun am y tro cyntaf. Euthum allan mewn chwinciad chwannen i fachu'r drol wrth y tractor a'i gosod yn dwt yng ngheg cwt yr hwch. Cawsom andros o waith ei llwytho oherwydd anifail gwirion iawn yw hwch sy'n gofyn baedd; does dim dichon ei symud yn ôl nac ymlaen, dim ond aros yn amyneddgar. Bu Dad a minnau am dros hanner awr yn ei chael i mewn i'r drol, a hynny wysg ei phen ôl yn y diwedd. Roedd y ddau ohonom wedi llwyr ymlâdd ond o leia' roedd yr arglwyddes yn berffaith hapus ei byd, heb gynhyrfu dim.

Wedi'r chwysfa, dyma gychwyn ar y daith fythgofiadwy i lawr i'r Waun. Erbyn hyn roedd yn tynnu at ddeg o'r gloch ar fore Sadwrn braf yn nechrau mis Mai a phawb yn hapus – y gyrrwr yn edrych ymlaen at y daith a'r hwch yn eiddgar i weld y baedd.

Aeth y tair milltir gyntaf yn hollol ddidrafferth ond wedi cychwyn i gyfeiriad Froncysyllte, a minnau erbyn hyn yn llawn hyder, cefais syniad da y medrwn gyrraedd y Waun drwy 'ffriwilio', gan fod gweddill y daith bron bob cam ar i lawr. Roedd y Ffergi bach erbyn hyn yn teithio tua deg milltir ar hugain yr awr a minnau'n teimlo fel Sterling Moss wrth y llyw ac yn mwynhau pob eiliad o'r daith. Roedd yr hwch hithau i'w gweld yn reit hapus gyda pherfformans y gyrrwr.

Ar waelod y darn mwyaf blin o'r ffordd roedd hen blasty a oedd bryd hynny'n adfail. Yno roedd yn rhaid cymryd dau dro sydyn i fynd o'i amgylch, y cyntaf i'r dde ar ail i'r chwith, fel llythyren S. Euthum o amgylch y troad cyntaf i'r dde yn berffaith, gan ddal i fynd tua deng milltir ar hugain yr awr, ond Ow! wrth fynd o amgylch yr ail dro i'r chwith, dyma'r glec fwyaf dychrynllyd a glywais erioed y tu ôl imi. Edrychais yn ôl a'r peth cyntaf a welais oedd yr hwch yn brasgamu ar hyd y ffordd tuag adref a'r drol ar ei hochr yn cael ei llusgo ar hyd y llawr.

Wedi gweld bod yr hwch yn cerdded yn iawn a dim argoel ei bod wedi ei hanafu, codais y drol a dechrau ei harchwilio. Dychrynais yn ofnadwy wrth weld y llanast ar ei hochr, gyda gwaith coed taclus Theo Davies wedi malu'n yfflon a'r haearn a ddaliai'r cyfan at ei gilydd wedi plygu bob siâp. Llwyddais i unioni ychydig arno drwy glymu'r coed at ei gilydd â chortyn beindar a oedd yn digwydd bod yn fy mhoced, nes bod y drol yn ddigon da i gario'r arglwyddes i ben ei thaith. Ond sut ar wyneb y ddaear yr oeddwn yn mynd i'w chael hi'n ôl i'r drol? Chwiliais am rywbeth i'w chornelu a gweld tair giât bren mewn caeau cyfagos. Fe'u codais oddi ar eu bachau a'u cario bob yn un i'r ffordd i wneud corlan, a'u clymu gyda chortyn beindar eto.

Wedi gorffen y gorchwyl hwnnw, dechreuais chwilio am yr hwch a chael hyd iddi tua hanner milltir o'r fan y cafodd ei

114

thaflu mor sydyn o'r drol. Pan gyrhaeddais ati, arhosodd yn stond yn ei hunfan. Mae'n siŵr ei bod yn credu bod y baedd wedi cyrraedd – nid oedd yn gweld fawr ddim o'i blaen gan fod ei chlustiau hirion yn gorchuddio'i llygaid. Ar ôl ei harchwilio i wneud yn siŵr ei bod yn iawn ar ôl y fath ysgytiad, ceisiais ei throi'n ôl i gyfeiriad y drol a chefais andros o drafferth am ei bod yn gwrthod symud cam.

O'r diwedd, wedi imi lwyddo i'w throi'n ôl, safodd yn stond eto ar ganol y ffordd. Ymdrechais yn galed i'w symud ond gwrthodai'r hen hwch ac erbyn hyn roedd fy amynedd yn dechrau pallu. Newidiais fy nhacteg a dechreuais gerdded o'i blaen ac er mawr syndod, fe'm dilynodd fel oen bach at y drol. Roedd ceisio'i hargyhoeddi fynd i mewn i'r drol am yr eildro yn llawer mwy trafferthus a chymerais dros hanner awr a llond berfa o chwys i'w chael hi'n ôl yn ddiogel, a hynny drwy ei gwthio bob yn fodfedd efo un o'r giatiau.

Bu'n rhaid imi eistedd am ddeg munud ar y clawdd i gael fy ngwynt ataf cyn ailgychwyn ar y daith a diolch i'r drefn, ni ddaeth neb heibio a'm gweld yn y fath helbul.

Fy mhenbleth wedyn oedd meddwl sut ar wyneb y ddaear yr oeddwn i'n mynd i egluro i 'nhad beth oedd wedi digwydd i'w drol fach a oedd bron fel newydd ar ddechrau'r daith. Ni chafodd y creadur druan byth wybod y gwir am yr hyn a ddigwyddodd ar y daith honno i'r Waun, ond roedd o'n amheus iawn o'r 'eglurhad'.

A do, ymhen tri mis, tair wythnos, tridiau a thair awr, daeth yr hen arglwyddes â thri ar ddeg o'r moch bach delaf a welsoch erioed i'r byd.

Y motor beic

Ymhen blwyddyn roeddwn i'n ddigon hen i gael motor beic, ond y broblem oedd sut i argyhoeddi fy rhieni i ganiatáu imi gael un, gan fod nifer o'm ffrindiau eisoes wedi cael un. Mi swniais nes i 'nhad gael llond bol, ac yn y diwedd cytunodd.

Cefais fy motor beic cyntaf, sef *Royal Enfield 350cc*, model 1942, gan f'ewythr Trefor, brawd Mam, am ddeg punt. Roedd o'n andros o beth hir a thrwm ac wedi ei beintio'n wyrdd am ei fod wedi cael ei ddefnyddio gan y *dispatch riders* a gariai negeseuon o le i le yn ystod y rhyfel. Yn ôl ei gyflwr, nid oedd y fyddin wedi defnyddio llawer arno, na chwaith f'ewythr Trefor tra bu'n ei feddiant o, felly roedd y beic mewn cyflwr arbennig o dda. Fodd bynnag, ni chymerais ato o'r eiliad y'i gwelais. Roedd yn gas gennyf ei olwg am ei fod yn rhy hen ffasiwn, ond erbyn heddiw mi fuasai'n werth llawer iawn o arian. Ar ôl dyfalbarhau, llwyddais i argyhoeddi 'nhad i ddod efo mi i weld beth oedd gan gwmni motor beiciau E. Roy Evans yng Nghroesoswallt ar werth.

Ar ôl chwilio ymysg nifer o wahanol fodelau yn yr ystafell arddangos, gwelais feic y gallwn ei fforddio, sef *BSA 350cc* coch, dwyflwydd oed ac ar ôl bargeinio ychydig, fe'i prynais am wyth deg punt. Y fargen oedd y byddai'r rheolwr, Jim Davies – un o'r triawd a enillodd y gystadleuaeth traws gwlad i feiciau modur dros Gymru, y *Six Day Trial*, ynghyd â Robin Jac o Lanuwchllyn a John Lloyd Dolgadfa, Llandderfel – yn dod ag ef i fyny i Benbrongyll.

Dysgais reidio'r beic mewn dim o dro a phasiais y prawf gyrru yng Nghroesoswallt ar y cynnig cyntaf. Serch hynny, yn fuan iawn cefais enw drwg am yrru'n rhy gyflym a phrofwyd hynny'n wir pan gefais ddamwain wrth ddod adref o farchnad Croesoswallt un prynhawn dydd Mercher gwlyb.

Roeddwn yn teithio braidd yn rhy gyflym o amgylch cornel pwll grafel, fel y'i gelwir, rhwng y Waun a Phontfadog. Collodd y beic ei afael yn y ffordd wrth imi orbwyso i'r chwith a llithrodd ar ei hyd ar draws y ffordd. Cefais innau fy nhaflu oddi arno cyn glanio'n y clawdd ymysg y drain a'r mieri. Wedi imi godi ar fy nhraed, gwelais fod popeth ar ochr chwith y beic druan – y sedd, y tanc petrol, y bar llywio, y lampau ôl a blaen a'r gardiau olwynion – oll wedi malu'n rhacs. Roeddwn innau mewn cyflwr truenus hefyd a'm siwt rwber ddu newydd wedi rhwygo ar ei hyd. Roedd fy nau ben-glin, fy nau benelin a'm pen ôl yn gignoeth ond diolch byth, roedd yr helmed wedi arbed fy mhen, a'm hesgyrn i gyd yn gyfan. Dim ond fi oedd ar y ffordd drwy lwc, ond ymhen rhyw bum munud daeth Roni Edwards, perchennog siop o'r Glyn, rownd y tro a'm gweld yn eistedd yn y clawdd mewn cyflwr truenus. Neidiodd o'i fan a gofyn imi a oeddwn wedi torri asgwrn. Yna, ar ôl sicrhau nad oeddwn wedi fy niweidio'n rhy ddrwg, rhoddodd gymorth imi symud y beic oddi ar y ffordd a chlirio'r llanast, ac aeth â mi adref yn ei fan.

Ymateb fy nhad ar ôl fy ngweld yn cerdded o fan Roni Edwards, y Samariad Trugarog, a deall beth oedd wedi digwydd ac nad oeddwn fawr gwaeth oedd, 'Biti am y motor beic a'r siwt, ond mi gei di groen newydd am ddim'.

Golchodd Mam fy mriwiau a thynnu'r cerrig mân fesul un, gan ddweud y drefn ar yr un pryd a diawlio Dad am gytuno imi gael motor beic.

Fore trannoeth bu'n rhaid imi godi fel arfer i odro a gwneud fy ngwaith, ond roeddwn wedi cyffio i gyd a phob asgwrn yn brifo. Wrth gwrs, doedd dim cwyn i'w chael gan neb.

Cafodd y *BSA* ei drwsio mewn dim o dro yn y garej leol, a diolch i'r drefn ei fod wedi ei yswirio'n llawn. Chedwais i mohono'n hir wedi hynny ac fe'i newidiais am feic mwy, sef *AJS 500* gyda'r rhif MUJ 444 a oedd yn Rolls Royce i'w ffogaeth i gymharu â'r *BSA*. Ond cefais ambell i ysgarmes efo hwnnw hefyd. Yr un fwyaf arbennig oedd ar gyrion pentref Glyn Ceiriog efo hen gi glas, croes rhwng ci defaid a daeargi, a hwnnw'n ddall ac yn fyddar fel postyn sied. Roedd yr hen gi wedi achosi llawer o broblemau i yrwyr yr ardal ers blwyddyn neu ddwy a'r perchennog wedi cael rhybudd fwy nag unwaith gan yr heddlu.

Am ryw reswm y noson honno, roedd y pentref mewn tywyllwch. Roeddwn i'n teithio tuag adref ar gyflymder o tua deugain milltir yr awr ond yn sydyn, o'r tywyllwch, rhedodd yr hen gi ar draws y ffordd, yn syth i'm llwybr, a thrawais ef yn gelain. Fe'm taflwyd oddi ar y beic a disgynnais yn dwt wrth giât y ty ar draws y ffordd. Clywodd y potsiar heb ei ail, Arthur Edwards, Felin Newydd gynt, a oedd yn byw yn un o dai cyngor Stad y Gamer ar draws y ffordd, y glec a neidiodd o'i wely i weld a oeddwn wedi brifo. Roeddwn yn andros o falch ei weld a diolch i'r drefn, nid oeddwn fawr gwaeth. Drwy ryw lwc, ychydig iawn o lanast oedd ar y motor beic hefyd.

Clywodd Irene Evans, perchennog y ci, y glec hefyd a daeth allan i chwilio amdano gan ei weld yn gorwedd yn farw ar y ffordd. Roedd hi wedi gwylltio am fy mod wedi ei ladd ond doedd dim modd rhesymu â hi. Doedd hi ddim am dderbyn ei bod hithau ar fai yn ei adael yn rhydd yr adeg honno o'r nos ac yntau'n ddall a byddar. Ar ôl cryn ddadlau, dywedais wrthi fy mod am nôl y plismon a oedd yn byw yn y pentref i roi cwyn swyddogol yn ei herbyn. Caeodd ei cheg yn syth a diflannodd i'r ty heb air o ymddiheuriad. Dywedais wrth y plismon beth oedd wedi digwydd ond nad oeddwn am ddwyn achos yn ei herbyn, ac ni chlywais air am y ddamwain wedyn.

Cefais dro trwstan arall efo'r *AJS* ar ôl bod yn y pictiwrs yng Nghroesoswallt un nos Sadwrn efo merch ifanc o ardal Glyndyfrdwy. Roeddem yn dod i mewn i dref Llangollen, ar ein ffordd gartref i Lyndyfrdwy, pan stopiodd injan y beic am nad oedd petrol ynddo. Erbyn hynny roedd wedi troi hanner nos. Roeddwn yn andros o flin gan fy mod wedi llenwi'r tanc cyn cychwyn y noson honno, a sylweddolais fod rhywun wedi sugno'r petrol ohono pan oedd y beic wedi ei barcio yn y farchnad anifeiliaid, a oedd yng nghanol y dref bryd hynny. Yn ffodus roeddwn yn gwsmer i Mr Edwards, perchennog garej betrol y *Sun* sydd wedi ei dymchwel erbyn heddiw, a oedd rhyw ganllath o ble'r oedd y beic wedi stopio, ac roedd yntau'n byw ger y garej. Wrth guro ar y drws gobeithiwn ei fod gartref, ond yn anffodus roedd o yn ei wely a bu'n rhaid iddo godi i'r ffenestr. Eglurais wrtho beth oedd wedi digwydd a chwarae teg, fe gododd yntau'n ddirwgnach. Fodd bynnag, roeddwn wedi pechu'r ferch ifanc yn anfaddeuol a chefais i'r un cyfle arall i fynd â hi allan wedi hynny!

Motor beic neu hen fan oedd gan y mwyafrif ohonom ni

fechgyn ifanc i fynd â merched allan am dro bryd hynny, a chefais y pleser o gwmni sawl un ar y piliwn, heb sôn am ambell glusten ac ochr pen am fod yn rhyfygus! Roedd un ferch ifanc annwyl iawn o Lerpwl, Catherine Hunt, chwaer yr aelod seneddol a chyn-ysgrifennydd gwladol Cymru, David Hunt, wrth ei bodd ar gefn y beic efo mi. Roedd y ddau ohonom yn ffrindiau da ac yn teithio llawer yn ystod y penwythnosau a'r min nosweithiau braf yn yr haf pan fyddai'n dod draw efo'i mam a'i brawd i'r bwthyn drws nesaf i ffarm Tal y Garth Isaf, Dôl-y-wern.

Mae un daith arbennig na wnaf byth ei hanghofio, wrth fynd adref o Gaer un mis Tachwedd ar ôl treulio bore a phrynhawn bendigedig yn ei chwmni. Roedd y gwmnïaeth wedi bod yn hyfryd drwy'r dydd ond fe drodd y tywydd yn andros o wlyb a gwyntog ac oer yn ystod y prynhawn. Roedd eisteddfod y dyffryn yn cael ei chynnal yng Nglyn Ceiriog y diwrnod hwnnw a minnau'n gorfod bod yno erbyn y cyfarfod nos i gymryd rhan fel aelod o gôr cymysg Clwb y Ffermwyr Ifanc. Anfonais Catherine at y trên i fynd â hi adref i Lerpwl, a chychwynnais innau am adref tua phump o'r gloch, drwy'r glaw a'r gwynt a oedd yn gwaethygu wrth y funud.

Wrth deithio drwy bentref yr Orsedd i gyfeiriad Wrecsam, roedd y glaw yn troi'n eira ac erbyn imi gyrraedd Gresffordd roedd tua phedair modfedd o eira ar y ffordd ac ychydig iawn o draffig oedd i'w weld yn teithio i'r un cyfeiriad â mi. Roeddwn yn gorfod gyrru'n araf iawn a'm traed yn llusgo'r llawr rhag cael codwm, gan fod y ffordd yn andros o llithrig. Yn ogystal â hynny roedd y gwynt cryf yn achosi i'r eira luwchio mewn mannau ac erbyn imi gyrraedd y Glyn am tua hanner awr wedi saith, roedd tua chwe modfedd o eira wedi disgyn. Er bod fy nhraed yn wlyb diferol a thyllau yng ngwadnau fy esgidiau, roedd y gweddill ohonof yn sych. Wedi imi dynnu'r siwt rwber a'i gadael yng ngofal Mrs Roberts, gofalwraig y neuadd, i mewn â mi i'r eisteddfod ac i fyny i'r llwyfan i gystadlu efo'r côr. Wnes i ddim aros yno'n hir iawn ar ôl canlyniad cystadleuaeth y corau, gan fy mod yn dechrau rhynnu oherwydd bod fy nhraed yn dal yn wlyb.

Cefais daith hunllefus adref i'r Glyn gan ei bod erbyn hynny wedi peidio bwrw ac yn dechrau rhewi. Ar ddiwedd y daith fythgofiadwy bu'n rhaid imi adael yr AJS yn ffarm y Brongyll, a oedd ychydig nes i'r ffordd fawr na'n ffarm ni, a cherdded y pum canllath olaf i fyny'r allt i Benbrongyll. Ar ôl y daith honno cefais yr annwyd gwaethaf a ddioddefais erioed!

Canlyn Einir a magu teulu

Yn 1958 gwerthais yr *AJS* a phrynais fan las golau newydd, *Commer Cob*, ar y cyd â'm rhieni. Ei rhif oedd SUN 159 ac roedd ganddi sedd lydan y tu ôl. Roedd hon yn nefoedd i'w chymharu â'r motor beic.

Unwaith eto bu'n rhaid imi basio 'mhrawf gyrru a'm hyfforddwr y tro hwn oedd cyn-blismon y dyffryn, Tom Aled Roberts. Llwyddais ar y cynnig cyntaf, ar ôl derbyn clusten neu ddwy un prynhawn Sul am edrych ar ferched ifanc yn cerdded ar hyd ochr y ffordd. 'Yr unig un sydd â'r hawl i edrych ar y rhain wrth yrru ydi fi,' meddai!

Yn fuan wedyn dechreuais ganlyn Einir, merch hynaf Mr a Mrs J. E. Storer, Branas Uchaf, Llandrillo. Dechreuodd y garwriaeth pan ddaeth Glyn Roberts o Gynwyd ger Corwen â'i gyfnither Brenig, ac Einir a oedd yn ffrind iddi, i'r *Victoria Rooms* yng Nghroesoswallt un nos Sadwrn. Roedd Glyn wedi bod yn canlyn Ceridwen Jones, un o ferched ifanc hyfryd ardal Trefonnen, ers peth amser ac wedi addo dod â Brenig a'i ffrind i'w ganlyn un nos Sadwrn, a chadwodd at ei air. Ni chefais lwc efo Brenig ond cymerodd Einir a minnau at ein gilydd yn syth.

Bu'n flwyddyn a hanner o deithio i fyny ac i lawr dyffryn afon Dyfrdwy a chefais sawl antur ar fy nheithiau. Yn gyntaf cefais fy nal gan y sbîd-cop Gwanwyn Jones am oryrru mewn fan. Roeddwn yn teithio dros ddeugain milltir yr awr ar hyd yr A5 rhwng Corwen a'r ffatri laeth ar noson niwlog. Yn sydyn dyma olau mawr yn dod y tu ôl imi a fflachio arnaf, ond wnes i ddim aros nes iddo danio'i olau glas. Roeddwn yn teimlo'n annifyr iawn gan fod Einir efo fi ac yntau'n ei hadnabod. Ar ôl fy holi'n dwll – i ble'r oeddwn yn mynd ac o ble'r oeddwn yn dod ac yn y blaen – eglurodd pam yr oedd o wedi fy stopio. Dywedodd hefyd nad oedd golau'r plât rhifau ar y tu ôl yn gweithio a bod hynny hefyd yn drosedd. Deg milltir ar hugain yr awr oedd cyflymder uchaf teithio mewn fan bryd hynny. Cefais ddirwy o dair punt – dwy bunt am oryrru a phunt am beidio bod â golau ar y rhifau, ac ar ben hynny cefais arnodiad am dair blynedd ar fy nhrwydded yrru.

Digwyddodd yr ail beth un nos Fercher ym mis Ionawr. Roedd y ddau ohonom wedi bod yn swatio'n gariadus mewn lle eithaf cysgodol heb sylwi ei bod yn bwrw eira'n drwm a'r gwynt wedi codi. Nid oedd y gwynt i'w glywed yn gryf iawn ble'r oeddem ni, nes inni symud oddi yno.

Wedi imi fynd ag Einir adref a chychwyn am adref fy hun, sylweddolais fy mod ynghanol storm fawr o eira. Rhyw ddwy filltir y tu allan i bentref Llandrillo fe'm gorfodwyd i adael y fan ar ganol y ffordd, oherwydd bod y ffordd wedi ei chau'n llwyr gan y lluwchfeydd mawr ac ni fedrwn droi'n ôl. Nid oedd gennyf ddewis ond cerdded bob cam yn ôl, dros dair milltir, i Franas Uchaf. Cefais gwmni pedwar arall a oedd yn yr un cwch â mi yn ôl i'r pentref, a chwarae teg iddyn nhw, cefais gynnig aros yno ond roedd yn well gennyf fynd yn ôl i Franas Uchaf.

Wedi imi gyrraedd bu'n rhaid imi godi'r teulu o'u gwelâu ac egluro beth oedd wedi digwydd. Roeddwn yn wlyb at fy nghroen. Gwnaeth Mrs Storer ac Einir gwpaned o de imi a gosod fy nillad i sychu o flaen tanllwyth o dân a chysgais ar y soffa o'i flaen. Y bore canlynol, roedd y dillad yn berffaith sych ac ar ôl brecwast cynnar, gadewais am adref.

Erbyn hyn roedd yr eira wedi troi'n law a phan gyrhaeddais at y fan, roedd y ffordd wedi cael ei hagor gan y Cyngor Sir. Ond gan nad oedd hi wedi'i hagor bob cam i Gorwen, gorfu imi droi'n ôl a mynd ar hyd ffordd gefn, a oedd yn llawer mwy cysgodol. Petaswn wedi dilyn y ffordd honno y noson cynt, buaswn wedi cyrraedd adref heb lawer o drafferth wrth gwrs.

Dro arall, wrth fynd i gyfarfod Einir ar noson o law a gwynt mawr a minnau ar frys ac yn teithio'n gyflym, bu'n rhaid imi frecio'n sydyn ar ôl mynd dros bont afon Dyfrdwy ar y ffordd fach oedd yn arwain i Franas Uchaf o'r brif ffordd ger Llawr Cilan. Llwyddais i aros o fewn chwe modfedd i'r dŵr. Roedd yr afon wedi gorlifo'i glannau a'r caeau a'r ffyrdd i gyd o dan ddŵr.

Daeth yr holl deithio i ben pan briodasom ar yr 21ain o Fai, 1960 yn Eglwys y Plwyf, Llandrillo. Pan briododd Einir a minnau, penderfynodd 'nhad ymddeol a symud i fyw i Faes Teg, bynglo yn Quinta y tu allan i bentref Weston Rhyn. Penderfynodd Mr Ikin yntau roi'r gorau i ffarmio Penbrongyll

a'i chynnig inni am rent rhesymol iawn, ar ôl ychydig o
berswâd gan fy nhad-yng-nghyfraith. Ond yr oedd un amod
arbennig i'r cytundeb. Roedd yr hen feistr trugarog yn hoff
iawn o hufen ffres a bu'n rhaid inni gytuno i gyflenwi oddeutu
peint iddo bob wythnos!

Gydol yr amser y bûm yn gweithio i Mr Ikin, cefais fy nhrin
fel mab ganddo. Oedd, roedd yn ŵr bonheddig yng ngwir ystyr
y gair.

Cawsom fenthyg arian gan fy rhieni-yng-nghyfraith i
brynu'r stoc a dechrau ffarmio ar y 1af o Fehefin 1960.

Bu farw 'nhad o ganser ar ôl bron i flwyddyn o gystudd, yn
64 mlwydd oed, a rhoddwyd ei weddillion i orffwys ym
mynwent Weston Rhyn. Bûm yn ddigalon iawn ar ôl ei golli ac
roedd gennyf hiraeth mawr ar ei ôl, oherwydd yn ogystal â
cholli tad, roeddwn hefyd wedi colli ffrind. Bellach nid oedd
gennyf neb ar wahân i 'nhad-yng-nghyfraith i droi ato i gael
cyngor am bethau'n ymwneud â ffarmio.

Mae gan Einir a minnau bedwar o hogiau, a dau ohonynt yn
dal i fyw yn y dyffryn heddiw. Fe'u haddysgwyd yn ysgol
bentref Pontfadog ac yna yn Ysgol Morgan Llwyd, Wrecsam.
Aeth y pedwar i wahanol golegau ar yr un pryd – Elfed i Goleg
Cerdd a Drama Caerdydd, Medwyn i Goleg Amaethyddol
Aberystwyth, Tegid i Lysfasi, a Dylan i Goleg Llandrillo-yn-
Rhos.

Erbyn heddiw mae Elfed, yr hynaf, yn briod â Gwawr,
merch y diweddar fardd a digrifwr W. R. Evans ac yn dad i dair
o ferched annwyl iawn, Fflur, Siriol ac Erin. Mae'n gweithio i
gwmni teledu S4C yng Nghaerdydd. Fel ei hen nain Ty'n Celyn
mae Elfed yn gerddorol iawn ac wedi cyfansoddi cerddoriaeth
ar gyfer nifer o gynyrchiadau a sioeau plant yr Urdd, a Gwawr
yn eu cynhyrchu.

Gareth Medwyn yw'r ail, sy'n briod ag Angela o Bontfadog,
yntau wedi sefydlu busnes llwyddiannus ar ei liwt ei hun fel
plymer, a gosodwr ceginau ac ystafelloedd ymolchi.

Mae Tegid, un o'r ddau efaill, yn briod â Sera, merch o
Gilgwri. Ar ôl cyfnod yn ffarmio gyda'i fam, sefydlodd fusnes
adeiladu llwyddiannus yn Nyffryn Ceiriog a phrynodd siop
fwyd y Groes yng nghanol y Glyn, yr unig siop yn y dyffryn

heddiw.

Mae Dylan, ei efaill, yn gweithio yn adran ddidoli'r Post Brenhinol yng Nghaerdydd, ar ôl cyfnodau o fod yn bobydd, yn dywysydd twristiaid yn Sain Ffagan, ac yn gweithio mewn siop gwinoedd yn y brifddinas.

Arferai Elfed fod yn debyg iawn i mi pan oeddwn innau'n fachgen bach. Roedd yn gythgam o hogyn drwg am grwydro a byddai'n diflannu'n sydyn heb inni sylweddoli ei fod wedi mynd. Pan gyrhaeddais adref un prynhawn Sadwrn ym mis Mai, ar ôl bod yn Rali Ffermwyr Ifanc y sir yn Llysfasi, roedd Elfed wedi diflannu, a hynny ers tri o'r gloch. Arferai bob amser fynd â'r cŵn efo fo, ond y diwrnod hwnnw roedd y cŵn wedi ei adael wrth glywed Einir yn galw ac ni sylwodd hithau o ba gyfeiriad y daeth y cŵn yn eu holau. Euthum o gwmpas i chwilio ychydig ond nid oedd golwg o Elfed. Erbyn hyn roedd yn tynnu am saith o'r gloch, felly ffoniais John Williams y plismon lleol ac egluro beth oedd yn bod.

Ymhen rhyw hanner awr cyrhaeddodd y plismon y ffarm, a phwy oedd yn eistedd ar danc petrol y motor beic o'i flaen yn wên o glust i glust ond y cythraul bach drwg ei hun, yn ymddwyn fel pe na bai dim wedi digwydd! Yn ôl y plismon roedd yn eistedd ar ochr y ffordd rhyw hanner milltir i ffwrdd, yn chwarae efo bocs cardfwrdd.

Roedd Elfed yn hoffi chwarae efo'r bêl falf yn nhanc dŵr yfed y gwartheg yng ngwaelod y buarth hefyd, er bod caead arno a hwnnw wedi'i glymu efo weiren drwchus. Byddai'n dringo i ben y tanc, yn tynnu'r weiren ac yn agor y caead a chwarae efo'r bêl. Er gwaethaf yr holl rybuddion, a cheisio egluro wrtho fod dŵr yn beryglus, roedd yn dal i chwarae yn y tanc.

Wrth eistedd yn y gegin un amser cinio, clywais sŵn dŵr yn llifo. Edrychais ble'r oedd Elfed ond doedd dim golwg ohono'n unman. Brysiais i waelod y buarth yn ddistaw bach a dyna lle'r oedd o, ar ei fol ar dop y tanc, yn mwynhau ei hun yn chwarae efo'r dŵr gyda'i fwced glan môr.

Penderfynais ei bod yn hen bryd imi ddysgu gwers iddo, felly gafaelais am ei ganol yn sydyn heb iddo fy ngweld a'i blannu i mewn i'r tanc dros ei ben ac allan yr un mor sydyn.

Cafodd andros o fraw ond eglurais wrtho, pe na bawn i yno, buasai wedi boddi ac mai dyna fyddai'n digwydd iddo petai'n dal i chwarae efo dŵr y tanc gwartheg. Roedd yn well gennyf ei ddychryn felly na darganfod ei gorff bach yn farw yng ngwaelod y tanc. Wnaeth o erioed chwarae efo'r tanc dŵr wedyn.

Diflannodd Medwyn yntau o'r tŷ un bore Sadwrn ychydig ddyddiau cyn y Nadolig, pan oedd yn chwech oed. Fel arfer byddai Elfed a Medwyn allan efo mi yn bwydo'r anifeiliaid, ond oherwydd bod y tywydd yn ddrwg roedd y pedwar wedi aros yn y tŷ i gadw'n gynnes ac i wylio'r teledu. Pan gyrhaeddais i mewn ar ôl gorffen y gwaith am tua hanner dydd, dim ond tri ohonyn nhw oedd yno. Gofynnais i Elfed ble'r oedd Medwyn, a dywedodd ei fod o wedi mynd i edrych am bren Nadolig.

'I ble?' holais, ond doedd o na'r ddau arall ddim yn gwybod, felly i ffwrdd â mi ar fy union i chwilio amdano.

Gan fod trwch o eira ar y ddaear roedd yn hawdd iawn gweld i ba gyfeiriad yr oedd o wedi mynd. Yn y man, gwelais olion pedair troed fach yn mynd i gyfeiriad llwyn o goed pin ifanc a oedd yn perthyn i ffarm y Pentre ac yn ffinio â'n tir ni, ond dim ond dwy droed oedd i'w gweld yn dod adre'n ôl.

I ffwrdd â mi ar ôl olion y pedair troed a phan oeddwn o fewn tua chanllath i'r llwyn, gwelais Medwyn yn dod tuag adref gyda chryman yn un llaw ac yn llusgo clamp o bren pin efo'r llall, a hwnnw tua deg troedfedd o faint, drwy ganol yr eira.

Gofynnais iddo, 'Beth wyt ti'n mynd i wneud efo hwn?'

Yr ateb oedd, 'Ei osod o'n y parlwr.'

Roedd y pedwar wedi bod yn gwylio rhaglen deledu yn rhoi cyfarwyddyd sut i brynu coeden Nadolig a sut i'w haddurno. Gan nad oedd gennym ni un yn ein tŷ ni eto, penderfynodd Medwyn a Tegid fynd i nôl un ei hunain, ond wedi i'r ddau dorri'r pren a'i lusgo i'n cae ni, penderfynodd Tegid ddod yn ôl i'r tŷ a gadael Medwyn i lusgo'r pren ei hunan.

Bu'n rhaid imi dorri pedair troedfedd o waelod y goeden cyn y medrwn ei gosod yn y tŷ a gadewais y gwaith o'i haddurno iddyn nhw a'u mam, ond roedd yn rhaid i mi ei

longyfarch ar ei ddewis o bren. Pan es i lawr i'r llwyn i weld o
ble'r oedd y ddau wedi torri'r goeden, cefais andros o syndod o
weld eu bod wedi mynd ymhell i ganol y llwyn ac wedi dewis
y goeden orau oedd yno. Y syndod mwyaf oedd bod Medwyn
wedi llwyddo i'w llusgo ar ei ben ei hun bach drwy'r eira nes ei
fod bron â chyrraedd adref.

Gan fod hon yn un o'r coed gorau, roedd arnaf ofn i Tom a
John Evans, Pentre feddwl fy mod wedi bod yno'n dwyn, felly
yn ystod y prynhawn euthum i lawr i'r siop ym Mhontfadog ar
y tractor gyda'r troseddwr bach. Galwais yn y tŷ i ddweud y
stori wrth Tom a John a gwneud i'r coediwr ymddiheuro i'r
ddau.

Ar ôl iddo ymddiheuro, dywedodd yr hen ŵr castiog wrtho,
'Dy dad ddywedodd wrthyt am dorri'r pren yntê? Dywed y
gwir rŵan.'

Atebodd Medwyn, 'Ie,' heb flewyn ar ei dafod! Roedd arnaf
awydd ei dagu o ond roedd Tom a John Evans wedi cael modd
i fyw, a chwarddodd y ddau gan ei longyfarch am fod mor graff!

Y busnes ffarmio

Roedd blynyddoedd cyntaf ffarmio ar fy liwt fy hun yn andros o galed, yn enwedig gan fy mod wedi mentro i'r maes heb ddim profiad busnes o gwbl. Doeddwn i erioed wedi gwerthu llo yn y farchnad, erioed wedi prynu na gwerthu buwch, na phrynu na gwerthu nwyddau, nac wedi gorfod dysgu sut i wneud gwaith papur. Diolch i'r drefn bod Einir wedi dysgu hynny tra oedd yng Ngholeg Amaeth Llysfasi.

Fy nhad arferai fod yn rheolwr y fferm, ac yn atebol i Mr Ikin, felly'r ddau ohonyn nhw fyddai'n trin a thrafod y busnes bob amser. Gweithiwr oeddwn i ac ni feddyliodd 'nhad erioed fy nysgu am yr ochr fusnes. Wedi dweud hynny, chwarae teg iddo, ni wnes innau erioed ddangos diddordeb yn y maes.

Nid oedd y gwaith ffarm ei hun yn broblem o gwbl. Roeddwn eisoes yn gwybod pa fath a faint o wrtaith i'w roi ar y tir, sut i ddewis hadau i ailhadu, a sut i ofalu a thrin y stoc. Yn wir, gallwn wneud popeth ond y gwaith marchnata a'r gwaith papur.

Pedair ar ddeg o wartheg godro, pedair heffer – dwy yn gyflo a'r ddwy arall yn barod i gymryd tarw, pum llo, hanner cant o famogiaid Cymreig, a dau gant o ieir dodwy mewn cwt *deep litter* oedd y stoc a gymerasom ar ddechrau ein menter. Roeddwn yn hynod falch fy mod wedi dysgu beth oedd anifail da gyda 'nhad ac wrth feirniadu stoc yng nghystadlaethau'r clybiau Ffermwyr Ifanc, gan fod hynny o fantais fawr imi bellach. Yn ogystal â hyn, roedd Einir yn ardderchog gyda'r stoc ac yn medru gwneud yr holl waith yn arbennig o dda.

Rhaid cyfaddef, er fy mod ar goll yn llwyr yn ystod y flwyddyn gyntaf, nid oeddwn yn un i roi'r gorau i ddim a daliais ati gyda chymorth a chefnogaeth Einir a'm tad-yng-nghyfraith.

Ar ôl pum mlynedd galed, dechreuodd pethau wella. Erbyn hyn roedd grantiau llywodraeth ar gael i ffermydd bychain o dan y Cynllun Ffermydd Bach, *The Small Farm Scheme* a oedd i barhau am ddeg mlynedd. Ei ddiben oedd gwella ansawdd y tir drwy godi cnydau, ailhadu a gwrteithio, yn ogystal â rhoi cymorth i ffermwyr gynyddu eu stoc fel bod y ffarm yn gwneud mwy o elw.

Wedi inni ddarllen manylion y cynllun yn fanwl, gwelsom y byddai'n fuddiol iawn i ni ac felly penderfynasom wneud cais. Yn anffodus, roedd y gwaith papur yn enfawr a chyn i swyddogion y Weinyddiaeth Amaeth yn Rhuthun ystyried eich cais i ymuno, roedd yn rhaid i chi wneud cynllun deg mlynedd manwl iawn.

Ar ôl anfon ein cais i'r swyddfa yn Rhuthun, gofynnais iddyn nhw anfon rhywun draw i'n cynghori sut i fynd ati i lunio'r cynllun. Ymhen pythefnos, cysylltodd un o ymgynghorwyr *ADAS* â ni a dod draw i'n cynorthwyo ac fe gawsom lwyddiant gyda'n cais, diolch byth.

Erbyn inni gyrraedd hanner ein ffordd drwy'r cynllun, roeddem wedi codi nifer y stoc i dros bump ar hugain o fuchod godro, gyda'r addewid y buasem yn eu cynyddu i ddeg ar hugain erbyn diwedd y cynllun. Gwnaethom hynny, a chodi cnydau, gwrteithio efo calch a *basic slag* ac ailhadu bron bob un o'r caeau.

Pan ddaeth y cynllun i ben, cyhoeddodd *ADAS* eu bod am gyflwyno un arall, sef y *Small Farm Business Management* a fyddai'n parhau am dair blynedd y tro hwn. Daethom yn rhan o hwnnw hefyd, gyda chanpunt y flwyddyn i'w cael am gadw cofnodion, a oedd yn dderbyniol iawn. Fodd bynnag, ar ôl dwy flynedd, roedd y ddau ohonom yn rhagweld y buasai'n rhaid i ffermydd bach fel ni ddechrau meddwl am arallgyfeirio i gael gwell bywoliaeth.

Dechrau contractio a chneifio

Erbyn canol y 1960au roedd belio gwair yn fyrnau bach yn dechrau dod yn boblogaidd. Dim ond un contractwr, sef John Jones, neu John Aber-las fel y câi ei adnabod gan bawb, oedd yn cynnig y gwasanaeth hwnnw yn yr ardal ac felly gwelais fod hyn yn gyfle da i ninnau arallgyfeirio. Cytunodd Einir a phrynais fyrnwr ail-law *New Holland 68* gan Shukers o Groesoswallt, a dechrau busnes contractio yn y dyffryn.

Gan fod 'nhad yn flaenor roedd o wedi ein dysgu ni blant i beidio â gweithio ar y Sul ac mi gedwais at ei ddysgeidiaeth, nes i Charlie Breeze a oedd yn ffarmio ffarm fechan Cae Coed Pontfadog erfyn arnaf i ddod i felio dau gae bach pedair erw iddo.

Er ei fod yn Gymro, Saesneg oedd iaith Charlie ond roedd ei wraig, a oedd yn ferch leol, yn Gymraes lân loyw. Roedd ganddynt ddwy ferch – Ann yr hynaf yr un oed â mi a Gwenda ychydig yn iau.

Roedd Charlie'n greadur ofnadwy am boeni ynghylch y tywydd adeg y cynhaeaf. Gallwn weld Cae Coed, a oedd ar draws y dyffryn i ni, yn blaen ac roeddwn wedi sylwi bod Charlie wedi torri ei wair. Ymdrechodd yn galed i'w gael yn barod i'w felio yn ystod dydd Sadwrn ond methodd â'i gael yn ddigon sych, er iddo'i chwalu efo picfforch drwy'r dydd.

Cododd yn gynnar fore Sul a hithau'n haul braf a dim gwlith, ond y gwynt yn dechrau codi. Allan ag ef i'r gwair a'i chwalu unwaith eto. Erbyn canol y bore roedd yr haul yn dechrau boddi a chymylau duon yn hel ar y gorwel, a'r gwair erbyn hyn yn berffaith.

Rhuthrodd i mewn i'r tŷ a dweud wrth ei wraig fod yn rhaid iddo gael belio. Ceisiodd hithau ei ddarbwyllo drwy ddweud mai dydd Sul ydoedd ac nad oedd neb yn belio ar y Sul. Níd oedd Charlie'n gapelwr mawr ond roedd gweddill y teulu yn mynychu'r gwasanaethau yn rheolaidd.

Erbyn hyn roedd yr hen greadur wedi dechrau cynhyrfu

wrth weld y gwair yn berffaith i'w felio ac yntau wedi ymdrechu mor galed i'w drin. Ni chymerodd sylw o'i wraig a chododd y ffôn i ofyn a oedd modd i mi fynd yno ar unwaith, ond eglurais nad oeddwn wedi gweithio'n y gwair ar y Sul erioed o'r blaen. Fodd bynnag, nid oedd modd ei ddarbwyllo i'w adael tan y dydd Llun a gwyddwn innau pa mor galed yr oedd o wedi gweithio i gael y gwair yn barod.

Yn y diwedd cytunais i dorri un o brif reolau 'nhad ac i ffwrdd â mi cyn gynted ag y gallwn. Roeddwn yn teimlo'n ofnadwy o euog pan welais rai o aelodau'r capel wrth fynd drwy bentref Pontfadog ar fy ffordd i Gae Coed, ond welais i erioed neb mor falch o 'ngweld yn dod drwy'r giât i'r cae na Charlie y bore Sul hwnnw.

Tyfodd y busnes belio'n gyflym iawn rhwng 1967 ac 1978. Roeddwn yn belio rhwng tri deg pump a phedwar deg o filoedd o fyrnau yn ystod y tymor. Yn aml iawn, ni a Ted Pen-bryn fyddai'r rhai cyntaf i ddechrau'r cynhaeaf gwair bob blwyddyn ac felly byddwn wedi gorffen y gwaith ar y ffarm cyn i'r mwyafrif o'm cwsmeriaid fod eisiau fy ngwasanaeth.

Oherwydd bod y tywydd yn ystod cynhaeaf gwair 1975 yn anffafriol iawn a ninnau'n gorfod gwneud yn fawr o bob munud o dywydd sych, penderfynasom newid yr injan torri gwair pedwar plât *Tarrup* am un newydd dau ddrwm *Massey Ferguson 70*. Hefyd fe newidiwyd yr hen fyrnwr *New Holland 68* a oedd yn dechrau dangos ei oed am *New Holland 278* newydd a oedd yn fwy ac yn belio'n cynt. Gan fod y cynhaeaf yn hwyrach nag arfer, roeddwn yn gorfod dechrau torri'r gwair tua hanner awr wedi tri yn y bore yn aml iawn, a gorffen erbyn amser godro oddeutu saith o'r gloch er mwyn medru cwblhau'r gwaith cyn i'r lorri laeth ddod.

Mae un diwrnod arbennig iawn yng nghanol mis Gorffennaf y flwyddyn honno yn aros yn y cof. Roedd y ffôn wedi bod yn canu ers cyn amser brecwast a rhai o'm prif gwsmeriaid yn ffônio y naill ar ôl y llall. Ted Pen-bryn oedd y cyntaf imi fynd ato y bore hwnnw ac roedd wedi cael popeth yn barod ar fy nghyfer, a thri o'r plant hynaf, Glenda, Tom a Rhys yno'n stacio'r byrnau yn bedwar neu chwech ar ben ei gilydd, tra oedd o'n hel y gwair yn rhenc o fy mlaen.

Roedd Ted eisiau gwerth ei bres wrth reswm, ac roedd hynny'n golygu fod y byrnau bach i fod yn dynn iawn ac felly'n ofnadwy o drwm. Wrth imi fynd o gwmpas y cae a Ted yn y pen arall, byddai'r plant yn cwyno fod y byrnau'n rhy drwm i'w codi, felly llaciais y pwysau; roedd y plant yn hapus, a minnau hefyd gan fy mod yn cael mwy o fyrnau. Fodd bynnag, daeth Ted ataf cyn hir a chwyno ei fod yn anhapus efo'r byrnau am eu bod nhw'n rhy lac o lawer, felly trodd y pwysau dair trofa cyn parhau gyda'i waith o rencio'r gwair.

Pan gyrhaeddais at y plant eto, dyma nhw'n llacio'r pwysau dair trofa'n ôl, ac felly y bu hi drwy'r prynhawn – y tad yn tynhau a'r plant yn llacio. Ni sylwodd Ted beth oedd yn digwydd, felly roedd hanner y byrnau'n dynn iawn i blesio'r tad a'r hanner arall yn llac!

Y ffarm olaf y diwrnod hwnnw oedd Maes-y-ffynnon. Roedd Dei Austin wedi hel y cae yn rhesi taclus ond roedd yn wair bras iawn a'r cnwd yn drwm. Gan fod y cae ar lethr uwchben pentref Glyn Ceiriog, roedd yn rhaid imi gymryd fy amser a diolch i'r drefn, fe weithiodd y byrnwr *New Holland 278* yn eithriadol o dda.

Erbyn imi orffen am tua hanner awr wedi un ar ddeg, roedd yn dywyll ac yn gwlitho'n drwm, a dim ond golau blaen y tractor a dogn o ffydd oedd gen i i weld ble'r oeddwn yn mynd yn ystod yr hanner awr olaf.

Ar ôl paratoi'r byrnwr yn barod i fynd adref, stopiais y tractor i gael gair efo Dei. Pwysais yn ôl ar y peiriant gan edrych i lawr ar y pentref, ond ar ôl ychydig funudau o sgwrsio, dechreuais deimlo gwres mawr yn codi'n fy mhen, chwys yn llifo i lawr fy ngruddiau a phopeth yn troi o'm hamgylch. Yn sydyn, cyn imi gael cyfle i ddweud dim, disgynnais yn glec i'r llawr. Roedd Dei druan wedi cael andros o fraw, gan gredu fy mod wedi marw ac ni wyddai beth i'w wneud.

Ymhen ychydig funudau, deuthum ataf fy hun ar y llawr a'r peth cyntaf a glywn oedd Dei yn gweiddi uwch fy mhen, 'Rwyt ti wedi marw'r diawl! Rwyt ti wedi marw'r diawl!'. Pan welodd fy mod yn dal yn fyw, ni fedrai ddweud gair am ychydig a chyfaddefodd wedyn ei fod wedi dychryn yn ofnadwy gan mai dyna'r tro cyntaf iddo weld rhywun yn llewygu.

Wrth gwrs, roeddwn wedi llewygu am nad oeddwn wedi bwyta'n iawn ers amser brecwast, dim ond un frechdan a phaned amser cinio a llymaid o sudd oren ganol y prynhawn. Nid oedd gennyf amser i fwyta gan fod pob munud yn cyfri ar dywydd braf, prin. Ond roedd rheswm arall hefyd, sef bod pibell ecsôst y tractor *Super Major* wedi torri ar ôl taro cangen coeden ac felly roedd y mwg a'r gwastraff i gyd wedi bod yn chwythu i'm hwyneb a minnau'n ei anadlu ers oriau ar stumog wag.

Fore trannoeth roedd gen i boen ofnadwy yn fy ngwar a'm cefn a bu'n rhaid imi fynd i lawr i Lyn Ceiriog i weld y meddyg. Rhoddodd dabledi lladd poen i mi a thrwy ryw ryfeddol wyrth, gyda chymorth Einir a'r bechgyn, llwyddais i barhau â'r gwaith. Gwnes yn siŵr fy mod yn cario bwyd a diod efo mi pan oeddwn allan yn contractio ar ôl y profiad hwnnw.

Wrth symud y byrnwr o Faes-y-ffynnon y diwrnod wedyn ac edrych ar y llethr oddi tanaf, sylweddolais fy mod yn andros o lwcus fy mod yn dal yn fyw. Petawn wedi llewygu wrth yrru'r tractor, gallwn fod wedi mynd i lawr y llethr ar fy mhen i'r pentref a chael fy lladd yn sicr.

Wrth edrych yn ôl, bûm yn lwcus iawn rhag cael damweiniau mawr efo'r peiriannau, ond dim ond o drwch blewyn y llwyddais i osgoi nifer ohonynt.

Un tro roeddwn yn belio ar lethr arall uwchben pentref Glyn Ceiriog, ar draws y dyffryn i Faes-y-ffynnon ac ar dir Hafod y Gynfor. Mrs Sopwith a'i mab Andrew oedd yn ffarmio yno. Er bod y tir yn serth, roedd modd mynd arno efo tractor ond gyda gofal mawr. Yr unig fynediad i'r cae arbennig ble'r oedd y gwair y diwrnod hwnnw oedd drwy hen chwarel, ac roedd cerrig miniog yma ac acw yn y clawdd.

Ar ôl mynd o amgylch y cae rhyw chwe gwaith, sylwais fod olwyn ochr chwith fawr y byrnwr wedi cael pynjar yn y cerrig miniog. Yn anffodus, nid oedd yno ddarn o dir gwastad i'w weld yn unman felly stopiais y tractor yn y fan a'r lle a cheisio tynnu'r olwyn. Gan fod teiar yr olwyn honno'n dueddol o gael pynjar ar brydiau, roeddwn yn cario jac hydrolig bychan a sbaneri addas i'r gwaith efo mi bob amser ym mocs tŵls y tractor a llwyddais i dynnu'r olwyn a mynd â hi i'r garej yn y

Glyn i drwsio'r pynjar.

Erbyn imi gyrraedd yn ôl o'r garej roedd Mrs Sopwith ac Andrew wedi cyrraedd i fyny efo'r Fergi bach *TVO* – hwnnw â'i blygiau'n methu tanio bob yn ail a mwg du drewllyd yn dod o'r hanner pibell ecsôst a oedd wedi torri. Roedd y ddau o fewn deg llath imi, mewn trafferthion yn ceisio tynnu'r injan wair yn rhydd o'r tractor.

Ar ôl egluro beth oedd wedi digwydd i mi tra oedden nhw'n nôl y Fergi, ymlaen â mi efo'r gwaith o osod yr olwyn yn ôl ar y byrnwr ac fe aethant hwythau ati efo'u gwaith.

Codais y peiriant yn araf ac yn ofalus efo'r jac nes ei fod yn ddigon uchel i gael yr olwyn i'w lle a gosodais ddigon o gerrig o dan yr echel i wneud yn siŵr na fuasai'n disgyn. Ond fel yr oeddwn yn ceisio gosod yr olwyn yn ôl yn ei lle, llithrodd y jac yn sydyn, chwalodd y cerrig a disgynnodd y byrnwr, gyda gard un o'r prif gadwyni oedd yn gyrru'r peiriant yn gorwedd ar ben yr olwyn. Yn anffodus roedd fy llaw innau'n digwydd bod rhwng y ddau ar ben y teiar.

Fedrwn i ddim symud gan fod bron i ddwy dunnell o bwysau'r byrnwr ar fy llaw. Gwaeddais mor uchel ag y medrwn ar Mrs Sopwith ac Andrew, a oedd â'u cefnau tuag ataf, ond nid oeddynt yn clywed oherwydd sŵn y Fergi. Ar ôl bron i ddeg munud o weiddi a rhegi, trodd Andrew i edrych arnaf a sylweddolodd yn syth fod rhywbeth o'i le.

Llwyddais yn y diwedd i ryddhau fy llaw a oedd erbyn hynny'n hollol wastad ac yn wyn fel eira. Ni allwn symud bys na bawd, na theimlo dim, ond diolch i'r drefn mai'r teiar fu oddi tani ac nid haearn arall; petai hynny wedi digwydd buaswn wedi ei cholli.

Aeth Mrs Spowith, a oedd yn brofiadol iawn yn y maes Cymorth Cyntaf, â fi yn syth at danc dŵr y gwartheg a dweud wrthyf roi fy llaw i mewn yn y dŵr oer a'i chau a'i hagor drwy'r amser, a siarsiodd fi i'w chadw i mewn yn y dŵr nes y deuai hi'n ei hôl. Gorchmynnodd Andrew i aros efo mi i wneud yn siŵr fy mod yn iawn. Yn union wedi imi roi fy llaw yn y dŵr oer roeddwn yn medru symud fy mysedd.

Ymhen rhyw ugain munud dychwelodd Mrs Sopwith gyda the poeth i mi. Yna cydiodd yn fy llaw ddrwg a'i thynnu o'r dŵr a gofyn imi ei hagor a'i chau. Er mawr syndod nid oedd gennyf boen o gwbl; ni fedrwn gredu fy llygaid – gallwn ddefnyddio fy llaw yn union fel pe na bai dim wedi digwydd. Gosodais yr olwyn yn ôl yn ei lle a gorffennais y gwaith belio, ac ni chefais ddim trafferth o gwbl efo'r llaw ar ôl hynny.

O dipyn i beth, cynyddodd y galw am ein gwasanaeth contractio y tu hwnt i bob disgwyl. Am tua tair blynedd, tra oedd grant o 50% i'w gael gan y llywodraeth am waredu ysgall, dail tafol a danadl poethion ar dir pori, byddwn yn chwistrellu dros ddwy fil o erwau y flwyddyn.

Yn 1977 newidiwyd y byrnwr *NH 278* am un newydd, sef *New Holland 268*. Ar yr un pryd cawsom dractor *Ford 5000* newydd ac fel roedd y busnes yn datblygu, cawsom fwy o beiriannau newydd eraill. Penderfynasom fuddsoddi mewn *Toucan 6* gan gwmni Teagle yn y 1980au – yr unig beiriant o'i fath yn yr ardal – er mwyn inni fedru cynnig gwasanaeth cynaeafu silwair. Trelar a pheiriant cynaeafu cnwd porthi *(forage harvester)* yn un oedd hwn, y peiriant cynaeafu wedi ei osod yn sefydlog mewn ffrâm ar far tynnu'r trelar, rhwng y trelar a'r tractor, ac yn codi pan oedd angen mynd â'r llwyth i'r pwll.

Do, fe'n gorfodwyd ninnau i symud efo'r oes a datblygu'r busnes contractio i ateb gofynion cwsmeriaid yr ardal.

Hyd at ganol y 1950au roedd pob ffarmwr defaid yn Nyffryn Ceiriog yn cneifio â gwelleifiau a'r diwrnod cneifio oedd achlysur pwysicaf y flwyddyn. Roedd gan bawb ei ddyddiad ei hun ac yn ogystal â chneifio'r defaid, byddai'n ddiwrnod o gymdeithasu a thynnu coes a phawb yn cynorthwyo ei gilydd.

Dechreuai'r paratoadau ar gyfer y diwrnod cneifio o leiaf bythefnos cyn y diwrnod ei hun. Casglu'r defaid oddi ar fynydd y Berwyn oedd y gwaith cyntaf i lawer, a'u golchi nhw wedyn – mewn llyn ar rai ffermydd, tra byddai rhai ffermwyr yn cronni'r afon yn llyn. Wedyn torrid rhedyn i roi o dan y defaid yn y sied ddal rhag iddyn nhw faeddu, neu pe bai'r tywydd yn ansefydlog fe'u rhoddid i mewn dros nos i'w cadw'n sych, os oedd adeiladau addas i wneud hynny.

Ar y diwrnod cneifio ei hun byddai'r cneifwyr yn cyrraedd yn fore, gyda'u gwelleifiau wedi eu hogi'n barod a'u lapio'n dwt mewn sach, ynghyd â chortyn i glymu traed y ddafad. Y diwrnod cynt byddai'r ffarmwr wedi gwneud yn siŵr fod yr ysgubor gneifio'n barod, gyda meinciau i bob un eistedd yn fforchog i ddal y ddafad yn dwt. Byddai dalwyr y defaid yn cyrraedd hefyd, a'r bobol lapio gwlân a oedd bron cyn bwysiced â'r cneifwyr eu hunain i rai ffermwyr.

Byddai'r gwragedd wedi bod wrthi'n brysur ers dyddiau yn paratoi'r bwyd, yn coginio cacennau ar gyfer paned ganol bore ac amser te. Bîff a llysiau gaem i ginio gan amlaf, a phwdin reis neu darten afal a chwstard i bwdin. Wrth gwrs, byddai'r bwyd yn amrywio llawer o le i le a chystadleuaeth rhwng y gwragedd mewn rhai ardaloedd hyd yn oed.

Erbyn dechrau'r 1960au roedd peiriannau cneifio trydan *Lister* i'w gweld hwnt ac yma, yn enwedig gan y contractwyr. Meibion ffermydd oedd y rhain, wedi ymuno â'i gilydd i fynd o amgylch i gneifio. Ar y dechrau roedd y to hŷn yn amharod i dderbyn y peiriannau ac yn honni eu bod yn torri'n rhy agos at y croen. Credent hefyd y byddai llawer o'r defaid yn marw o oerfel ac yn mynd yn hesb, ond o dipyn i beth, wrth weld y manteision, trodd pawb at ddefnyddio peiriannau.

Erbyn canol y 1960au roedd prinder cneifwyr peiriannau yn yr ardal acw, felly prynais beiriant cneifio *Lister* newydd gan Dei Humphries, Tai Draw, Cerrigydrudion am ddeg punt ar hugain. Ar ôl ymarfer ychydig gartref, dechreuais fynd o amgylch i gneifio gyda Cyril Roberts, ffarm y Bonc, Llwyn-mawr a oedd hefyd wedi prynu peiriant cneifio newydd ac roedd y bartneriaeth yn gweithio'n dda. Yr unig broblem oedd bod yn rhaid mynd â'r cyllyll cneifio i Gerrigydrudion i gael eu hogi gan Dei ac Alwen Humphries, gan mai nhw oedd yr unig rai gyda'r offer hogi yn y gogledd ar y pryd.

Roedd Dei yn gneifiwr peiriant penigamp ac yn arbenigwr ar y dull cneifio 'Godfrey Bowen'. Gŵr o Seland Newydd oedd Godfrey Bowen ac ef a ddyfeisiodd y dull unigryw hwn o ddal dafad heb orfod ei throi o un ochr i'r llall wrth ei chneifio, nes y byddai'r cnu yn syrthio oddi arni yn un darn. Bu'n cynnal arddangosfeydd cneifio blynyddol yng Ngholeg Llysfasi am nifer o flynyddoedd a byddai cneifwyr ifanc yn tyrru yno i ddysgu'r grefft, a minnau'n eu mysg. Yn ystod y cyfnod hwnnw roedd Dei Tai Draw hefyd yn cynnal gwersi cneifio, ynghyd â Thomas James Roberts o Landderfel, neu Twm Jim i bawb a oedd yn ei adnabod. Mae'r dull hwn o gneifio yn dal i gael ei ddefnyddio hyd heddiw.

Gwaith tymhorol oedd y cneifio serch hynny ac fe'm gorfodwyd i roi'r gorau iddo ar ôl pum mlynedd gan fy mod yn dioddef o boen cefn.

Erbyn hyn roedd ein casgliad o beiriannau'n cynyddu ac angen eu trwsio a'u weldio o bryd i'w gilydd. Yr unig ofaint yn yr ardal oedd Absalom Evans a'i fab Tecwyn o Lwyn-mawr. Roedd Tecwyn yn andros o brysur bryd hynny a gwaith costus iawn oedd trwsio peiriannau, felly penderfynais fynd i gael gwersi weldio mewn dosbarthiadau nos yng Ngholeg Technegol Croesoswallt gyda 'nghefnder Hefin Pritchard Williams. Ar ôl dwy flynedd o wersi yn ystod y gaeaf ac ymarfer gartref gyda Dafydd Owen, Llwydiarth, drws nesaf, deuthum yn dipyn o giamstar ar y grefft.

Ar noson olaf y cwrs, soniodd ein hathro fod un o arbenigwyr weldio â thrydan cwmni *Air Products* o Acrefair ger Wrecsam wedi bod yn archwilio ein gwaith, er mwyn canfod pobol ifanc a fedrai weldio'n dda i'w derbyn yn brentisiaid. Gofynnodd i mi a fuaswn yn fodlon iddo roi fy enw i'r cwmni a dywedodd y byddai gen i wythnos i benderfynu. Fodd bynnag, ar ôl meddwl yn ddwys am y cynnig, ac er bod arian mawr i'w wneud fel weldiwr gyda'r cwmni hwnnw, penderfynais wrthod y cynnig a pharhau fel ffarmwr a chontractiwr.

Yn fuan iawn daeth ffermwyr yr ardal i wybod am fy nghrefft newydd a chefais ddigonedd o waith yn addasu trelars y Rheilffordd Prydeinig ar gyfer tractorau, cafnau gwartheg a rheseli i fwydo gwartheg mewn siediau ciwbicl, a thrwsio peiriannau a phob math o bethau eraill.

Yn ffodus iawn, roedd Einir yn gallu godro a chynnal y ffarm yn wych – yn wir, gwnâi hynny'n well o lawer na mi ac roedd y plant yn gymorth mawr inni hefyd.

Dod yn ddyn pwyllgor

Yn 1965 cefais fy nghymell i roi fy enw gerbron i ymgeisio fel cynghorydd plwyf Glyntraian ar Gyngor Dosbarth Ceiriog ac enillais y sedd heb orfod ymladd etholiad. Bu'r cyfnod hwnnw o naw mlynedd yn gynghorydd dosbarth, hyd nes y daeth oes y cyngor i ben oherwydd ad-drefnu llywodraeth leol yn 1974, yn un diddorol dros ben. Dysgais lawer iawn am ddulliau gweithredu llywodraeth leol ac o hynny ymlaen, hyd at 1985, bûm yn gwasanaethu'r ardal fel cynghorydd cymuned, gan weithio hefyd fel cadeirydd am bedair blynedd, ac am ychydig ar ôl imi symud i ardal Abergele i fyw.

Yn ogystal â'r gwaith cyngor, bûm yn aelod o bwyllgorau rheoli Neuadd Goffa Oliver Jones, Dol-y-wern a Neuadd Goffa Ceiriog, Glyn Ceiriog. Bûm yn gadeirydd pwyllgorau rheoli y ddwy neuadd am gyfnod hefyd ac yn gadeirydd y pwyllgorau adloniant am nifer o flynyddoedd.

Yn fuan ar ôl i Einir a minnau briodi, daethom yn aelodau o undeb yr *NFU* a chefais fy ethol yn gadeirydd y gangen leol ddwywaith. Yn rhinwedd y swydd honno, roedd yn rhaid cynrychioli'r gangen ar y pwyllgorau sirol a mân bwyllgorau eraill.

Y tro cyntaf, rhwng 1967 ac 1968, fe'm gorfodwyd i aros yn y gadair am ddwy flynedd oherwydd clwy'r traed a'r genau a ddarganfuwyd mewn moch o ffarm ger Croesoswallt ar y 25ain o Hydref, diwrnod marchnad y dref. Roeddwn i newydd adael y farchnad pan gaewyd y giatiau ganol dydd, a'u cloi. Gorfodwyd pawb i beidio symud yr un anifail ac roedd llawer iawn o anifeiliaid yn dal yn y corlannau. Cafodd pob un eu harchwilio'n ofalus gan filfeddygon y Weinyddiaeth Amaeth ac yn ystod y dyddiau canlynol archwiliwyd yr anifeiliaid a oedd wedi mynd adref o'r farchnad cyn i'r giatiau gael eu cloi. Yn ogystal â hyn, gwaharddwyd symud anifeiliaid ffarm o fewn talgylch o bum milltir i ddechrau.

Ymledodd yr haint fel tân gwyllt gan ymosod ar bob ffarm bron yng ngogledd sir Amwythig, ardal Wrecsam, Dyffryn Maelor, sir y Fflint a gogledd sir Gaer a thalgylch y gwaharddiad yn ehangu bob dydd.

Oherwydd y Ddeddf Iechyd Anifeiliaid, roedd y llywodraeth yn gorfodi ffermwyr i ladd pob dafad, buwch a mochyn ar y ffarm os oedd y clefyd yn cael ei ganfod yno, a thelid iawndal am bob un i brynu stoc newydd wedi i'r haint ddod i ben. Y drefn oedd fod pob anifail yn cael ei brisio gan brisiwr proffesiynol cyn ei ladd, a'r pris yn gorfod bod yn dderbyniol gan y ddwy ochr wrth gwrs. Fodd bynnag, cododd andros o broblem oherwydd y drefn hon gan fod gwerth yr anifeiliaid yn codi'n ddyddiol. Erbyn diwedd y cyfnod roedd gwerth yr anifeiliaid, yn enwedig y gwartheg, bron wedi dyblu ac felly roedd yr iawndal yn llawer iawn uwch. Dechreuodd y ffermwyr a ddioddefodd ar ddechrau cyfnod y clwy' brotestio, gan honni fod y system yn andros o annheg.

Ar ôl brwydr enfawr, cytunodd y llywodraeth i ailystyried y drefn a daethpwyd i gytundeb, ond nid oedd pawb yn fodlon â'r iawndal a gafodd.

Gwelwyd yr olygfa waethaf erioed yn y rhan hon o Gymru. Byddai'r anifeiliaid yn cael eu lladd a'u rhoi yn syth mewn twll anferth ar dir y ffarm a'u llosgi. Roedd tanau a mwg du ym mhobman, ddydd ar ôl dydd, ac ystod y nos byddai'r awyr yn goch fel gwaed a pharhaodd felly am bron i wyth mis. Yn ystod y cyfnod cyfan bu 2,364 o achosion a lladdwyd dros 442,000 o anifeiliaid, yn ddefaid, moch a gwartheg.

Wedi i'r anifeiliaid i gyd gael eu gwaredu oddi ar y ffarm, roedd yn rhaid diheintio'r adeiladau i gyd yn ofalus gyda diheintydd cryf. Gwaith anodd a digalon iawn oedd hwnnw. Yna, nid oedd modd i neb fedru ailstocio o'r newydd am o leiaf tri mis.

Bu'r cyfnod hwn, a ddaeth i ben yn swyddogol ganol mis Mehefin 1968, yn un andros o galed i minnau hefyd fel Cadeirydd Cangen Dyffryn Ceiriog o'r NFU. Byddai aelodau'n ffônio sawl gwaith y dydd – rhai eisiau gwybodaeth a chyngor ac eraill yn cwyno am ymddygiad eu cymdogion. Byddai eraill yn gofyn i ni fel undeb beth oeddem yn mynd i'w wneud ynghylch y peth yma a'r peth arall. Bu'n rhaid i mi fod yn ddoeth a chadw'r cwynion i mi fy hun – ar wahân i un, a hwnnw'n erbyn aelod a oedd yn dirfeddiannwr lleol. Y gŵyn yn ei erbyn oedd ei fod yn dal i saethu ffesantod er gwaethaf gwaharddiad y Weinyddiaeth Amaeth. Yn ogystal â hyn roedd yn cyflogi pobol gyda chŵn i gasglu'r adar ar ôl iddynt gael eu saethu.

Cysylltais ag ysgrifennydd sirol yr undeb ac fe gysylltodd yntau â phrif filfeddyg y Weinyddiaeth Amaeth ym mhencadlys rheoli'r clefyd yn Rhuthun. O fewn awr roedd y gŵr bonheddig wedi cael cyfarwyddyd i beidio saethu. Roedd wedi gwylltio wrth gwrs, gan fod hyn yn golled ariannol enfawr iddo, a therfynodd ei aelodaeth â'r undeb.

Y diwrnod canlynol cysylltodd y gŵr â mi i holi pam y bu imi gysylltu â'r ysgrifennydd sirol. Eglurais wrtho nad oedd gennyf ddewis, gan fod y cwynwyr, a oedd fel yntau'n aelod o'r undeb, eisiau imi wneud hynny. Derbyniodd fy eglurhad ac ni ddaliodd unrhyw ddig yn fy erbyn, diolch byth.

Gan nad oedd cangen leol o Undeb Amaethwyr Cymru yn y dyffryn ar y pryd, ni wnaethom ymuno â nhw tan yn ddiweddarach, a dyna paham fy mod yn dal yn aelod o'r ddau undeb hyd heddiw.

Yn 1967 gofynnodd cwmni gwrtaith *Hadfields* imi fod yn asiant lleol ar gomisiwn iddyn nhw, yn ogystal â chwmni hadau *Finney Lock*. Ar ôl symud i Abergele i fyw, rhoddais y gorau i'r gwaith gwerthu gwrtaith ond rwy'n parhau i werthu hadau hyd heddiw.

Yn niwedd y 1970au daeth prif brynwr stoc cwmni *British Beef* o Gaer ataf ym marchnad Croesoswallt a gofyn imi a oedd gennyf awydd swydd rhan-amser fel prynwr gwartheg ac ŵyn tewion i'r cwmni, unwaith eto ar gomisiwn. Golygai hyn fynd o amgylch ffermydd i brynu stoc. Byddai ef yn dweud beth oedd y pris i fod a'r cyfrif yr oedd arnynt eu hangen bob wythnos, a minnau i ddelio efo'r ffermwyr a threfnu mynd â nhw i'r lladd-dy. Ar ôl ystyried am ychydig, mentrais dderbyn y cynnig gan fy mod erbyn hynny'n gwybod yn dda beth oedd anifail tew. Fodd bynnag, ymhen amser sylweddolais nad oeddwn yn hapus wrth y gwaith a rhoddais y gorau iddi ar ôl dwy flynedd.

Prynu Penbrongyll

Ar ôl saith mlynedd o fod yn denantiaid, daeth y cyfle inni brynu Penbrongyll. Gwelais Mr Frank Ikin yn y farchnad un dydd Mercher yn nechrau mis Hydref 1967 – roedd o newydd werthu'r gwartheg tewion, bythefnos union cyn i glwy'r traed a'r genau ymddangos.

Gofynnodd imi fynd i'r swyddfa gan fod arno eisiau gair preifat â mi. Ar ôl i'w ysgrifenyddes ddod â phaned o goffi inni, dechreuodd ddweud ei fod yn teimlo'i hun yn mynd i oed ac felly eisiau gosod ei bethau mewn trefn, rhag ofn i rywbeth ddigwydd iddo'n sydyn. Yna dywedodd fod arno awydd gwerthu'r ffarm. Gallwn weld ei lygaid yn dechrau dyfrio. Holodd tybed a fyddai gennym ni ddiddordeb prynu'r ffarm; byddai'n falch iawn o'n gweld yn aros yno gan ein bod wedi cydweithio ers dros ddeunaw mlynedd. Yna, gyda golwg drist iawn ar ei wyneb, dywedodd, 'Nid oes neb yn y teulu â diddordeb mewn ffarmio erbyn hyn'.

Nid oedd raid i mi feddwl eilwaith ond dywedais wrtho y byddai'n rhaid imi drafod ag Einir yn gyntaf. Roedd yn deall hynny'n iawn wrth gwrs a gofynnodd imi fynd i'w weld ar y dydd Mercher canlynol, a dyna a wneuthum.

Cawsom y ffarm am bris teg iawn gan yr hen feistr, ar yr amod ein bod yn parhau i gyflenwi'r hufen ffres iddo bob wythnos, wrth gwrs!

Y cam nesaf oedd mynd i weld rheolwr Banc y Midland yng Nglyn Ceiriog a chawsom fenthyciad ar delerau teg iawn, i'w dalu'n ôl dros gyfnod o bymtheng mlynedd. Ond bu'n gyfnod llewyrchus iawn i ni ar y cyfan – ar wahân i 1976 – ac fe dalwyd yr arian i gyd yn ôl o fewn pum mlynedd.

Bu 1976 yn flwyddyn anodd iawn oherwydd yn gyntaf, bu farw Mam ar ôl cael strôc yn ei chartref yn Weston Rhyn, ddiwrnod cyn y Nadolig. Rhoddwyd ei gweddillion i orwedd gyda Dad ym mynwent Weston Rhyn.

Yr ail beth oedd y gwres a'r sychder mawr o ganol mis Mehefin hyd at fis Medi. Roedd y borfa i gyd wedi llosgi'n goch a phrinder dŵr enbyd. Sychodd ein ffynnon ar dir ffarm Ty'n y

Mynydd drws nesa, yn fuan iawn, a bu'n rhaid inni gario pob dafn o ddŵr i'w llenwi bob dydd am o leiaf dri mis o ffarm y Pentref ar gyrion Pontfadog. Er ei bod yn dywydd ardderchog i gynaeafu gwair ym mis Mehefin, ond yn drychinebus i gael adladd, bu'n rhaid i ninnau, fel pawb arall a oedd yn cynhyrchu llaeth, fwydo'r gwartheg godro â dwysfwyd a gwellt.

Gan fod y tywydd mor boeth ddydd a nos, nid oedd angen llawer o fwyd ar yr anifeiliaid i'w cadw'n gynnes, felly byddem yn rhoi dwysfwyd iddynt i gynhyrchu llaeth ac egni, a gwellt i roi digon o frasfwyd i gnoi cil, a digon o ddŵr wrth gwrs.

Y brif broblem i ni oherwydd y prinder dŵr oedd na fedrem oeri'r llaeth, a gâi ei gludo efo lorri mewn caniau deg galwyn i ffatri laeth *Express* yn Whittington ger Gobowen. Gan ein bod yn gorfod cario'r dŵr i lenwi'r ffynnon ac aer y nos yn gynnes, roedd hi bron yn amhosib oeri llaeth godriad y noson cynt. Y canlyniad oedd ei fod yn suro yng ngwres haul y bore wrth gael ei gludo i'r ffatri, ac yna byddai'r ffatri'n ei wrthod ac yn ei ddanfon yn ôl ar y lorri, a ninnau'n ei dderbyn y diwrnod canlynol.

Roedd hon yn golled fawr i ni, ond o leiaf roedd Einir yn medru gwneud menyn gyda'r llefrith, a oedd yn flasus dros ben.

Y gwanwyn canlynol penderfynasom brynu swmpdanc *(bulk tank) Fullwood* a ddaliai gant a hanner o alwyni. Erbyn hyn roedd y fuches laeth wedi cynyddu i bymtheg ar hugain ac roedd yn rhaid codi tŷ llaeth a sied ciwbicl newydd, felly aeth y bechgyn a minnau ati ar ein hunion i adeiladu. Gwnaethom y gwaith i gyd ein hunain gyda help gan John Bates, un o'm cyfeillion gorau, a Dei Hughes yr adeiladwr.

Ond fe fu bron iawn i mi gael fy lladd un prynhawn Sul braf wrth godi'r ffrâm. Roedd yr olaf o'r pump stansiwn oedd yng nghornel uchaf y talcen pellaf, y *lean to*, gyda'r trawst RSJ wedi ei folltio iddo, heb gael ei osod mewn concrid. Roedd yn cael ei ddal yn ei le gyda rhaffau, gan ein bod yn codi un cowlas ychwanegol i'r sied wair, felly roedd y stansiwn yn sefyll ar ben ei hun.

Y dasg oedd ceisio gosod yr uchaf a'r gyntaf o chwe trawslath *(purlins)* y to, naw modfedd wrth ddwy fodfedd yn ei le, trwy i John Bates folltio un pen iddo a minnau'r pen arall i'r croes drawstiau dur RSJ, oedd yn pwyso yn erbyn y stansiwnau, i arbed i'r stansiwn talcen oedd heb ei osod mewn concrid yn y ddaear, i symud.

Llaciwyd y rhaffau ychydig, ac mi es innau i fyny'r ysgol, oedd yn pwyso ar y pedwerydd trawst dur, a oedd yn sownd mewn concrid, i folltio un pen o'r trawslath iddo.

Ond yn sydyn cyn i John Bates gael y cyfle i folltio pen arall y trawslath yn y postyn sigledig, gosododd Eric Moore, un arall oedd yn ein helpu ni (oedd yn aros mewn carafán yn ein hymyl), ysgol o'r ochr allan yn erbyn y stansiwn sigledig heb i neb sylwi, a chychwyn i fyny i helpu John yn ei farn ef, heb ddweud wrth neb.

A phan oedd hanner ffordd i fyny, torrodd un o'r rhaffau, a dyma'r postyn sigledig, a hefyd y croes drawst dur oedd wedi ei folltio iddo, yn dod i lawr, a tharo yn erbyn y croes drawst ryw droedfedd uwchben ble'r oedd fy ysgol i yn pwyso arno, a fy nharo i'r un pryd yn fy mhen o'r tu ôl, a gwasgu fy wyneb yn erbyn un o ffyn yr ysgol, a siglo'n ôl a blaen yn yr awyr fel pendil cloc, a stopio.

Disgynnodd Eric ar ei hyd ar y llawr, hefo'i ysgol ac wedi cael cythraul o fraw, gan feddwl ei fod wedi fy lladd.

Disgynnais innau i lawr yr ysgol yn llawer cyflymach nag yr es i fyny. Yr oedd fy nhrwyn yn gwaedu a'm gwefus uchaf wedi hollti, ond trwy ragluniaeth nid oeddwn wedi fy anafu yn ddrwg iawn, ond petaswn i un ffon yn uwch i fyny'r ysgol mi fuasai yn sicr o fod wedi fy lladd. Wedi inni gyd ddod dros y braw, aethom ymlaen i orffen y gwaith, ond diflannodd Eric druan mor gyflym ag y medrodd – yr oedd o wedi ei ysgwyd yn llawer mwy na ni, gan mai arno ef yr oedd y bai i gyd.

Gan fy mod yn contractio ac yn darlledu bron bob dydd bryd hynny, roedd yn anodd iawn cael amser i fynd at y sied, ond erbyn diwedd mis Hydref, ar ôl wyth mis o waith caled, gorffennwyd y gwaith yn barod ar gyfer y gwartheg.

Yn 1982 penderfynodd yr hogiau a minnau fynd ati i wneud parlwr godro newydd ein hunain. Roedd y beudy bach, gyda lle i bump buwch sefyll ynddo, a rhan o'r ysgubor o'i flaen yn ddelfrydol ar gyfer hyn. Roeddwn wedi meddwl cael parlwr godro newydd yng nghanol y 1970au pan welais ffrâm parlwr *herringbone* pedair wrth bedair yn gyflawn mewn sêl ffarm yn ardal Ellesmere ac fe'i prynais am ddeg punt. Felly aethom ati i gynllunio parlwr *herringbone* pedair wrth bedair a thaflod uwchben i ddal bwyd rhydd.

Erbyn diwedd yr hydref roedd y cyfan yn barod i'r trydanwr ddod i mewn i osod y porthwr cyfrifiadurol i fesur faint o fwyd yr oedd pob buwch yn ei gael, a hefyd y jariau llaeth a'r offer godro i gyd.

Pan ddaeth un o swyddogion y Weinyddiaeth Amaeth o Ruthun i archwilio'r parlwr i roi caniatâd inni ddechrau godro ynddo, ac i gymeradwyo talu'r grant o 50% a gaem am y gwaith, ni allai gredu ein bod wedi gwneud y gwaith i gyd ein hunain.

Dylanwad y radio

Dechreuodd fy niddordeb yn y radio pan brynodd 'nhad radio *Vidor* newydd yn y 1940au gan Haydn Phillips, perchennog garej o Lyn Ceiriog. Bryd hynny, batris gwlyb, llawn asid oedd yn gweithio'r radio ac roedd yn rhaid mynd â nhw i lawr i'r garej i gael eu tshiarjo.

Cytunodd Tomos Jones, wagenwr stad Nantyr, i fynd â nhw yno pan fyddai angen, a hynny ar ddydd Gwener wrth iddo fynd i lawr i'r pentref i nôl bwyd a nwyddau ar gyfer y plas. Byddai'n dod â nhw'n ôl yr wythnos ganlynol, felly roedd yn rhaid cael dau fatri. Roedd Tomos Jones braidd yn ofnus o'u cario gyda nwyddau eraill ar ôl iddo ddeall bod yr asid yn medru llosgi dillad a chroen, felly er mwyn tawelu ei feddwl gwnaeth Dad focs pren gyda chaead arno i'w cario'n ddiogel.

Ychydig iawn o raglenni Cymraeg oedd ar y radio yn y 1940au a'r 1950au, ond roedd yr ychydig a gâi eu darlledu yn rhaglenni da. Dramâu, y 'Noson Lawen' o Neuadd y Penrhyn, Bangor a rhaglenni ysgafn eraill oedd ffefrynnau fy rhieni. Caem ninnau'r plant ein denu gan 'Awr y Plant' rhwng pump a chwech o'r gloch bob dydd, yn enwedig 'Galw Gari Tryfan' gan y Parchedig Idwal Jones, Llanrwst. Roedd y gyfres honno'n efengyl ac nid oedd modd ein symud tra oedd y rhaglen ar yr awyr.

Pe bai drama'n cael ei darlledu ar nos Sul, byddai'n rhaid i ni blant wrando arni. Dyna pryd y plannwyd yr hedyn darlledu ynof i, ac yn enwedig pan glywais fod y BBC yn dod i Nantyr.

Mewn cyfarfod gweddi un nos Sul ar ddechrau'r 1950au, cyhoeddodd 'nhad – blaenor cyhoeddi'r mis – fod Ifan O. Williams o'r BBC am ddod i'r capel i recordio'i raglen radio 'Llwybr y Mynydd' ar y nos Fawrth ganlynol. Roedd o'n awyddus i bawb ddod i'r capel y noson honno, erbyn hanner awr wedi chwech, er mwyn cael canu da.

Cyrhaeddodd fan recordio'r BBC a dau beiriannydd yn gynnar yn y prynhawn ar y dydd Mawrth, er mwyn gosod y ceblau o'r fan i'r festri a gosod pedwar meicroffon, un ar gyfer y pulpud a'r gweddill i recordio'r canu. Roedd y cyfan yn agoriad llygad i ni'r plant pan welsom y technegwyr yn gweithio wrth inni gerdded adref o'r ysgol y diwrnod hwnnw.

Am chwech o'r gloch roedd y capel yn llawn o bobol o bob enwad – rhai wedi dod i fyny o Lyn Ceiriog a sawl un heb fod yn agos i dŷ addoliad ers blynyddoedd, ond roedd croeso cynnes i bob un er mwyn cael sŵn canu da.

Am hanner awr wedi chwech ar ei ben, cerddodd Ifan O. Williams, gŵr byr o gorff gyda llais melodaidd, i fyny i'r pulpud i egluro pa fath o raglen oedd 'Llwybr y Mynydd' a beth yn union yr oedd o am inni ei wneud. Roedd y rhaglen yn cynnwys sgyrsiau â thrigolion lleol a oedd wedi eu recordio'n gynharach, a chân rhwng y sgyrsiau.

Roedd disgwyl i ni ganu tri emyn, ar ôl ymarfer yn gyntaf wrth gwrs, gyda'r Parchedig W. H. Roberts yn cyflwyno'r emynau, a phawb wedyn i wneud ei orau wrth ganu. Cawsom aros ar ein histedd yn ystod yr ymarfer ac yna dyma rhywun yn rhoi ciw i'r gweinidog ddechrau, ond roedd yr hen greadur yn ofnadwy o nerfus ac ni fedrai yn ei fyw gael ei eiriau at ei gilydd. Rhoddodd sawl cynnig arni ond gwaethygai bob tro, ac yn y diwedd bu'n rhaid iddo eistedd tra aethpwyd ati i ymarfer y canu. Recordiwyd yr emynau'n ddigon ddidrafferth heb fawr o ymarfer, ond bu'n rhaid recordio'r gweinidog ar ôl i bawb adael y capel.

Bu ymweliad y BBC â Nantyr yn ddigwyddiad pwysig iawn i bawb yn yr ardal ond nid oes gen i fawr o gof o ddarllediad y rhaglen, dim ond clywed Dad a Mam yn dweud ei bod yn dda iawn.

Ailfeddwl am actio

Pan oeddwn yn ddeunaw oed cymerwn ran mewn pob math o ddigwyddiadau cyhoeddus yn yr ardal, yn ogystal â dechrau cael ysfa i fynd i actio ar y radio, ond penderfynais y byddai'n rhaid imi gael gwersi actio cyn y medrwn feddwl mynd i'r maes hwnnw.

Ar ôl gwneud ychydig o ymholiadau, ymunais â chwrs wyth wythnos yn nosbarthiadau nos ysgol breifat Belan House yng Nghroesoswallt. Yn dilyn llwyddiant y cwrs cyntaf, ymunais â'r ail gwrs, ac yna'r trydydd. Wrth astudio ar y cyrsiau hyn cefais y profiad o actio ychydig gyda chynhyrchydd proffesiynol a dysgu rheolau sylfaenol actio ar lwyfan. Ond yn anffodus, bu farw Beryl Andrews, y tiwtor, yn frawychus o sydyn ar ddechrau'r trydydd cwrs a daeth y dosbarthiadau i ben, a diffoddwyd y fflam actio ynof innau hefyd ar y pryd.

Yn 1972 ymunais â dosbarthiadau drama Coleg Cartrefle, Wrecsam, gyda'r tiwtor Lindsey Evans yn ein hyfforddi. Ymhen rhyw ddeufis ar ôl dechrau'r cwrs cefais alwad ffôn un prynhawn yn dweud bod ei ffrind Selwyn Roderick, cynhyrchydd dramâu teledu y BBC yng Nghaerdydd, yn chwilio am actorion i gymryd rhan mân gymeriadau. Roedd o'n paratoi cyfres o raglenni yn dilyn ôl traed George Borrow wrth iddo deithio drwy Gymru – y teithiau a gofnodwyd yn y gyfrol *Wild Wales*. Y bwriad oedd ail-greu rhai o'r golygfeydd a ddisgrifid yn y llyfr a'u cymharu â'r presennol. Enw'r gyfres fyddai 'The Lost Wilderness' a John Seymor o Drefdraeth, sir Benfro, awdur nifer o lyfrau ar sut i fyw yn hunan-gynhaliol ar ffarm fechan oedd awdur y sgriptiau.

Gofynnodd Lindsey Evans imi a oedd gennyf ddiddordeb perfformio rhan y saer maen meddw yn nhafarn y *Wool Pack* yn y Pandy, rhyw filltir i fyny'r dyffryn o Lyn Ceiriog. Hwn oedd y cymeriad y cyfarfu George Borrow ag ef pan ymwelodd â'r dafarn ar ddiwrnod gwlyb iawn yn 1854 pan oedd yn chwilio am ffarm Pont y Meibion. Roedd gŵr o Bontfadog wedi dweud wrtho fod Pont y Meibion yn gartref i'r bardd Huw Morris, neu Eos Ceiriog, a'i bod rhyw bum can llath o'r dafarn.

Derbyniais y gwahoddiad ar ei ben a deallwn y byddwn yn cael y sgript y noson cyn recordio, er mwyn cael amser i ddysgu'r geiriau ar gyfer y bore wedyn. Fodd bynnag, pan gyrhaeddodd y noson honno, nid oedd John Seymor wedi gorffen ysgrifennu'r sgript!

O'r diwedd, am ddeg o'r gloch y bore canlynol cefais y copi ond roedd yn amser dechrau ffilmio. Bu'n rhaid i'r tîm cynhyrchu roi amser imi ddysgu fy ngeiriau ac wrth gwrs, roedd cryn dipyn o waith dysgu ar bum munud o sgript, a hwnnw'n Saesneg hefyd.

Erbyn hanner dydd roedd Selwyn Roderick yn barod i ddechrau ffilmio'r olygfa gyntaf ac ar bigau'r drain. Roedd yr olygfa honno yn y presennol, gyda chadair wag â'i chefn at y ffenestr ym mar y dafarn a glaw yn disgyn ar y gwydr. Yn y cyfamser byddai John Seymor yn disgrifio'r olygfa a welsai George Borrow pan oedd o yn y dafarn. Yna, roedd yn rhaid i mi eistedd yn y gadair, wedi fy ngwisgo mewn dillad gwaith o'r oes honno, ddwy ganrif ynghynt, a George Borrow yr ochr arall i'r camera yn fy holi am hyn a'r llall.

Ar ddiwedd y ffilmio, dywedodd Selwyn Roderick ei fod yn fodlon iawn â'r perfformiad. Rhoddodd hyn hwb mawr i'm hyder, er na chefais weld fy enw fel Merfyn Davies yn y rhestr cydnabod ar ddiwedd y rhaglen, dim ond fel Merfyn Jones. Hanner ffordd drwy ffilmio'r gyfres bu aelodau undeb *Equity* yn protestio'n erbyn defnyddio actorion nad oeddent yn aelodau o'r undeb a gorfodwyd y BBC i ddefnyddio aelodau *Equity* yn unig i orffen y gyfres. Yr unig ffordd y gallent ddarlledu'r rhaglen yr oeddwn i'n actio ynddi oedd drwy fy ngalw i'n Merfyn Jones, gan fod rhywun o'r enw hwnnw eisoes yn aelod o *Equity*. Ar ôl y perfformiad gwnes innau gais am gerdyn *Equity* a chael un yn y man. Oherwydd hyn fe ailgododd yr ysfa ynof i ddechrau actio o ddifri, ond ni ddaeth cyfle arall ac fe gollais yr awydd am y tro.

Dechrau darlledu

Yn 1977 atgyfodwyd fy niddordeb yn y radio pan sefydlodd y BBC Radio Cymru. Am y tro cyntaf roedd gan Gymru ei thonfedd ei hun a Mr Meirion Edwards wrth y llyw. Dyna pryd y ganed y rhaglen 'Helo Bobol', ond cyn i'r rhaglen honno ddod ar yr awyr bu llawer iawn o hysbysebu yn y papurau ac ar y radio am ohebwyr rhan-amser lleol o ardal Wrecsam.

Wedi oriau o bendroni a thrafod gyda'r teulu, penderfynais ymgeisio am un o'r swyddi gohebu. Cynhaliwyd y cyfweliadau yn hen stiwdio'r BBC yn Ffordd Rhos-ddu, Wrecsam ond aflwyddiannus fu'r cynnig hwnnw, er imi gael gwahoddiad i gyfrannu'n achlysurol.

Richard Jones, athro lleol, a gafodd y swydd a chysylltais innau ag o'n fuan wedi iddo ddechrau wrth y gwaith a chynnig syniadau iddo. Daeth Richard a minnau'n gyfeillion a chefais gyfle i gydweithio ag o nifer o weithiau.

Ar ôl ychydig dros flwyddyn, penderfynodd Richard roi'r gorau i'r gwaith a phenodwyd Wil Morgan yn ei le, ond cafodd Wil Morgan swydd arall cyn bo hir ac fe ailhysbysebwyd y swydd unwaith eto. Erbyn hyn roedd gan Tegid y mab ddiddordeb dod yn ôl adref i weithio ar y ffarm, ond nid oedd digon o waith i gadw'r ddau ohonom yn llawn amser, felly mentrais wneud cais am y swydd unwaith eto.

Roedd tua hanner dwsin wedi ymgeisio amdani a phenodwyd dau ohonom, sef y Parchedig Gwilym Ceiriog Evans o'r Groes ger Dinbych a minnau. Gwilym oedd yn gyfrifol am yr ardal o Ruthun i Fae Colwyn, gan gynnwys rhan ogleddol sir y Fflint, a minnau draw o Ruthun, gan gynnwys gweddill y sir hyd at y Trallwng. Yn anffodus, gorfodwyd Gwilym i roi'r gorau i'r gwaith ar ôl wyth mis a chymerais innau ofal am yr ardal gyfan, ac yno'r ydw i hyd heddiw.

Dechreuais ar y gwaith ar y 1af o fis Ionawr, 1980. Ar y dechrau byddwn yn anfon tapiau i lawr i Gaerdydd gyda'r post, neu gallwn eu hanfon i lawr y lein o adeilad HTV yn yr Wyddgrug. Fy nghyfweliad cyntaf oedd sgwrs gyda'r milfeddyg ceffylau Rhisiart ap Rhys Owen a oedd wedi sefydlu milfeddygfa newydd ychydig wythnosau ynghynt yn Llanymynech ger Croesoswallt, ar ôl graddio yng Nghanada. Roedd Rhisiart wedi perffeithio un llawdriniaeth arbennig ar geffylau nad oedd neb arall ym Mhrydain yn medru ei gwneud. Ers hynny rwyf wedi ei gyfweld nifer o weithiau a bellach mae Richard wedi ehangu ei fusnes i gynnal nifer o filfeddygon. Ef yw un o brif arbenigwyr milfeddygon ceffylau'r Deyrnas Unedig heddiw hefyd.

Nid chefais ddim hyfforddiant cyn dechrau'r gwaith; rhaid oedd dysgu drwy brofiad a thrwy wneud camgymeriadau lu. Dysgais lawer iawn am y dechneg o gyfweld gan y bobol yr oeddwn yn sgwrsio â nhw, a hefyd gan y cynhyrchwyr, yn enwedig Ruth Parri. Byddai Ruth yn fy niawlio pe bawn yn gwneud cyfweliad gwael, gan egluro beth oedd wedi mynd o'i le, ond chwarae teg, byddai'n canmol hefyd pan fyddwn wedi recordio eitem dda.

Ffynhonnell y rhan fwyaf o'r straeon oedd y papurau bro, y papurau dyddiol a'r papurau wythnosol lleol ac ymhen ychydig dechreuodd pobol fy ffônio i gynnig eitemau.

Pan ddechreuais ar y gwaith, y cynhyrchydd oedd yn golygu'r tapiau i gyd ond meistrolais y grefft yn fuan iawn gan fod gennyf beiriant recordio newydd fy hun, sef *Sony TC 510 Reel to Reel*. Roedd gan hwn dri phen – un i recordio, un i wrando, a'r llall i olygu. Dysgais yn fuan iawn sut i wneud y gwaith fy hun, drwy wylio eraill a thrwy ymarfer a gwneud camgymeriadau. Un o'r camgymeriad hynny fu glanhau'r cyfweliad cyntaf pan oedd cyfrannwr yn anhapus efo'r sgwrs ac eisiau ei hail-wneud. Cefais y profiad gyda'm hathrawes gyntaf, Miss M. E. Roberts, pan oeddwn yn ei chyfweld ar ôl iddi ymddeol o fod yn Ynad Heddwch ac yn Gadeirydd y Fainc am gyfnod hir. Roedd hi'n anhapus iawn gyda'r sgwrs a gofynnodd imi ei dileu er mwyn inni recordio un arall, ond nid oedd yr ail gystal â'r gyntaf a phenderfynais yn y fan a'r lle beidio â gwneud hynny byth wedyn.

Yn 1984 gwahanodd Einir a minnau a symudais i fyw i Abergele. Dechreuais ddarllledu'n llawn-amser fel gohebydd i'r rhaglen 'Helo Bobol' a rhaglenni cyffredinol eraill, yn ogystal â gwneud adroddiadau i'r newyddion a chynhyrchu a chyflwyno rhaglenni amaethyddol.

Ymhen tair blynedd priodais â Nova Hughes, Llyfrgellydd Llyfrgell Abergele. Mae Nova'n gymorth mawr i mi gyda'm gwaith, yn gofalu am y stiwdio ac yn ateb y ffôn, oherwydd erbyn hyn mae gen i stiwdio fach yn y tŷ i baratoi rhaglenni ac i ddarlledu'n fyw ohoni hefyd.

Ganol haf ar ddechrau'r 1990au, dywedodd Dylan Hughes, aelod o staff y BBC wrthyf, fod y gorfforaeth yn bwriadu defnyddio llinellau darlledu digidol o'r enw ISDN yn eu stiwdios ar hyd a lled y wlad. Soniodd hefyd y byddai modd i mi gael y llinell yn fy nghartref ac y medrwn ddarlledu'n uniongyrchol i'w stiwdios nhw, i unrhyw le yn y wlad.

Cyn gadael Bangor y prynhawn hwnnw, manteisiais ar y cyfle i ofyn i'r prif swyddog adnoddau, Dafydd Ellis Jones, beth fyddai'n digwydd i'r hen beiriannau, megis y ddesg gymysgu a'r peiriannau recordio mawr a oedd yn y ddwy stiwdio. Gofynnais iddo tybed a fuasai'r BBC yn fodlon gwerthu un o'r desgiau cymysgu a pheiriant recordio i mi, ac addawodd y buasai'n gwneud ymholiadau ar fy rhan.

Ymhen ychydig ddyddiau, trefnais gyda BT y byddwn yn cymryd rhan mewn cyfnod arbrofol gyda'r llinell ISDN yn hytrach na thalu pum cant a hanner o bunnoedd am ei chysylltu. Golygai hynny gydymffurfio â gweithgareddau'r treialon ac ateb cwestiynau darpar gwsmeriaid o bryd i'w gilydd. Cawn alwadau am ddim am gyfnod o chwe mis hefyd wrth fod yn rhan o'r cynllun.

Rhyw dair wythnos yn ddiweddarach gwelais Dafydd Ellis Jones ym Mangor, a gofynnais iddo a oedd y gorfforaeth yn fodlon gwerthu'r peiriannau imi. Dywedodd fod croeso imi eu cael ar bris rhesymol iawn.

Mae'r holl newidiadau wedi bod yn fendith ac wedi arbed oriau mawr o deithio yn ôl ac ymlaen i'r stiwdio ym Mangor – un o'r penderfyniadau gorau a wneuthum erioed. Erbyn heddiw mae nifer fawr o gyfranwyr gwahanol raglenni Radio Cymru wedi darlledu'n fyw o'm stiwdio yn y tŷ a minnau wedi bod yn cyflwyno'r newyddion amaeth yn fyw ohoni bob bore am dros ddeg mlynedd.

Cyfweld cymeriadau diddorol

Rwyf wedi bod yn ffodus iawn o gael y cyfle i gyfarfod cymeriadau diddorol dros ben yn ystod fy nghyfnod fel gohebydd – pobol fel Evan Davies o Lanuwchllyn, gŵr a oedd yn gwneud diwrnod cyfan o waith bob dydd ar y ffarm ac yntau'n 97 oed. Pan alwais i heibio i'w weld roedd o wrthi'n lapio gwlân. Chlywais i erioed iaith lafar debyg i'w Gymraeg hyfryd o a byddai yntau'n brolio mai yn ardal Penllyn yr oedd y Gymraeg orau yng Nghymru.

Cymeriad diddorol arall ac un o'r gwŷr mwyaf bonheddig imi gael y fraint o'i holi erioed oedd T. W. Jones, Arglwydd Maelor a chyn-aelod seneddol dros sir Feirionnydd. Ganwyd a magwyd ef yn ardal Rhosllannerchrugog ger Wrecsam. Roedd o a'i frawd James Idwal Jones, a oedd hefyd yr un mor foneddigaidd a diddorol, wedi hen arfer cael eu holi gan ohebwyr y wasg.

James Idwal Jones oedd y cyntaf o'r ddau imi ei gyfweld. Bûm yn sgwrsio ag o am rywbeth yn ymwneud ag hanes yr ardal. Ar ôl gorffen ei holi, gofynnais iddo a fuasai mor garedig â gadael imi wybod petai'n clywed am ddeunydd stori arall ar gyfer 'Helo Bobol' yn yr ardal, ac fe addawodd y buasai'n gwneud hynny. A chwarae teg iddo, cadwodd at ei air.

Un bore Gwener cefais alwad ffôn ganddo yn gofyn i mi a oeddwn eisiau stori dda cyn i neb arall ei chael. Bachais ar ei gynnig cyn iddo orffen dweud bod ei frawd T.W. wedi achosi ychydig o stŵr drwy ganu yn Nhŷ'r Arglwyddi'r y diwrnod cynt, rhywbeth na ddigwyddodd erioed o'r blaen yn hanes y Tŷ. Rhoddodd rif ffôn ei frawd i mi a dweud y byddai gartref yn y Rhos y noson honno, a thros y pen wythnos.

Ben bore Sadwrn ffôniais Arglwydd Maelor, egluro pwy oeddwn i a dweud wrtho mai ei frawd oedd wedi gadael imi wybod am ei gamp yn Nhŷ'r Arglwyddi. Gofynnais iddo wedyn a fuasai'n fodlon dweud ei stori wrthyf ar gyfer 'Helo Bobol'. Cytunodd ac fe ddywedodd y stori i gyd, gydag arddeliad, am yr hyn oedd wedi digwydd.

Eglurodd ei fod wedi cael ei gynhyrfu gan agwedd rhai o'r aelodau wrth drafod materion Cymreig.

'Dychmygwch yr olygfa,' meddai. 'Llond y lle o hen ddynion snobyddlyd â gwalltiau gwynion a mwstásh fel brwsh a'u trwynau bron yn eu cegau yn hanner cysgu, yn amlwg heb ddim diddordeb yn y pwnc oedd yn cael ei drafod. Roedd rhai merched yn eu mysg hefyd. Codais ar fy nhraed a dechrau canu pennill cyntaf yr emyn "Dwy adain colomen pe cawn". Syfrdanwyd pawb a daeth distawrwydd llethol dros y Tŷ. Pan eisteddais, curodd rhai aelodau eu dwylo ond roedd Llefarydd y Tŷ yn anhapus iawn gyda'm perfformiad a cheryddodd fi'n ddidrugaredd am y fath hyfdra. Rhybuddiodd fi i beidio â gwneud y fath beth byth eto. Bûm yn lwcus na chefais fy niarddel a dweud y gwir. Gwn imi dorri un o brif reolau'r Tŷ. Fodd bynnag, doeddwn i ddim yn edifar o gwbl gan fy mod wedi llwyddo i gael sylw'r aelodau eraill,' meddai, gyda gwên fawr ar ei wyneb.

Un arall o bobol y Rhos y cefais y fraint o'u cyfweld oedd Dic Clomod. Chefais i mo'i enw iawn ganddo, gan mai felly'r oedd pawb yn ei adnabod, meddai. Roedd Dic yn byw mewn tŷ teras yng nghanol y pentref ac yn gorfod cael gwared â'i golomennod am ei fod wedi mynd yn rhy hen i ofalu amdanynt ac yn gorfod symud tŷ. Roedd gan yr hen greadur feddwl y byd o'r adar ond roedd ganddo broblem – roedd o wedi llwyddo i werthu'r rhan fwyaf ond nid oedd yn fodlon chwalu'r deunaw oedd ar ôl am ei fod eisiau iddyn nhw fynd i gyd efo'i gilydd i gartref da. Nid oedd yn medru cael hyd i neb a oedd yn fodlon eu cymryd gyda'i gilydd. Penderfynodd roi un cynnig arall arni a gofynnodd i mi a oedd gennyf ddiddordeb yn ei stori ar gyfer y radio.

Cysylltais â'r swyddfa yng Nghaerdydd a chefais ganiatâd gan y cynhyrchwyr i wneud y cyfweliad. Roedd Dic wrth ei fodd yn adrodd hanes ei lwyddiant efo'r adar a'u pedigri, a hynny yn iaith y Rhos ar ei gorau. Ond dyna'r unig beth oedd yn peri problem i mi: sut oeddwn i'n mynd i ddarbwyllo'r cynhyrchwyr yng Nghaerdydd fod y cyfweliad yn un unigryw, oherwydd ni allent ddeall y dafodiaith unigryw.

Er imi ymdrechu'n galed drwy egluro fod yr hen ŵr yn un o'r rhai olaf yn yr ardal a siaradai'r dafodiaith hyfryd, gwrthodwyd y sgwrs ac fe'i rhoddwyd yn y drôr, ond ymhen pythefnos gwelodd y cynhyrchydd Lowri Gwilym y tâp a gwrandawodd arno. Ffôniodd fi'n syth i gael mwy o fanylion am y sgwrs; roedd hi wrth ei bodd ac yn falch iawn ohoni am fod ganddi ddiddordeb mawr mewn tafodieithoedd.

Darlledwyd y sgwrs ar 'Helo Bobol' yn y man ac fe'i dewiswyd yn un o eitemau gorau'r wythnos ar 'Wythnos i'w Chofio'. Yn dilyn hynny cefais alwad ffôn gan un o swyddogion Amgueddfa Werin Cymru, Sain Ffagan a oedd â diddordeb mawr yn nhafodiaith Dic Clomod.

Wythnos cyn Eisteddfod Genedlaethol yr Urdd yn yr Wyddgrug yn 1984, gofynnwyd imi gyfweld cadeirydd cwmni Sain y Gororau, yr Arglwydd Evans o Glaughton, am mai'r cwmni oedd wedi rhoi'r Gadair i'r Eisteddfod y flwyddyn honno. Aled Lewis Evans o Wrecsam oedd fy nghysylltiad, gan ei fod o'n gweithio i Sain y Gororau ar y pryd ac yn adnabod yr Arglwydd yn lled dda. Trefnodd Aled y cyfan a dweud y cawn gyfarfod yr Arglwydd y bore canlynol yn ei gartref ym Mhenbedw ar gyrion Lerpwl am ddeg o'r gloch. Rhybuddiodd fi nad oedd o'n rhugl iawn ei Gymraeg ond ei fod yn fodlon ymdrechu.

Am ddeg o'r gloch ar ei ben y bore wedyn roedd y ddau ohonom yn canu cloch drws ei gartref. Agorodd y Foneddiges y drws a'n gwahoddodd i mewn. Ymddiheurodd nad oedd yr Arglwydd wedi codi ond y buasai'n dod i lawr yn y man, gan ei fod o'n gwybod ein bod wedi cyrraedd. Cynigiodd baned o goffi inni tra oeddem yn aros am ei gŵr a derbyniasom ninnau ei chynnig yn ddiolchgar iawn.

Ymhen ychydig, cyrhaeddodd y coffi mewn llestri Tsieina crand ar hambwrdd. Wrth imi estyn fy llaw i gymryd y coffi, yn sydyn llithrodd y cwpan ar hyd yr hambwrdd i'm cyfeiriad, a'r siwgr a'r llaeth yn ei ddilyn, a dymchwelodd y cyfan i'm côl! Dychrynodd y Foneddiges gan wrido ac ymddiheuro'n daer. Edrychais innau i gyfeiriad Aled; roedd y creadur hwnnw wedi rhewi'n ei unfan, heb wên o gwbl ac yn welw fel calch. Ni allwn lai na chwerthin a thorrodd hynny ar y tensiwn yn syth.

Cynigiodd y Foneddiges nôl un o drowsusau ei gŵr imi gael newid ond diolchais iddi am y cynnig gan wrthod a dweud y buaswn adref o fewn yr awr.

O'r eiliad y daeth ei gŵr i mewn i'r ystafell, siaradais bob gair ag ef yn Gymraeg, er ei fod yntau'n fy ateb yn Saesneg ar y dechrau, ond fel y deuai'n fwy cyfarwydd â'r geiriau, dechreuodd fy ateb yn Gymraeg. Er mai Cymry Cymraeg oedd ei deulu, yn ardal Penbedw y cawsai ei fagu a'r unig gyfle a gâi i ymarfer yr iaith, ar wahân i'r aelwyd gartref, oedd adeg gwyliau ysgol pan fyddai'n mynd i Drawsfynydd at deulu ei dad. Ond ers peth amser, ychydig iawn o'i famiaith yr oedd yn ei chlywed, meddai.

Wedi rhyw awr o sgwrsio, gofynnodd yr Arglwydd imi gyfieithu i'r Gymraeg yr hyn yr oedd o'n ei ddweud yn Saesneg, er mwyn iddo yntau wedyn ailadrodd y geiriau ar fy ôl. Ar ôl tua thri chwarter awr o waith caled, llwyddais i gael cyfweliad dau funud a hanner eithaf graenus, ar ôl ei olygu.

Ar ôl gorffen y sgwrs, gofynnodd i ni a fuasem yn hoffi gweld ychydig o Benbedw cyn mynd adref. Roedd y ddau ohonom yn awyddus iawn, er bod fy nhrowsus i'n andros o anghyfforddus! Wrth fynd â ni o amgylch yr ardal yn ei *Jaguar*, eglurodd mai adeiladydd oedd ei dad a ddaeth yno o Drawsfynydd i fyw ac mai ef oedd wedi codi'r rhan fwyaf o'r tai a'r adeiladau a oedd i'w gweld ym mhobman yn y rhan honno o'r dref, ac yn wir, yr oeddynt yn werth eu gweld.

Daeth y daith i ben ym mhen ucha'r parc yng nghanol y dref. Dangosodd yr Arglwydd faen i ni a oedd wedi dod o un o chwareli gogledd Cymru. Ar wyneb y maen roedd plac efydd wedi ei osod gan yr awdurdod lleol i goffáu ei dad oherwydd ei waith yn y byd adeiladu a'i wasanaeth i drigolion y dref. Roedd balchder yr Arglwydd yn y maen coffa hwnnw yn amlwg iawn.

Digwyddiadau bythgofiadwy

Yn niwedd mis Ebrill 1981, cefais alwad ffôn gan y canwr a'r diddanwr Ieuan ap Sion o Res-y-cae ger yr Wyddgrug yn dweud ei fod o, gyda nifer o rai eraill yn yr ardal, yn bwriadu atgyfodi'r hen ŵyl draddodiadol Calan Mai, sef Cadi Ha Treffynnon, ac y buasai'n hoffi cael ychydig o gyhoeddusrwydd ar y radio. Dywedais wrtho mai ychydig iawn a wyddwn i am y traddodiad hwnnw ac fe eglurodd mai rhyw fath o ddawns 'Morris' oedd y Cadi Ha, yn tarddu'n wreiddiol o ardal Gronant yn sir y Fflint.

'Mae ynddi wyth o ddawnswyr,' meddai, 'a phob un yn cario ruban a chlychau bach, a'u hwynebau wedi'u pardduo. Mae dau gymeriad doniol hefyd, a Bili'r Ffŵl yn cario cangen y fedwen haf. Dyn wedi'i wisgo mewn dillad merch yw Cadi ac yn ystod y ddawns maen nhw'n canu rhigwm.' Aeth yn ei flaen i ganu'r rhigwm i mi:

> Cadi ha, Morys stowt,
> Am yr ucha'n neidio,
> A chynffon buwch a chynffon llo
> A chynffon Rhisiart Parri'r go',
> Hwp, dyna fo!
> Fe laddai di a'i lladdai o,
> Â'r ladal gawsom fenthyg,
> A chynffon buwch . . . a.y.b.

Roedd y criw yn bwriadu mynd o gwmpas y gwahanol ardaloedd yr wythnos ganlynol i dynnu sylw pobol at yr ŵyl, felly cysylltais â'm cynhyrchydd, Lenna Pritchard Jones a chytunodd hithau y dylwn fynd ar drywydd y stori.

Cyrhaeddais gartref Ieuan ap Sion yn fy *Land Rover* newydd am tua chwarter i saith, fel ag yr oedd y criw yn cyrraedd. Pan welodd Ieuan y modur, a oedd yn ddigon mawr i gario pawb yn hwylus, achubodd ar y cyfle a mynnu ein bod yn mynd o gwmpas yr ardal yn hwnnw. Byddai'n rhaid i minnau wisgo ar gyfer yr achlysur a phardduo fy wyneb rhag i neb fy adnabod, fel gweddill y criw, ac wrth gwrs, fi oedd yn gorfod cymryd rhan y ffŵl.

Cawsom groeso cynnes iawn gan drigolion pentrefi Chwitffordd, Trelogan, Mostyn a Phen-y-ffordd, a digon o hwyl. Bu'n noson llwyddiannus iawn i mi fel gohebydd hefyd oherwydd yn ogystal â'r cyfweliad gyda'r criw, cefais sgwrs â nifer o Gymry'r pentrefi ac oni bai fy mod wedi ymuno â nhw, ni fuaswn wedi llwyddo i greu awyrgylch yr ŵyl a oedd i ddigwydd yn ystod y penwythnos canlynol yn Nhreffynnon. Erbyn heddiw mae Gŵyl Cadi Ha Treffynnon wedi hen ennill ei lle yng nghalendr gwyliau Cymru.

* * *

'Peidiwch byth â gweithio gyda phlant nac anifeiliaid' oedd un o'r cynghorion a gefais pan ddechreuais ar y gwaith darlledu. Rhaid magu croen fel eliffant hefyd a bod yn barod i chwerthin am eich pen chi eich hun. Ond wrth fynd i fyny'r ffordd i gyfeiriad Sŵ Fynydd Bae Colwyn yn niwedd mis Mawrth 1990, ychydig iawn a feddyliais y buasai mwnci'n cael y gorau arna' i!

Roeddwn i'n mynd yno i ohebu oherwydd bod y tsimpansïaid yn cael cartref newydd sbon yn y sw – adeilad gyda seddi i'r ymwelwyr eistedd arnynt, fel theatr fach, a gwydr mawr yn y tu blaen i ddangos y mwncïod yn eu cynefin naturiol. Fy swyddogaeth i oedd cael ychydig o wybodaeth am y cartref newydd gan Beryl Lewis, swyddog y wasg.

I ddechrau, rhaid oedd cael ychydig o sŵn y mwncïod – a oedd yn dal yn yr hen adeilad ar y pryd – yn gefndir i'r sgwrs. Roedd yr hen adeilad wedi ei rannu'n ddwy ran, gyda choridor bach ar hyd y canol a weiar 'weld mesh' bob ochr. Yno yn neidio'n wyllt ac yn cadw andros o sŵn yr oedd saith o fwncïod – pedwar ar un ochr a thri ar yr ochr arall. Tra oeddwn i'n recordio eu sŵn yn chwarae, neidiodd un ohonynt ar y weiar gan edrych yn syn arna' i a Beryl, a dechreuodd Beryl chwarae gyda'i drwyn a'i draed o.

Yna dywedais wrth Beryl fy mod yn barod i ddechrau'r sgwrs ac fe drodd hithau ataf ac anwybyddu'r mwnci. Eglurodd

156

beth oedd y datblygiadau newydd ac ymhen ychydig roedd y mwncïod wedi stopio neidio o gwmpas y lle. Ond ar ôl rhyw funud o sgwrs dyma'r mwnci ar y weiar yn pi pi yn syth ar fy wyneb ac fe aeth ychydig o'r llif ar ben Beryl hefyd. Yn ffodus iawn, roeddwn yn gwisgo fy sbectol ac fe arbedodd hynny fy llygaid. Roedd y drewdod yn ofnadwy a'r mwnci'n dal i edrych arnom a'r olwg fwyaf diniwed arno.

Gadewais i'r tâp droi a pharhaodd Beryl a minnau i sgwrsio gan chwerthin, ond nid dyna ddiwedd yr helynt. Wedi inni orffen yn y cwt hwnnw roedd yn rhaid mynd i'r adeilad newydd i gael ychydig o wybodaeth am y cartref newydd. Wrth ddod allan o'r hen adeilad, dywedais wrth Beryl, a Jenny yr ofalwraig a oedd wedi ymuno â ni erbyn hyn, y buaswn yn hoffi recordio mwy o sŵn y mwncïod yn chwarae, ac felly yn ôl â ni i'r hen adeilad.

Jenny oedd y gyntaf i mewn, a Beryl a minnau'n cerdded a sgwrsio tua deg llath y tu ôl iddi. Yn sydyn, pan oedd y ddau ohonom ar fin mynd i mewn drwy'r drws, dyma Jenny'n gweiddi 'Peidiwch â dod gam ymhellach!'. Roedd y mwncïod wedi clywed y ddau ohonom yn siarad efo'n gilydd wrth ddod i mewn ac wedi mynd i'r gornel yn un criw gyda'u tail yn eu dwylo yn barod i'n pledu ni wrth inni ddod i'r golwg. Trodd y ddau ohonom ar ein sodlau ac allan â ni heb oedi dim, gan ein bod eisoes wedi cael profiad digon annymunol wrth gynnal y cyfweliad. Chefais i byth eglurhad am ymddygiad y mwncïod tuag atom hyd heddiw!

Wrth olygu'r sgwrs, gadewais y cyfan o'r helynt 'gwlyb' efo'r mwnci ar y tâp er mwyn i'r cynhyrchwyr gael clywed am y trafferthion y bûm ynddynt wrth gasglu deunydd ar gyfer eu rhaglen.

Fore trannoeth, clywodd y genedl yr holl hanes pan ddarlledwyd y cyfweliad cyfan ar y rhaglen newyddion 'Heddiw' a oedd erbyn hynny wedi cymryd lle 'Helo Bobol'. Darlledwyd yr eitem ar 'Wythnos i'w Chofio' hefyd, ac ar nifer o raglenni ysgafn eraill y gorfforaeth, a hyd heddiw rwy'n dal i gael fy atgoffa am y driniaeth a gefais gan y mwnci yn Sŵ Fynydd Bae Colwyn!

* * *

Yng nghanol y 1990au bûm am gyfnod o rhyw bum mlynedd yn recordio plant ysgolion cynradd ar hyd a lled gogledd Cymru. Byddai pob ysgol yn paratoi pwt o sgwrs, gweddi a chân a oedd yn para tua dau funud a hanner ar gyfer eitem 'Cyn Saith' bob bore ar y rhaglen 'Post Cyntaf'.

Yn un o ysgolion Pen Llŷn, roedd bachgen bach a oedd yn gorfod cael gofal arbennig wedi bod yn aflonydd ac yn siarad yn ystod y canu. Bu'n rhaid inni stopio ac ailddechrau nifer o weithiau ond nid oedd dim yn tycio, a chan fod pob un o'r plant yn cymryd rhan, nid oedd yr athrawon eisiau ei dynnu oddi wrth y disgyblion eraill. Dywedais wrth y brifathrawes fod yn rhaid inni wneud rhywbeth i'w gadw'n dawel am ei fod yn amharu ar y recordiad. Cytunodd hithau a gofyn i'r ferch a oedd yn gofalu amdano fynd ag ef allan i ystafell arall nes y byddai popeth drosodd, ond cyn gadael, cerddodd y bachgen ataf o ben draw'r neuadd, edrych i fyw fy llygaid a dweud 'Mi rydach chi'n dew' ac allan â fo. Dechreuodd pawb chwerthin, a minnau yn eu plith; roedd yn dweud y gwir wrth gwrs ac fe gawsom orffen y recordio wedi hynny yn ddigon didrafferth!

* * *

Un prynhawn ar ddechrau'r 1990au, am tua pump o'r gloch, derbyniais neges ffacs gan ystafell newyddion Caerdydd yn gofyn imi gysylltu â nhw mor fuan â phosibl. Roeddwn i wedi bod allan gydol y bore a'r prynhawn yn siopa gyda Nova ac nid oedd neb wedi bod gartref i ateb y ffôn. Pan gysylltais yn ôl â nhw, gofynnwyd imi recordio stori ar gyfer y bore ynglŷn â champ gwesty *Eagle & Child*, Gwaunysgor yn ennill y wobr gyntaf yng nghystadleuaeth 'Toiledau Gorau'r Flwyddyn'. Fel yr oeddwn i'n derbyn yr wybodaeth, roedd y perchenogion yn derbyn eu gwobr yn Llundain. Ond roedd gennyf andros o broblem – sut oeddwn i'n mynd i wneud y stori a'r perchenogion yn Saeson ac yn Llundain ar y pryd?

Ffôniais y gwesty a gofyn a oedd unrhyw un yno yn siarad Cymraeg, ond 'na' oedd yr ateb. Yna gofynnais a oedd un o'r cwsmeriaid yn siarad yr iaith; 'na' oedd yr ateb unwaith eto. Fodd bynnag, cefais wybod fod un o ffrindiau'r perchenogion yn siarad Cymraeg yn dda iawn, sef Elin Reeve, perchennog cartref henoed ym Mhrestatyn a chefais ei rhif ffôn. Yn ffodus iawn, cytunodd Elin a daeth i'r gwesty i recordio sgwrs am hanes a llwyddiant y toiledau, a hynny ar unwaith gan ei bod erbyn hyn wedi troi saith o'r gloch nos.

Cawsom baned o goffi yn y lolfa i drafod y stori ac yna dechreuais recordio er mwyn cael sŵn pobol yn y cefndir. Yna ymlaen â ni i doiledau'r merched. Roeddwn i'n ceisio egluro i'r gwrandawyr beth oedd yn digwydd a gofynnais i Elin ddisgrifio'r olygfa drwy ddweud beth oedd mor arbennig am y tai bach. I mewn ag Elin yn gyntaf, ar ôl curo drws y toiledau, a minnau'n dynn ar ei sodlau yn teimlo braidd yn swil.

Welais i erioed dŷ bach mor lân a moethus, gyda blodau ffres, dwy gadair wellt gyfforddus, dau ddrych ymbincio a bwrdd bach gyda dysgl yn llawn persawrau hyfryd. Roedd y lle yn werth ei weld ac yn ddigon da i frenhines.

Pan oedd Elin yn disgrifio'r olygfa, roeddwn i'n wynebu'r drws allan a hithau â'i chefn ato. Yn sydyn, ar ganol y cyfweliad, agorodd y drws a daeth gwraig i mewn. Pan welodd hi fi, trodd ar ei sawdl ac euthum innau ar ei hôl gan fy mod yn amau y buasai'n ceisio mynd i mewn i dŷ bach y dynion, a dyna'n union a wnaeth! Sylweddolodd yn sydyn iawn ei bod yn y lle anghywir a daeth allan yn syth, ond wrth iddi ddod drwy'r drws fe'i daliais gyda'r meicroffon ac aeth yn goch fel twrci ac ymddiheuro. Ond pan aeth Elin a minnau yn ôl, i le'r merched, roedd gwraig wedi mynd i mewn yn ddiarwybod i ni, a bu raid inni ymddiheuro eto. Cefais sgwrs gyda hithau hefyd, chwarae teg iddi.

Tŷ bach arall y bûm yn recordio ynddo oedd yr un yn Neuadd Bentref Llanerfyl ger y Trallwng. Yr achlysur oedd cystadleuaeth Noson Lawen Merched y Wawr. Roedd cefn y llwyfan yn rhy swnllyd a chyfyng i recordio sgwrs, felly dyma chwilio am ystafell ychydig distawach. Aeth Brenda Williams, Cil Mawr, Llangedwyn – y wraig yr oeddwn i'n mynd i'w holi ac un o drefnwyr y noson – i chwilio am ystafell a'r unig un addas oedd tŷ bach y merched.

Yn anffodus, roedd hwnnw'n andros o gyfyng i ddau ond yn llawer distawach nag unman arall. Problem arall oedd ei bod yn amhosib setlo i ddechrau recordio gan fod y merched yn dod i mewn yn dragwyddol a thorri ar draws y sgwrs, gan edrych yn ddigon amheus arnom cyn troi'n ôl yn sydyn a mynd allan gan chwerthin yn swnllyd. Yn y diwedd bu'n rhaid i Brenda fynd i chwilio am rywun i sefyll y tu allan i'r drws tra bod y ddau ohonom yn recordio'r sgwrs.

* * *

Meicroffon yw un o brif arfau fy swydd i a thros y blynyddoedd mae nifer o droeon trwstan wedi digwydd efo hwnnw hefyd. Un ohonynt oedd pan oeddwn i'n holi ffermwyr ym marchnad Llanelwy. Wedi gorffen yr holi eisteddais ar giât un o'r corlannau defaid i siarad â rhai o'r ffermwyr, gyda'r meic yn fy mhoced a'r cebl yn hongian y tu ôl i mi. Wedi imi gyrraedd yn ôl i'r car, sylweddolais fod y cebl wedi torri'n ei hanner ar ôl i un o'r defaid ei gnoi heb yn wybod i mi a bu'n rhaid i mi fynd adref i nôl un arall.

Rhyw dro arall roeddwn wedi trefnu gyda Margaret Edwards, arweinydd Côr Aelwyd Betws Gwerfyl Goch, y buaswn yn mynd i ymarfer olaf y côr cyn cystadleuaeth arbennig. Ond ar ôl cyrraedd yno a pharatoi i ddechrau recordio, sylweddolais fy mod wedi gadael y meicroffon gartref ac roedd y daith yn rhy bell i mi fynd adref i'w nôl, felly bu'n rhaid imi fynd yno y noson ganlynol i orffen y gwaith. Byth ers hynny byddaf yn cario dau feicroffon i bob man.

Cefais broblem arall efo'r meic un tro wrth gynnal cyfweliad â'r Athro hynaws D. Tecwyn Lloyd yn ei gartref yn Ninmael ger Corwen. Cyrhaeddais yn brydlon am ddeg o'r gloch y bore ac aeth y ddau ohonom i mewn i'r stydi i recordio'r sgwrs. Rhoddodd yr Athro fi i eistedd yn un o'r cadeiriau esmwyth ac eisteddodd yntau yn y llall, gyda gwydriad bach o chwisgi bob un, a dechreuodd ddweud ei hanes a'i anturiaethau tra oedd yn fyfyriwr yn y brifysgol ym Mangor gyda Dr Meredydd Evans a'i gyd-fyfyrwyr.

Wir i chi, wnes i erioed chwerthin gymaint yn fy mywyd,

chwerthin nes fy mod yn fy nyblau drwy gydol yr amser a'm hochrau'n brifo. Roeddwn wedi anghofio'n llwyr am y cyfweliad. Rhyw deirawr yn ddiweddarach, am ychydig wedi un o'r gloch, daeth Gwyneth ei wraig i mewn i ofyn a oedden ni wedi gorffen ac i atgoffa'i gŵr fod ganddo gyfarfod arall ymhen dwyawr. Felly o'r diwedd dyna ddechrau'r cyfweliad; cwestiwn ac ateb di-lol am bum munud. Yna gwrandewais ar y tâp i sicrhau ei fod wedi recordio'n iawn, ond suddodd fy nghalon i'm traed wrth glywed y llais yn torri drwy'r cyfweliad.

Wrth archwilio'r meic, sylwais fod un weiren fach yn y cebl wedi torri bron yn llwyr a dim ond yn gweithio yma ac acw drwy'r sgwrs. Yn ôl pob tebyg roedd y cebl wedi torri wrth i ddrws y car gau arno rywdro. Diolch byth, roedd yr ail feic gennyf yn y car a bu'n rhaid inni ailddechrau'r sgwrs drachefn. Y tro hwn aeth pethau'n hwylus iawn, diolch i'r drefn.

Un arall o arfau fy mhroffesiwn, sydd erbyn heddiw'n segur, oedd y peiriant recordio rîl-i-rîl Uher, y peiriant gorau ar y farchnad yn ei ddydd ac ar y cyfan yn ddibynadwy iawn. Ond fe achosodd lawer o gur pen i mi o dro i dro. Trodd un digwyddiad bron iawn yn hunllef un nos Fawrth yn ystod Sioe Frenhinol Cymru yn Llanelwedd ar ddechrau'r 1990au.

Yn ystod y cyfnod rhwng 1986 a 2000 bûm yn cyflwyno a chynhyrchu llawer iawn o raglenni newyddion amaethyddol Radio Cymru – y 'Newyddion Amaeth' bob bore yn ystod yr wythnos a 'Byd Amaeth' ar fore Sadwrn, pan oedd Wyre Thomas, Wyn Gruffydd a Gerallt Pennant yn uwch-gynhyrchwyr. Mwynheais y cyfnod hwnnw'n arw. Roedd y gwaith yn dod yn hawdd i mi gan fy mod wedi bod yn rhan o'r diwydiant am y rhan helaethaf o'm hoes a llwyddais i fynychu pob Sioe Frenhinol yn Llanelwedd. Bu pob dydd yno'n bleser, ar wahân i'r nos Fawrth fythgofiadwy honno.

Roeddwn wedi bod yn holi enillwyr y gwahanol gystadlaethau a phopeth wedi mynd yn hwylus iawn, neu felly y tybiwn i ar y pryd. Ar ôl gorffen recordio euthum i'r stiwdio yng ngwesty'r *Metropole* yn Llandrindod i ddechrau golygu a sgriptio yn barod at y bore. (Er bod adnoddau golygu i'w cael ar safle'r BBC ar y maes, nid oedd digon o le i bawb weithio yno efo'i gilydd gan fod ar bawb eu hangen ar yr un pryd.)

Rhoddais y tâp cyntaf yn y peiriant golygu a dechrau gwrando arno, ond och a gwae! – roedd nam ar y llais a'r sgyrsiau'n gwbl ddiwerth. Roedd y ddau arall yn union yr un fath ac nid oedd modd defnyddio dim o'r eitemau y bûm yn eu recordio gydol y dydd. Roeddwn wedi cynhyrfu'n arw a bron â llewygu wrth feddwl bod gennyf chwarter awr ar yr awyr y bore canlynol a dim byd o gwbl i lenwi'r amser.

Nid oedd gennyf fawr o amser i feddwl felly rhuthrais yn ôl o Landrindod i faes y sioe. Wrth lwc, roedd gennyf syniad go dda ymhle y byddai rhai o'r bobol y bûm yn eu holi. Cefais hyd i Harri Evans, Rhos Padrig, Tŷ Croes, Ynys Môn a enillodd y brif bencampwriaeth gyda'i fuwch Holstein mewn trelar gwartheg, yn hapus iawn ei fyd ar ôl bod yn dathlu ei fuddugoliaeth. Ar ôl chwerthin mawr a thynnu coes, llwyddais i recordio sgwrs gydag o heb drafferth o gwbl.

Cefais hyd i weddill y criw y bûm yn eu holi ond un, sef beirniad y defaid, ac erbyn chwarter i ddeg y noson honno roedd y tâp chwarter awr o hyd yn dwt yn ei wely yng Nghaerdydd, yn barod ar gyfer ei ddarlledu am bum munud ar hugain i saith y bore wedyn.

Dathlu'r deg oed

Yn 1986, fel rhan o'r paratoadau i ddathlu pen-blwydd y rhaglen yn ddeg oed a hefyd fel 'gimic' i ddiddori'r gwrandawyr, penderfynodd tîm cynhyrchu 'Helo Bobol' fabwysiadu mwnci yn Sŵ Caer a chynnal cystadleuaeth i ddod o hyd i enw iddo. Yr enw mwyaf poblogaidd a gafwyd oedd Morgan, a bedyddiwyd y mwnci felly.

Ar yr 20fed o Ebrill, 1987 darlledwyd y rhaglen yn fyw o'r sw a chafodd y tîm gyfle i gyfarfod Morgan o'r diwedd. Cefais innau ddwy dasg – y gyntaf oedd gofyn i reolwr y sw a fuasai'n fodlon inni ddod yno. Yn wir, roedd o'n fwy na bodlon a gwnaeth bopeth o fewn ei allu i'n helpu i wneud y diwrnod yn un llwyddiannus. Yr ail dasg oedd chwilio am gyfranwyr a fuasai'n medru cyfrannu rhywbeth difyr i'r rhaglen. Dyna beth oedd gwaith caled, gan fod arnom angen tua ugain o wahoddedigion a oedd yn byw ac yn gweithio yn yr ardal i ddod atom i'r sw ar wahanol adegau yn ystod y rhaglen. Y cwestiwn mawr oedd, sut oeddwn i'n mynd i gael hyd iddyn nhw?

Ar ôl pendroni ychydig cofiais fy mod yn adnabod Miss Edna Owen, chwaer y bonheddwr Ifor Owen o Lanuwchllyn a oedd yn byw yng Nghaer ac yn gwrando ar y rhaglen yn rheolaidd. Wrth lwc, roedd ei rhif ffôn gennyf yn fy llyfr bach. Cysylltais â hi ac egluro fy mod yn chwilio am nifer fawr o Gymry Cymraeg diddorol i gymryd rhan yn y rhaglen.

Rhyngddi hi a Medwen Williams o Little Sutton ger Ellesmere Port, nid oedd angen imi chwilio ymhellach. Cefais enwau a rhifau ffôn pawb a fuasai'n medru cyfrannu, gan fod y mwyafrif ohonyn nhw'n aelodau gyda'r ddwy yng Nghapel St Johns yng Nghaer. Roedd rhai yn byw yn Ellesmere Port, eraill yn ardal Caer, Cilgwri, Penarlâg a Phen-y-ffordd, ble bu John a Rhiannon Rosser yn cenhadu drosof.

Y cam nesaf oedd cysylltu â phawb a bu hynny'n hawdd iawn gan fod bron pob un yn awyddus iawn i ddod atom i'r sw. Tomos Morgan oedd y cynhyrchydd y diwrnod hwnnw, gyda Hywel Gwynfryn a Gari Williams yn cyflwyno, a Myrddin ap

Dafydd a Huw John Hughes, Pili Palas, sir Fôn yn cyfrannu yma ac acw. Cafodd pawb amser ardderchog a'r unig beth a amharodd ychydig ar yr achlysur oedd y tywydd, am ei bod wedi glawio'n ysgafn drwy gydol yr amser.

Y syndod mwyaf a gafodd pawb oedd bod Morgan y mwnci mor fach! Dim ond rhyw droedfedd oedd o ar y mwyaf. Er mwyn i bawb gofio'r achlysur roedd y BBC wedi archebu tegan meddal o fwnci bach brown a thrwyn gwyn i'w rannu i bawb a oedd yn cyfrannu at y rhaglen. Ar ôl y diwrnod hwnnw fodd bynnag, anghofiwyd am Morgan bach, a hyd y gwn i mae o'n dal yn y sw hyd heddiw!

I gloi dathliadau pen-blwydd 'Helo Bobol', penderfynodd y cynhyrchwyr fynd ar daith drwy Gymru. Cynhaliwyd cyngerdd mawreddog yng nghastell Bodelwyddan a gofynnwyd i mi ei drefnu, gyda chymorth Alice Jones, fferm Pengwern, Rhuddlan, chadeirydd Urdd Cyfeillion Ysbyty Glan Clwyd. Cefais innau'r fraint o gyd-gyflwyno'r noson gyda Hywel Gwynfryn. Yr artistiaid oedd Trebor Edwards, Côr Ieuenctid Rhuthun, Dr Aled Lloyd Davies, Trisgell, Orig Williams a Myron Lloyd. Cafwyd noson ardderchog gyda'r neuadd yn llawn a'r bore trannoeth darlledwyd y rhaglen yn fyw o gyntedd Ysbyty Glan Clwyd gyda nifer fawr o wahoddedigion o'r cylch.

Roedd pawb yn drist iawn o glywed fod 'Helo Bobol' yn dod i ben ddiwedd y flwyddyn honno. Roedd yn ddiwedd cyfnod hapus iawn a theimlai pawb yn ddigalon am fod y teulu bach yn gorfod chwalu. Bu'n gyfnod o brentisiaeth arbennig o dda i mi a sawl un arall.

Antur yn Iwerddon

Taith sydyn oedd hon i fod, yno ac yn ôl mewn deuddydd gyda'm cyfaill Harri Evans, Rhos Padrig, Tŷ Croes, Ynys Môn – un o brif fridwyr Cymdeithas Gwartheg Holstein Prydain, sydd hefyd yn un o brif feirniaid y gymdeithas. Roedd Harri wedi bod yn beirniadu cystadleuaeth buches Holstein orau'r flwyddyn Gweriniaeth Iwerddon yn ystod haf 1994 ac wedi dyfarnu buches Laurelmore, John Barret o Lehenaghmore, Togher ar gyrion tref Cork yn fuddugol.

Arferiad Cymdeithas Gwartheg Holstein Iwerddon yw cynnal diwrnod agored ar ffarm yr enillydd a chael seremoni cyflwyno'r wobr iddo yn uchafbwynt y dydd. Wrth gwrs, y beirniad oedd y gŵr gwadd ac roedd yn rhaid iddo, cyn cyflwyno'r wobr, egluro pam oedd o wedi gosod y fuches yn fuddugol.

Llwyddodd Harri i'm perswadio i fynd efo fo i recordio eitem ar gyfer y rhaglen 'Byd Amaeth' ond roedd gen i broblem wrth gwrs – nid oedd neb yno'n siarad Cymraeg heblaw ni ein dau. Eglurais wrth Harri na fuasai hynny'n cyfiawnhau'r gost i mi fynd drosodd ond erbyn hynny roeddwn wedi magu diddordeb mawr yn y stori a gofynnais iddo a fedrem fynd â rhywun arall efo ni.

Ar ôl pendroni am ddiwrnod neu ddau, dywedodd Harri fod gan Haydon Griffiths, fferm y Waun, Dolwen ger Abergele ddiddordeb. Roedd gan Haydn fuches Holstein o safon uchel ac fel pob bridiwr gwerth ei halen, eisiau gweld beth oedd gan y bridwyr Gwyddelig i'w gynnig. Wedi holi rhai o aelodau'r gymdeithas yn y de, cytunodd John James, Tŷ Canol, Caerfyrddin, un arall o hoelion wyth y gymdeithas yng Nghymru, ddod drosodd ar y cwch o Abergwaun hefyd.

Y cytundeb oedd mai fi fyddai gyrrwr y car a Harri'n gwneud y trefniadau i gyd. Roeddwn i fod i godi Haydon yn ei gartref cyn mynd ymlaen wedyn i godi Harri er mwyn dal y llong a fyddai'n hwylio am un o'r gloch y bore o Gaergybi i Dun Laoghaire.

Yn anffodus i mi, bu streic ar y rheilffordd y diwrnod cyn

inni fynd a bu'n rhaid imi godi am bump o'r gloch y bore i recordio cyfweliadau byw o orsaf Cyffordd Llandudno. Bûm yn gweithio drwy'r dydd ar y stori, heb ysbaid o gwbl i gael hoe cyn cychwyn ar y daith i Gaergybi i ddal y llong. Yr unig obaith wedyn oedd cael ychydig o gwsg ar y llong, ond ni ddigwyddodd hynny chwaith.

Glaniodd y llong yn Dun Laoghaire am chwech o'r gloch ac i ffwrdd â ni i gyfeiriad Cork. Wedi cyrraedd gwesty mawr y *Fitzgerald* yng nghanol y ddinas, roedd cinio wedi ei drefnu gan y gymdeithas gydag wyth cant o wahoddedigion eraill ac yn eu mysg yr oedd John James.

Ar ôl y wledd croesawodd llywydd y gymdeithas bawb i'r achlysur pwysig ac eglurodd beth oedd trefn gweddill y diwrnod. Ymlaen â phawb wedyn i'r ffarm a oedd ar fryn yn edrych i lawr dros ddinas Cork, yn union o dan lwybr hedfan Maes Awyr Cork. Yn ôl ysgrifennydd y gymdeithas, roedd dros bedair mil a hanner o ffermwyr o bob rhan o Iwerddon, yr Alban a Lloegr wedi dod yno i weld y fuches fuddugol. Roedd holl drefn yr arddangosfa yn agoriad llygad i mi a phob cwmni cysylltiedig â'r diwydiant llaeth yn cael ei gynrychioli mewn rhyw fodd.

Cafodd pawb y cyfle i fynd i weld y dau gant o wartheg godro a oedd yn y cae gerllaw'r ffarm, a hefyd y gwartheg ifanc a oedd mewn cae arall cyfagos a phob un o'r safon uchaf. Ni welais yr un o'r buchod yn gloff gyda'i phwrs yn hongian yn isel fel sach, fel ag a welir ym mhob buches bron ym Mhrydain.

Yn dilyn hynny cynhaliwyd y seremoni wobrwyo. Un o uchafbwyntiau'r seremoni oedd cyflwyniad Harri a'i resymau pam y gosododd y fuches yn fuddugol, a hanes y fuches gan John Barret.

Rhwng y tri gŵr doeth a nifer o arbenigwyr Gwyddelig ym myd y gwartheg Holstein, cefais raglen ddifyr dros ben, er gwaethaf sŵn yr awyrennau a oedd yn teithio uwch ein pennau bob rhyw dri munud gydol y dydd!

Fy mhroblem ar ddiwedd yr arddangosfa oedd sut ar wyneb y ddaear y llwyddwn i gael Harri a Haydon i gychwyn am adref. Y syniad gwreiddiol oedd gadael am saith o'r gloch er mwyn cael amser i chwilio am westy tua hanner y ffordd at y porthladd. Byddai hynny wedyn yn rhoi digon o amser inni ddal y llong gyflym i Gaergybi am un o'r gloch y diwrnod canlynol. Ond am tua hanner awr wedi saith o'r gloch, ar ôl i bob un o'r ymwelwyr adael, gwahoddwyd y tri ohonom i'r tŷ i gael pryd o fwyd gyda'r teulu a swyddogion y gymdeithas. Roedd John James eisoes wedi cychwyn am adref erbyn hyn ac roedd hi'n anobeithiol cael y ddau arall i feddwl gadael.

Am tua deg o'r gloch penderfynais fynd i'r car i gael hoe am fy mod wedi llwyr ymlâdd ond ni fedrwn gysgu yn fy myw am ei bod yn andros o oer. Yn ôl â mi i'r tŷ a gofyn i ysgrifennydd y gymdeithas a oedd rhywle yn ymyl i ni aros weddill y noson, ond erbyn hynny roedd yntau fel Harri yn gwbl fyddar ac ni allwn gael unrhyw synnwyr ganddo o gwbl!

Am tua hanner awr wedi un ar ddeg daeth yr ysgrifennydd ataf a chynnig i mi a Haydon fynd gydag ef yn ei gar i chwilio am lety. O'r diwedd cawsom lety tua ugain milltir i ffwrdd ar gyrion pentref bach Ballynoe.

Am tua chwarter wedi dau o'r gloch llwyddais i gael y ddau i ddod efo mi i'r llety.

Fe'u rhybuddiais fod brecwast yn cael ei weini am hanner awr wedi saith a bod yn rhaid inni adael am wyth o'r gloch i ddal y llong o Dun Loaghaire am un o'r gloch.

Ar ôl llond bol o frecwast blasus y bore canlynol, gadawsom y llety am hanner awr wedi naw a gyrru fel petai'r diafol ar ein gwarthaf am dros ddau gant o filltiroedd, nes cyrraedd y llong gyda phum munud i'w sbario.

Cafodd Harri golled am iddo adael ei grys gorau ar ôl yn y llety a chafodd ei holi'n dwll gan ei wraig Margaret, a oedd yn amheus iawn o'i eglurhad, ond roeddwn i a Haydon yn dystion ei fod yn dweud y gwir bob gair!

Do, cawsom daith bleserus dros ben er gwaethaf y colli cwsg, gyda chyfeillgarwch a chroeso cynnes y Gwyddelod yn anhygoel. Ni fyddaf byth yn anghofio hynny.

Gwisgoedd Plas Nercwys

Un bore dydd Mercher soniodd Ruth Parri, un o gynhyrchwyr 'Helo Bobol' wrthyf fod arddangosfa ddiddorol o ddillad merched bonedd o'r ail ganrif a'r bymtheg hyd at yr ugeinfed ganrif yn cael ei chynnal y nos Wener ganlynol ym Mhlas Nercwys. Roedd hi am imi fynd yno y noson honno gan fod y wasg wedi cael gwahoddiad i fynd i weld y dillad cyn yr arddangosfa. Dyna'r unig wybodaeth a gefais ganddi, ar wahân i rif ffôn y wraig oedd yn trefnu'r noson.

Ar ôl ffônio nifer o weithiau, cefais sgwrs gyda'r trefnydd o'r diwedd ac ategodd beth oedd Ruth wedi'i ddweud, sef bod modd inni weld y gwisgoedd y noson honno. Deallais ganddi fodd bynnag na fyddai Cymry Cymraeg ymysg y dangoswyr dillad ar y noson ei hun ond fe addawodd y byddai'n cael hyd i rywun imi ei gyfweld a dywedodd y byddai'n fy ffônio ar ôl iddi gael gair ag un o'r merched eraill. Ymhen awr cefais alwad ganddi yn dweud y dylwn gysylltu â Buddug Jones, Rhyd Onnen, Llandyrnog, perchennog un o'r gwisgoedd a fyddai'n cael eu harddangos. Cysylltais innau â Buddug a chwarae teg iddi, daeth i'm cyfarfod i Blas Nercwys am saith o'r gloch y noson honno.

Cyrhaeddais y plasty am saith o'r gloch ar ei ben ond nid oedd Buddug i'w gweld yn unman, na neb arall chwaith, a oedd yn gryn syndod gan fod y dillad i fod ar gael i'r wasg eu gweld y noson honno. Ond ymhen deg munud, cyrhaeddodd Buddug ac ar ôl sgwrs fer am y cyfweliad, awgrymais y dylem fynd i mewn i'r plas, gan nad oedd neb arall wedi dod i'r golwg. I ffwrdd â ni at y drws cefn a chanu'r gloch. Nid oedd golwg o'r un enaid byw yn unman ac erbyn hyn roedd y ddau ohonom yn dechrau poeni ein bod wedi camgymryd y noson.

Yn y man clywsom sŵn car yn dod ar hyd y dreif ac i ffwrdd â ni i'w gyfarfod, ond erbyn inni gyrraedd tu blaen y plasty roedd perchennog y car wedi diflannu i mewn i'r tŷ. Aeth Buddug i guro ar y drws derw mawr gan fy ngadael i yn y car ac yn y man daeth gwraig i'r drws a'i gwahodd i mewn. Holodd Buddug hi beth oedd hanes y dillad, gan eu bod nhw wedi anfon datganiad i'r wasg i'w hysbysu am y noson. Ymddiheurodd hithau ac egluro nad oedd modd i'r dillad gael ei harddangos y noson honno wedi'r cyfan, gan fod y cwmni yswiriant yn anfodlon eu hyswirio am ddwy noson.

Pan glywais hyn roeddwn yn andros o flin gyda'r wraig, nid yn unig am ei bod hi wedi ein camarwain, ond yn fwy na dim am ei bod wedi rhoi cyfarwyddiadau i mi ffônio Buddug i ofyn iddi a fuasai hi'n siarad ar eu rhan!

Wedi trafod ychydig, cytunodd Buddug gynnal y cyfweliad yr un fath. Byddai'n gofyn i'r trefnydd roi gwybodaeth a disgrifiad manwl o'r dillad iddi ac yna byddai hithau'n eu disgrifio fel petaent yno o'n blaenau. Felly yn ôl â hi i gael sgwrs gyda'r wraig ac i gymryd ychydig nodiadau. Eisteddais innau ar wal y tu allan i'r plasty i ddisgwyl amdani. Roeddwn yn benderfynol o beidio mynd oddi yno'n waglaw os oedd modd.

Ymhen rhyw hanner awr, ymddangosodd Buddug yn wên o glust i glust gyda disgrifiadau manwl o'r holl wisgoedd. Eisteddodd gyda mi ar y wal y tu allan efo'r wybodaeth ar damaid o bapur a dechreuais y cyfweliad drwy ofyn iddi ddisgrifio'r dillad oedd 'o'n blaenau ar y bwrdd'! Fesul un, eglurodd hithau beth oedd defnydd pob gwisg, pa fath o wragedd fyddai wedi eu gwisgo ac i ba achlysur, yn union fel petaent yno. I gloi'r sgwrs gofynnais iddi ddisgrifio'r wisg werthfawr yr oedd hi i fod i'w gwisgo 'heno' ac fe wnaeth hynny hefyd! Cyn iddi orffen, gofynnais iddi'n gellweirus tybed a allwn weld pa fath o ddillad isaf oedd ganddi o dan y wisg ddrud. Gwnaeth hynny'n gynnil, cyn imi ofyn iddi godi'r wisg ychydig bach yn uwch i mi gael eu gweld yn iawn, ond gallwch ddychmygu ei hymateb! Roedd y cyfweliad yn berffaith – ar ôl imi ddileu'r holl chwerthin o'r sgwrs yn y stiwdio olygu – a'm dyled i Buddug y noson honno yn fawr.

Ni wnaeth Ruth Parri na neb o'r gwrandawyr amau dim, ond gofynnodd Ruth i mi wedyn beth oedd sŵn y brain yn y cefndir ar y tâp!

Ffŵl Ebrill

Rhyw dair wythnos cyn y cyntaf o Ebrill 1981, gofynnodd y cynhyrchydd Lenna Pritchard Jones imi feddwl am syniad gwreiddiol i dynnu coes gwrandawyr 'Helo Bobol' ar ddydd Ffŵl Ebrill. Bûm yn crafu fy mhen am ddyddiau ond nid oedd dim yn tycio, tan rhyw wythnos cyn y cyntaf o Ebrill pan ddaeth y syniad fel fflach imi wrth deithio i'r stiwdio yn Wrecsam, heibio ffarm Blaenau Dŵr i gyfeiriad pentref Froncysylltau.

Roedd yr wythnos flaenorol wedi bod yn un andros o wlyb ac afon Dyfrdwy, sy'n llifo drwy'r dyffryn, wedi gorlifo'i glannau, ond erbyn hynny roedd y glaw wedi cilio a'r dŵr ar gaeau gwastadedd Froncysylltau wedi lleihau'n sylweddol. Ond ychydig cyn imi gyrraedd y pentref, sylwais fod pyllau mawr yn dal ar ôl yma ac acw yn y pantiau ar y caeau.

Gwibiodd syniad drwy fy meddwl – pysgodyn anferth a ddaethai i fyny o'r môr yn ystod y llif. Byddai wedi cael ei ddal yn y pyllau ar y caeau ac wedi marw am na fedrai fynd yn ôl i'r afon, gan nad oedd neb lleol yn gwybod pa fath o bysgodyn ydoedd.

Y cwestiwn nesaf oedd, sut i droi'r syniad yn stori Ffŵl Ebrill? Wedi imi orffen gweithio y noson honno, dechreuais sgriptio stori am ŵr lleol yn mynd â'i gi am dro yn gynnar yn y bore a'r ci yn crwydro ymhell o'i flaen gan gyfarth ar rywbeth tebyg i ddarn o bren. Wedi i'r perchennog gyrraedd at ei gi a'r 'pren', sylweddolodd mai pysgodyn marw anferth, tua llathen a hanner o hyd ydoedd mewn gwirionedd. Gan na wyddai pa fath o bysgodyn oedd hwn ac am ei fod mor anferth, galwodd ar y plismon lleol i ddod i gael golwg arno ond nid oedd ganddo yntau unrhyw syniad chwaith. Penderfynodd hwnnw ymgynghori â'i uwch-swyddogion a chafodd orchymyn i symud y creadur i labordy Cwmni Monsanto yng Nghefn Mawr er mwyn i arbenigwr pysgod ddod yno i'w weld a'i gynghori beth y dylai ei wneud ag ef. A dyna ddiwedd y sgript.

Cyflwynais y syniad a'r stori i Lenna Pritchard Jones a dywedodd hithau wrthyf fwrw ati â'r tric. Dim ond chwe diwrnod oedd gennyf erbyn hyn ac roedd yn rhaid imi ddod o hyd i rywun a fuasai'n medru actio rhan y gŵr er mwyn imi gael ei holi am y darganfyddiad rhyfeddol.

Ar ôl ychydig o berswâd, cytunodd fy nghefnder Idris Davies o Lyn Ceiriog chwarae'r rhan a threfnais y byddwn yn mynd i'w gartref ym Mhant Du y bore Sul canlynol. Yn y cyfamser recordiais sŵn dŵr afon Dyfrdwy yn llifo ar beiriant recordio.

Ar y bore Sul canlynol eisteddodd Idris a minnau ar wal y tu allan i'r tŷ gyda'r peiriant recordio'n chwarae sŵn dŵr yn llifo yn ein hymyl. Wedi ymarfer ychydig, dyma ddechrau recordio'r sgwrs. Y cwestiwn cyntaf a ofynnais oedd, 'Sut y gwnaethoch chi ddarganfod y pysgodyn rhyfeddol yma?'.

Yr ateb a gefais oedd, 'Rydw i wedi bod yn pysgota am ganrifoedd a welais erioed y fath beth a hwn'! Stopiais recordio a dechreuodd y ddau ohonom chwerthin. 'Rydan ni bysgotwyr yn dueddol o ymestyn y gwirionedd,' meddai. Roedd yn anobeithiol parhau am dros awr wedi hynny ac fe gymerodd bron i deirawr inni recordio sgwrs tri munud o hyd am ein bod yn chwerthin gymaint.

Llyncodd nifer o'r gwrandawyr y stori, yn enwedig un gŵr o Gaerdydd a ffôniodd y rhaglen i ddweud ei fod wedi bod yn ymchwilio i hanes y pysgodyn ac mai rhyw fath o siarc ydoedd yn ôl y disgrifiad!

Ymhen ychydig wythnosau ar ôl y darllediad, daeth mab gŵr o ardal y Bala ataf i ddweud fy mod wedi achosi cryn helynt iddo yntau. Roedd ei dad, a oedd yn bysgotwr brwd, wedi galw arno'n syth ar ôl y darllediad i ofyn iddo fynd ag ef ar frys i labordy Cwmni Monsanto yng Nghefn Mawr i weld y pysgodyn marw. Roedd y tad wedi cynhyrfu ac eisiau mynd ar unwaith, hyd nes i'w fab sylweddoli pa ddiwrnod ydoedd a dweud wrth ei dad mai tric Ffŵl Ebrill oedd y cyfan!

Stori Ffŵl Ebrill arall a achosodd ychydig o drafferth oedd yr un a gynllwyniwyd gan Gwilym Morris o Lannefydd.

Syniad Gwilym oedd honni ei fod wedi prynu llwyth o fwyd rhydd ar gyfer ei wartheg a'i gadw yn y daflod uwchben chwech o wartheg sugno a oedd ynghlwm yn y beudy oddi tano. Ymhen rhyw wythnos ar ôl iddo dderbyn y bwyd, sylweddolodd fod dwy o'r gwartheg, a oedd yn union o dan y blawd yn y beudy, yn crafu'n ofnadwy ac yn colli eu blew yn dalpiau. Wythnos yn ddiweddarach roedd un fuwch bron wedi colli hanner ei blew a'r llall yn ei hymyl bron cynddrwg. Yn ogystal â hyn, roedd y gath a oedd bob amser yn gorwedd gyda'r ddwy fuwch bron yn noeth.

Er mwyn gwneud y stori'n fwy credadwy, dywedodd Gwilym fod y pedair buwch arall – nad oeddent o dan y blawd – yn berffaith iach ac mai rhywbeth yn y blawd uwchben oedd yn gyfrifol am y crafu a'r colli blew. Wrth lwc, ni ddwedsom o ble y prynwyd y blawd ond roedd un o werthwyr cwmni bwydydd anifeiliaid lleol yn gwrando ar y sgwrs y bore hwnnw a rhuthrodd i mewn i'w swyddfa i archwilio'r llyfrau i gael gweld a oedd Gwilym wedi prynu'r bwyd ganddyn nhw! Roedd o wedi dychryn rhag ofn mai ei bwyd nhw oedd wedi achosi'r helynt. Ni fedrai weld unrhyw gofnod ar ei gyfrifiadur fod Gwilym wedi prynu'r bwyd ganddyn nhw ond er mwyn gwneud yn siŵr, ffôniodd y BBC yng Nghaerdydd a gofyn am drawsgrifiad o'r tâp, rhag ofn. Yn y diwedd, bu'n rhaid i un o'r cynhyrchwyr yng Nghaerdydd ddweud wrtho mai tric Ffŵl Ebrill oedd y stori!

Talu'r pwyth yn ôl

Nid fi yn unig sydd wedi bod yn chwarae triciau yn ystod y blynyddoedd – mae ambell un wedi bod yn tynnu fy nghoes innau hefyd, a'r cyntaf i wneud hynny oedd ficer Llanfyllin. Paratoi eitem ar gyfer 'Helo Bobol' oeddwn i ar y pryd, hanes milwyr Ffrainc a fu yno'n garcharorion yn ystod rhyfeloedd Napoleon rhwng 1812 ac 1814. Roedd gen i ddiddordeb mawr yn y murluniau a ddarganfuwyd mewn llofft tŷ ble'r oedd rhai o'r prif swyddogion wedi bod yn aros ac yn ôl y sôn, roedd y murluniau mewn cyflwr arbennig o dda.

Yn ogystal â hyn roedd arnaf eisiau clywed mwy o hanes y garwriaeth a fu rhwng Lt Augeraud, un o'r prif swyddogion, a Mary, merch y rheithor lleol. Roedd y prif swyddog wedi dychwelyd i'r ardal i briodi Mary ar ôl y rhyfel, a hynny'n erbyn ewyllys y rheithor.

Rywsut neu'i gilydd, roedd ficer Llanfyllin wedi deall bod arnaf ofn uchder ond roedd o'n benderfynol fy mod yn mynd i ben tŵr yr eglwys cyn y buasai'n dweud gair o'r hanes wrthyf. Diben hyn, meddai, oedd imi gael gweld tiriogaeth y milwyr, sef milltir sgwâr o amgylch y dref. Felly fe'm gorfodwyd yn erbyn fy ewyllys i esgyn y grisiau pren cul gyda'r ficer a dau o'r trigolion lleol, sef Glyn Evans a'i wraig. Wedi inni gyrraedd hanner ffordd cawsom ysbaid fer. Roeddwn i wedi cael digon ers meitin ac eisiau mynd yn ôl i lawr ond roedd y ficer yn benderfynol fy mod yn mynd allan ar ben to'r tŵr.

Bu rhan olaf y daith – i fyny ysgol y tro hwn – yn frawychus iawn i mi gan mai ychydig iawn o olau dydd oedd yn goleuo'r lle. Ar ôl cyrraedd y brig, camodd y ficer a'r ddau arall allan ar ben y to a mentrais innau eu dilyn yn araf a'm calon yn fy ngwddf, ond roedd yr olygfa'n werth ei gweld.

Ar ôl treulio rhyw bum munud yn mwynhau'r olygfa, dechreuodd y ficer sgwrsio am yr ardal a chefndir digalon y ferch ifanc a fu farw oherwydd y prif swyddog, ac a gladdwyd ym mynwent yr eglwys. Erbyn hyn roeddwn yn teimlo'n well ac fe gefais gyfweliad di-fai â'r ficer.

Ar ôl gorffen y sgwrs, rhaid oedd cychwyn y daith yn ôl i

lawr ond petaech wedi cynnig canpunt i mi, fedrwn i'n fy myw edrych i lawr i waelod y tŵr. Bu'r y daith honno'n hunllef. Glyn a'i wraig oedd ar y blaen, a minnau'n y canol gyda'r ficer y tu ôl i mi. Ni ddywedais yr un gair yr holl ffordd i lawr. Wedi imi gael fy nhraed yn gadarn ar y ddaear, diolchais i'r ficer ac i Glyn a'i wraig am y profiad bythgofiadwy, ond ni chyfaddefais imi bron â methu dod i lawr o ben y tŵr.

* * *

Un o'r rhai gwaethaf am chwarae triciau arnaf yw Rod Williams, cyn-bennaeth amaeth banc *HSBC* gogledd Cymru. Ar ddiwedd y 1990au, gyda chymorth Sara Morgan o'r ystafell newyddion yng Nghaerdydd, Llinos Roberts o Ruthun, a Cyril a Hafina Lewis, Pen-y-bryn, Penmachno, llwyddodd i'm twyllo go iawn.

Roedd Rod wedi llwyddo i berswadio Sara Morgan i'm hanfon i Ben-y-bryn i sgwrsio â Cyril am gynllun marchnata gwlân. Trefnais gyda Hafina y byddwn yno am hanner awr wedi un ond pan gyrhaeddais doedd dim golwg o'r un o'r ddau. Fodd bynnag, roedd 'gweithiwr' yno'n trwsio drws ac fe'm harweiniodd at y tŷ. Wrth imi gerdded ar hyd y llwybr at y drws, clywais lais Cyril yn fy nghyfarch o ffenestr y llofft. Sylwais nad oedd o'n gwisgo crys, ond yn rhyfeddach fyth, fod Llinos efo fo yn y llofft.

Gwaeddodd Cyril, 'Beth wyt ti'n ei wneud yma mor gynnar?' cyn diflannu a dilynais innau'r gweithiwr i mewn i'r tŷ. Gwnaeth hwnnw baned imi ac ar hynny daeth Cyril a Llinos i lawr. Roedd gweld Llinos efo Cyril yn dipyn o sioc a gwyddwn fod rhywbeth o'i le.

Yna, yn amlwg yn annisgwyl i'r ddau arall, cyrhaeddodd Hafina a chuddiodd Llinos yn y twll dan grisiau. Dechreuodd Hafina gyhuddo'i gŵr o fod â merch arall yn y tŷ – gallai arogli persawr merch, meddai. Gwadodd Cyril a gwadais innau hefyd er mwyn achub ei groen o, gan awgrymu mai fy *after shave* i yr oedd hi'n ei arogli.

Gadawodd Hafina'r ystafell ond dychwelodd ymhen rhyw ddau funud a gweld cardigan ddieithr ar gefn y gadair.

174

Cyhuddodd ei gŵr drachefn, gwadodd yntau unwaith eto, ac allan â hi gan ddweud y drefn.

Ar ôl deg munud o chwarae yn ôl ac ymlaen, pwy ddaeth i mewn i'r tŷ drwy ddrws y cefn ond neb llai na'r brodyr Gregory o'r rhaglen tynnu coes 'Y Brodyr Bach'. Pan welais Adrian a Paul Gregory yn dod i mewn, bu bron imi lewygu; roeddwn yn crynu fel deilen ac yn welw fel lliain bwrdd.

Cymerais oriau i ddod ataf fy hun. Wedi imi dawelu ychydig, gofynnodd y cyfarwyddwr a fuaswn yn fodlon ailwneud y rhan gyntaf y tu allan i'r tŷ am nad oedd y camerâu'n barod pan gyrhaeddais. Cytunais innau ar yr amod ei fod yn torri rhannau o'm sgwrs â Cyril cyn darlledu'r rhaglen! A chwarae teg iddo, fe gadwodd at ei air.

Cafodd Nova a minnau daith i lawr i Gaerdydd a bod ar y set yn ystod y darllediad ond dydw i ddim wedi maddau i Rod am chwarae'r fath dric arnaf, a dim ond unwaith yr ydw i wedi edrych ar y tâp copi a gefais gan y cwmni ers i'r rhaglen gael ei dangos ar y teledu!

Teithio gyda'r NFU

Un bore yng nghanol mis Ebrill 1991, canodd y ffôn a chlywais lais cyfarwydd Elfed Williams, ysgrifennydd canghennau Llanrwst ac Uwchaled o'r *NFU* yn dweud wrthyf fod sedd wedi'i chadw i mi ar fws oedd yn mynd drosodd i Ffrainc ar y 18fed o Fai am bedwar diwrnod.

'Does gen ti ddim dewis ond dod. Mi gei di raglen fore Sadwrn ddifyr iawn,' meddai.

Taith flynyddol i ddynion y ddwy gangen oedd hon. Yr arferiad oedd ymweld â gwahanol ardaloedd yn ynysoedd Prydain ond y tro hwn i ardal Brioude yng nghanolbarth Ffrainc y byddai'r trip yn mynd, oherwydd bod Euros Jones, Dolwen Fawr, Llangernyw wedi treulio chwe mis ar ffarm yno yn dysgu siarad Ffrangeg.

Roedd Euros wedi cynnig i Elfed y buasai'n trefnu'r daith gyda Gilbert Bros, llywydd y gangen leol o Undeb Ffermwyr Ffrainc, a ddaeth yn ddiweddarach yn is-lywydd rhanbarth yr undeb dros ardal Auvergne, sir Haute, Loire yng nghanolbarth Ffrainc. Roedd Euros yn adnabod Gilbert yn dda ar ôl treulio deufis yn byw gyda'i deulu ar eu ffarm. Fodd bynnag, roedd yn rhaid i bawb a arferai fynd ar y teithiau gytuno â'r newid y flwyddyn honno, a diolch i'r drefn, roedd pawb yn fodlon iawn â'r cynnig.

Cyn y medrwn dderbyn gwahoddiad Elfed, roedd yn rhaid imi gael caniatâd uwch-gynhyrchydd rhaglenni cyffredinol Radio Cymru ym Mangor. Cytunodd Trystan Iorwerth fod y syniad yn un da ac addawodd Dei Tomos wneud fy ngwaith dyddiol tra byddwn i yn Ffrainc. Yr unig broblem oedd nad oeddwn i'n medru gair o Ffrangeg.

'Dydi hynny ddim yn broblem o gwbl, gan y bydd dau ohonoch yn aros gyda'ch gilydd ar y ffermydd, ac mae pawb yno'n deall Saesneg beth bynnag,' meddai Elfed yn hyderus. Felly derbyniais ei wahoddiad ac fe benododd un o'm ffrindiau gorau, Dei Humphries, Tai Draw, Cerrigydrudion i ofalu amdanaf.

Gadawodd y bws dref Llanrwst am saith o'r gloch nos

Sadwrn ac ar ôl aros am hoe fach ddwywaith i gael tamaid o fwyd, cyraeddasom Dover fel ag yr oedd hi'n dyddio ar y dydd Sul, i ddal y llong i Calais.

Rhyw awr o daith oedd hi i Calais ac ychydig iawn o bobol oedd i'w gweld o gwmpas y dref yr adeg honno o'r bore. Ymlaen â ni wedyn i gyfeiriad Paris, gan osgoi'r brifddinas, a theithio am tua phedwar can milltir i lawr i ardal Auvergne.

Arhosom rhyw deirgwaith i gael tamaid o fwyd a diod, a lle chwech, ac i ymweld â ffarm sy'n arbenigo mewn gwartheg Charolais, cyn cyrraedd pen y daith yn nhref fach Brioude a phawb wedi blino'n llwyr. I mewn â ni wedyn i neuadd debyg iawn i neuadd bentref, lle'r oedd gwledd wedi'i pharatoi ar ein cyfer, cyn cyfarfod y teuluoedd a fyddai'n rhoi llety i ni yn eu cartrefi yn ystod ein cyfnod yno. Yn eu mysg roedd un wraig ifanc dlos dros ben. Gwisgai sgert ledr fer, ddu a hosanau duon gyda sêm y tu cefn i'r coesau. Gwaeddodd Elfed dros bob man mai fi oedd yn cael y fraint o aros efo hi a'i gŵr, sef Jacques a Catherine Fontanon a'u plant Anthony ac Elodie, a hynny ar fy mhen fy hun, a Dei Tai Draw gyda chymydog iddynt.

Plymiodd fy nghalon i'm traed pan ddeallais nad oedd yr un o'r ddau yn siarad gair o Saesneg a chwynais wrth Elfed, ond ei ateb smala oedd, 'Bydda'n ddiolchgar y diawl bach boliog dy fod yn aros efo'r fath bisyn!'. A wir i chi, drwy ryw ryfeddol wyrth fe lwyddais i gyfathrebu â'r teulu a chael llety a chroeso ardderchog yno.

Ffarm odro fechan gyda tua deg ar hugain o wartheg llaeth Friesians a Simental oedd ffarm y teulu. Nid oedd ganddynt wartheg ifanc o gwbl, dim ond rhyw bymtheg o loi bach yn cael eu magu ar laeth bwced. Hen ysgubor wedi ei rhannu'n bedair rhan oedd cwt y lloi, yn debyg iawn i'r rai sydd yma yng Nghymru, ond roedd y parlwr godro *herring bone* i odro wyth buwch ar y tro a'r llaethdy yn fodern iawn.

Un o adeiladau tywodfaen y ffarm wedi ei addasu'n dŷ yn eithaf diweddar oedd cartref y teulu ifanc. Mae'n arferiad yn Ffrainc i rieni fyw ar y ffarm efo'r plant ar ôl iddynt drosglwyddo'r ffarm i'r to iau, ond nid am ddim. Y drefn ydi fod yn rhaid i bob cenhedlaeth brynu'r ffarm gan eu rhieni os am barhau i ffarmio yn y cartref. Yna bydd y rhieni'n rhoi benthyciad i'w plant, a gweddill y tâl yn fenthyciad o'r banc ar log o bedwar y cant. Dyna'r cyfraddau llog i bobol ifanc a oedd eisiau dod yn rhan o'r diwydiant amaeth yn Ffrainc ar y pryd.

Ar fy more cyntaf yno penderfynais godi gyda'r teulu am tua hanner awr wedi chwech i weld beth oedd yn digwydd ar y ffarm. Pan gyrhaeddais y parlwr godro roedd y ddwy wraig, Catherine a'i mam-yng-nghyfraith, wrthi'n brysur yn godro a'r tad a'r mab allan yn y caeau – un yn symud ffens drydan a'r llall yn symud peiriant dyfrhau. Rhaid oedd mynd atynt i'w holi wedyn, wrth gwrs. Gan ddefnyddio iaith arwyddion ac ychydig bach o Saesneg, eglurodd y mab wrthyf fod yn rhaid iddynt ddyfrhau'r borfa o rugwellt yn ddyddiol gan fod y tywydd mor boeth a sych, ac mai ychydig iawn o law oedd yn disgyn yn yr ardal honno rhwng diwedd mis Ebrill a diwedd Awst.

Roedd ganddynt system ddyfrhau dda dros ben, sef rîl gyda dwy olwyn fawr a phiben ddŵr wedi ei throi o amgylch y rîl. Roedd un pen i honno wedi'i chysylltu i bwmp trydan yng nghornel y cae. Gwaith y pwmp oedd sugno'r dŵr o'r afon a ffiniai â'r ffarm. Roedd piben sefydlog wedi'i gosod bedair modfedd i lawr yn y ddaear ar hyd y clawdd ym mhob cae ar y ffarm, a lle i gysylltu piben arall iddi yng nghornel pob cae. Yr unig beth yr oedd angen ei wneud efo llaw, ar ôl gosod y rîl yn y cae, oedd ei throi ar ôl iddi gyrraedd pen y dalar bob tro. Wedi tanio'r pwmp, byddai'r ddwy olwyn fawr yn dechrau symud wrth i bwysau'r dŵr orfodi'r fraich a oedd yn chwistrellu'r dŵr i droi a throi. Roedd honno wedyn yn troi olwyn fach â dannedd arni ac yn gorfodi'r olwynion mawr i droi. Gan fod honno'n symud mor araf cymerai drwy'r dydd i fynd o un pen y cae i'r llall. Dim ond hyn a hyn o ddŵr a gâi ei sugno o'r afon ar y tro gan fod ganddynt hwythau hefyd gwota dŵr, felly dim ond unwaith y dydd yr oeddynt yn gorfod troi'r rîl.

Pan gyrhaeddais yn ôl i'r buarth roedd y ddwy wraig wedi gorffen godro, y fam-yng-nghyfraith yn golchi'r parlwr a Catherine yn bwydo'r lloi. Dyna oedd y drefn bob dydd ac wedi i'r ddwy orffen eu gwaith yn y buarth, i mewn â nhw i'r tŷ i baratoi brecwast.

Ar y bwrdd brecwast roedd andros o gwpan mawr crwn yn

llawn coffi du cryf, rholyn crwn, hir tua deg modfedd o hyd o salami, bacwn amrwd wedi'i sleisio'n denau, torth hir o fara ffres, menyn a theisen sbwng lemon wedi ei gwneud gan y wraig ifanc, a phawb i helpu ei hun. Dyna'r tro cyntaf erioed imi weld teisen ar fwrdd brecwast ond penderfynais fy mod am brofi popeth yr oedd y teulu'n ei fwyta, ac yn wir, roedd popeth yn flasus tu hwnt, yn enwedig y deisen.

Am bum munud i wyth ar ei ben daeth y cymydog a oedd yn rhoi llety i Dei heibio i'm nôl i fynd at y bws. Ffarm ddefaid yn bennaf oedd y ffarm gyntaf inni ymweld â hi y diwrnod hwnnw, defaid duon i gyd a phob un yn cael eu cadw dan do a'u bwydo ar ddwysfwyd gyda pheiriant cludo bwyd awtomatig trydan. Roedd hwnnw'n cau cyn arllwys y bwyd yn wastad ar hyd nifer o gafnau pren ac yn agor drachefn ar ôl cyrraedd y pen pan oedd y cafn yn llawn.

Ffarm ddefaid duon oedd yr ail ffarm inni ymweld â hi hefyd, y tro hwn mewn ardal ychydig yn fwy llechweddog. Fel yr oedd pawb yn dod allan o'r bws yn y buarth, daeth fan wen i lawr y ffordd y tu ôl inni gan ganu'r corn yn swnllyd, ond yn lle troi i fuarth y fferm, aeth heibio ac i lawr o'r golwg dros fryncyn bach.

Ar ôl rhyw chwarter awr o wrando ar berchennog y ffarm yn dweud hanes ei ddiadell, a oedd allan yn yr awyr agored y tro hwn, sylwais fod tua chwech o'r cymeriadau mwyaf castiog yn y criw, ac Elfed yn eu mysg, ar fin diflannu dros y bryn yn slei bach ar ôl y fan wen. Penderfynais innau eu dilyn a'r peth cyntaf a welais ar ôl cyrraedd i ben y bryn oedd gŵr yn blingo dafad newydd gael ei lladd. Edrychodd arnaf, nodiodd, a pharhaodd â'i waith. Euthum innau yn fy mlaen ychydig i lawr y ffordd cyn cyrraedd sgwâr yng nghanol ychydig o dai ac yno'r oedd y fan wen â'i drysau ar agor i arddangos ffrwythau a nwyddau eraill.

Siop deithiol oedd hon, yn gwerthu popeth o sigaréts i bapur tŷ bach ac yn ymweld â'r tai unwaith yr wythnos. A phwy oedd yno o'i chwmpas yn llygadrythu ar y nwyddau ond neb llai na'r chwech castiog a pherchennog y fan yn paldaruo rhywbeth mewn Ffrangeg â nhw. Yr unig ateb a gafodd oedd, *'We are from Pays de Galles'*.

Wrth imi ymuno â nhw, gwelais y perchennog rhadlon gyda beret du ar ochr ei ben a gwên fawr ar ei wyneb crwn yn estyn gwydrau gwin o'r fan a'u gosod ar y cownter. Yna, agorodd botel o win coch, llenwi'r gwydrau ac amneidio arnom i'w hyfed. Ar ôl llowcio'r gwin, dywedodd Elfed wrthym, 'Gobeithio fod pob un ohonoch chi'r diawliaid digywilydd yn mynd i brynu rhywbeth ganddo cyn mynd oddi yma,' ac fe wnaeth pawb, wrth gwrs, gan gynnwys y diweddar annwyl William Williams (Wil Henblas,) Carmel, Llanrwst. Ar ôl pwyso a mesur yr arddangosfa o'i flaen, pwyntiodd Wil at baced o chwe rholyn o bapur tŷ bach. Gwenodd y siopwr ac estyn y paced cyfan i Wil ond ysgydwodd hwnnw'i ben a chodi un bys i ddangos mai dim ond un rholyn oedd arno ei eisiau.

Dechreuodd pawb chwerthin. Agorodd y siopwr y paced ac estyn un rholyn iddo cyn i Wil dalu amdano, ond cyn i Wil adael y cownter, plannodd y siopwr i gefn y fan a rhoddodd baced bach o fatsys i Wil. Edrychodd pawb yn syn arno ac eglurodd y siopwr drwy bwyntio at ei ben ôl. Roedd y siopwr yn credu fod Wil eisiau defnyddio'r papur dros y gwrych yn y cae a llosgi'r papur ar ôl gorffen!

Bu'n rhaid inni ffarwelio â'r siopwr rhadlon a chychwyn yn ôl i fyny am y bws. Ar y ffordd daeth hen ŵr allan o'i dŷ efo jwg yn llawn gwin coch a dau wydryn gwin. Llwyddodd i egluro mai ei fab oedd yn ffarmio'r ffarm ble'r oedd gweddill y criw a'i fod o eisiau i ni gael gwydraid o win efo fo. Os oedd gwin y siopwr yn dda, roedd hwn yn llawer gwell ac yn llawer cryfach am ei fod yn win cartref.

Y bore canlynol aethom ar daith i ymweld â ffarm a oedd yn pesgi dau gant o wyddau bob pythefnos, yn bennaf ar gyfer cynhyrchu pate arbennig o iau gwyddau, sef *pate de foie gras* a oedd yn andros o ddrud i'w brynu yn y siopau.

Eglurodd Euros ei fod yn fusnes proffidiol iawn, gan fod y pate'n cael ei werthu ym mhrif siopau'r ardal yn ogystal â'i allforio. Yna aeth yn ei flaen i egluro'r hyn oedd yn digwydd i'r gwyddau.

Câi y gwyddau eu prynu'n dri mis oed a'u pesgi am bythefnos drwy eu grym fwydo *(force feeding)* gyda chorn wedi ei goginio. Ymhen pythefnos, ar ôl bwyta deg kilogram o fwyd ac yn pwyso oddeutu chwe kilo, byddent yn barod i'w lladd. Wrth gael eu grym fwydo byddai'r gwyddau'n cynhyrchu'r iau gorau, yn llawn braster, sy'n hanfodol ar gyfer gwneud pate da. Ar ôl tynnu'r iau, byddai gweddill yr aderyn yn cael ei dorri'n ddarnau ar gyfer y tŷ bwyta drws nesaf neu'n cael ei werthu i unrhyw un yn yr ardal.

Roedd y dull a ddefnyddid i'w bwydo yn andros o greulon. Câi pob gwydd ei dal unwaith y dydd a'i grym fwydo drwy wthio twmffat gyda phiben hir ar ei flaen i lawr eu gyddfau, a phiben hir yn cysylltu hwnnw i'r gasgen fwyd. Yna roedd pwmp trydan yn gwthio'r union fesur o fwyd i lawr y gwddw. Ymateb pawb o'r criw oedd fod hyn yn ddull andros o greulon ac y dylai gael ei wahardd.

Wrth inni adael adeilad y gwyddau, meddai un arall o'r anwyliaid sydd wedi ein gadael ers hynny, sef Emyr Jones Derwydd, 'Mae 'na ambell ffarmwr y buaswn i'n hoffi stwffio'r twmffat i lawr ei gorn gwddw o!'. Dyna'r unig chwerthin a glywyd tra buom ni yno y diwrnod hwnnw.

Ymhen rhyw dri chwarter awr ar ôl inni ddod allan o'r sied wyddau, galwyd ni i mewn i'r bwyty cyfagos i gael cinio. Eisteddodd pawb yn swnllyd ac yn llawn hwyl. Yn y man daeth y cwrs cyntaf at y bwrdd – ie, y pate brown wedi ei addurno â letys a saws. Tawelodd pawb yn sydyn. Yna cododd bron i hanner y criw oddi wrth y bwrdd a mynd allan. Roedd y rhain yn ddynion cryf, cyhyrog ond ni allent yn eu byw feddwl am fwyta'r pate ar ôl gweld y broses fwydo, ac roedd arogl y pate bron â chodi cyfog arnyn nhw.

Gadawyd y ffarm honno'n wylaidd iawn ar ddiwedd y dydd ac roedd pawb yn gytûn y dylai'r Gymuned Ewropeaidd orfodi llywodraeth Ffrainc i roi gorau i dull hwnnw o rym fwydo yn llwyr. Y mae wedi ei wahardd ym Mhrydain ac mewn gwledydd eraill yn Ewrop ers blynyddoedd, ond roedd Ffrainc bryd hynny'n gwrthod cydymffurfio.

Ar y noson olaf cyn inni adael Ffrainc, trefnodd y teulu Bros barti mawr inni mewn hen neuadd bren mewn pentref bach ymhell yn yr ucheldir. Roedd y teuluoedd a oedd wedi rhoi llety inni wedi eu gwahodd yno hefyd.

Roedd y neuadd yn eiddo i wyth o ffermwyr a oedd wedi'i

phrynu gan y cyngor lleol oherwydd bod ei chyflwr wedi dirywio i'r fath raddau fel nad oedd neb yn y pentref yn ei defnyddio mwyach. Ar ôl treulio blwyddyn yn ei hatgyweirio, sefydlwyd pwyllgor bach gydag un o'r gwragedd yn ysgrifenyddes ac yn cymryd archebion gan rai oedd yn dymuno'i llogi. Y telerau llogi oedd mai aelodau o'u teuluoedd nhw fyddai'n gyfrifol am y stiwardio bob amser, a nhw hefyd fyddai'n gwneud ac yn cyflenwi'r bwyd ar gyfer y partïon.

Cawsom wledd o fwyd Ffrengig ardderchog yno y noswaith honno; digonedd o bopeth a hwnnw'n fwyd cartref blasus wedi ei baratoi â chynnyrch cartref ac wrth gwrs, digonedd o win a *moonshine* cartref.

Do, cafwyd taith werth chweil na fydd yr un ohonom yn ei hanghofio weddill ein bywydau.

* * *

Taith arall y bûm arni gyda changhennau *NFU* Uwchaled a Llanrwst oedd yr un i Iwerddon yn 1993. Am y drydedd flwyddyn yn olynol, cefais fy mherswadio gan Elfed Williams i fynd efo nhw i recordio rhaglen hanner awr arall ar gyfer 'Byd Amaeth'. Bu'r daith gyntaf i Ffrainc a'r ail i'r Alban yn llwyddiannus dros ben ac ni allwn wrthod y cynnig.

Ar ôl cyrraedd Dulyn cawsom dro braf o amgylch y ddinas, yna i ffwrdd â ni am gefn gwlad swydd Kildare i ymweld â Ffarm Fridio Ceffylau Genedlaethol Iwerddon. Yn yr ardal honno mae'r fridfa y diflannodd Arkle ohoni, sef y ceffyl rasio mwyaf gwerthfawr yn y byd na welwyd mohono'n unman ers hynny.

Ar ôl i'r bws gyrraedd buarth y ffarm, rhybuddiodd yr arweinydd trefnus ni i aros yn ein seddi nes y byddai o'n dychwelyd o'r dderbynfa. Daeth allan ymhen ychydig a'n rhybuddio i fod yn ddistaw wrth dalu am y tocynnau, ac i beidio â gofyn am ddisgownt am fod y ddynes yn y dderbynfa yn un andros o flin! Tra oedd pawb arall yn talu, dangosais i docyn y Wasg iddi a gadawodd i mi fynd heibio heb dalu, chwarae teg.

Y fridfa honno yw un yn o brif ganolfannau bridio ceffylau

Iwerddon. Ymysg y nifer o stalwyni oedd yno roedd tri ohonynt yn werth dros filiwn o bunnau'r un, a gwerth un arall dros ddwy filiwn o bunnau. Fy ngwaith i oedd ceisio cael ymateb rhai o'r criw a'u barn am y stalwyni. Roedd pawb yn canmol safon a maint y ceffylau wrth gwrs, ond gwerth yr anifeiliaid oedd yn rhyfeddu Trebor Edwards ac Elfed Williams ein harweinydd a'r ddau eisiau cael gwybod mwy am faint eu pedigri!

Ymlaen â ni wedyn i farchnad anifeiliaid a lladd-dŷ'r ardal. Rhywbeth tebyg i'n rhai ni yng Nghymru oedd y farchnad ei hun ond roedd y lladd-dŷ'n lle a oedd wedi datblygu'n llawer mwy technegol. Ŵyn yn unig a gâi eu lladd yno ar gyfer y farchnad dramor. Roeddwn i wrth fy modd a chefais ddigon o ddeunydd ar gyfer y rhaglen, a phawb arall wedi mwynhau eu hunain hefyd.

Y noson honno roeddem yn aros mewn gwesty yn nhref fach glan-môr Brey, tua hanner awr i'r de o ddinas Dulyn. Cawsom bryd o fwyd arbennig o dda ar ôl cyrraedd, popeth yn berffaith a'r awyrgylch yn hyfryd. Ar ddiwedd y pryd cyrhaeddodd y coffi, ond cyn i mi gael ei flasu dyma'r goleuadau'n pylu a phawb yn dechrau canu pen-blwydd hapus, a minnau efo nhw, gan feddwl mai Cecil Owen oedd yn cael ei gyfarch. Ond yn sydyn, teimlais rywun yn rhoi pwniad ysgafn i'm hysgwydd. Y prif weinydd oedd yno gyda chlamp o ddeisen pen-blwydd yn ei ddwylo a nifer fawr o ganhwyllau arni. Cefais andros o sioc; wyddwn i ddim fod rhywun yn gwybod fy mod yn cael fy mhen-blwydd ond roedd Nova, fy ngwraig, wedi gollwng y gath allan o'r cwd ac Elfed wedi mynd i andros o drafferth, chwarae teg iddo, i drefnu'r syrpreis. Diolchais i bawb am eu cyfarchion a'u caredigrwydd ac ar ôl y cinio braf aeth pawb allan am dro i gael ychydig o awyr iach.

Erbyn hyn roeddwn yn dechrau amau fod rhywbeth arall ar droed. Roedd pawb yn ôl yn y gwesty erbyn tua hanner awr wedi naw a sylwais fod Dei Tai Draw yn cadw 'nghwmni yn ofalus iawn, yn rhy ofalus a dweud y gwir. Aeth y ddau ohonom at y bar i gael diferyn bach ond yn sydyn ciliodd Dei i'r tŷ bach. Tra oeddwn i'n talu am y diodydd, gwelais Elfed yn edrych yn slei i'm cyfeiriad cyn diflannu drwy'r drws ochr.

Roeddwn yn amau'n gryf erbyn hyn ei fod ar berwyl drwg felly talais wrth y bar yn sydyn gan feddwl mynd ar ei ôl, ond wrth droi digwyddais daro andros o ddyn mawr a oedd, erbyn deall yn ddiweddarach, wedi cael ei osod yno gan y criw i wneud yn siŵr na fyddwn yn diflannu!

Wrth imi ymddiheuro i'r gŵr bonheddig, clywais y criw yn dechrau chwerthin. Edrychais draw a dyna pryd y suddodd fy nghalon i wadnau 'nhraed. Gwelai globen o ddynes ifanc wedi'i gwisgo mewn dillad croen llewpard yn martsio i'm cyfeiriad, a rhyw fath o bastwn ganddi yn ei llaw, ac Elfed wrth ei sodlau yn wên o glust i glust.

Daeth ataf, tynnodd fy sbectol a'i gosod ar y bar a chyflwyno'i hun fel 'Cave Woman'. Yna dywedodd fod yn rhaid imi ufuddhau i bob gorchymyn os nad oeddwn i am gael fy nghuro i farwolaeth! Dywedodd ei bod wedi clywed fy mod yn ddyn golygus, rhywiol gyda chorff cyhyrog ac nad oedd wedi cael ei siomi pan welodd hi fi. Yna, cusanodd fy mochau nes fy mod yn lipstic coch o glust i glust. Erbyn hyn roeddwn innau wedi cynhyrfu'n lân a'm coesau fel rwber.

Bellach roedd rhai o'r gwesteion eraill wedi ymuno â'n criw ni a phawb yn chwerthin yn braf. Nid oedd gennyf ddewis wedyn ond cydymffurfio â'i gorchmynion.

Yr orchwyl olaf y bu'n rhaid imi ei chyflawni oedd tynnu ei gardas gyda'm dannedd. Ar ôl cryn drafferth llwyddais i'w dynnu ond roeddwn i'n chwys diferol a'r gynulleidfa'n gweiddi fel petai Cymru wedi sgorio cais mewn gêm rygbi! Chwarae teg i'r ferch hithau, doedd hi ddim wedi mynd dros ben llestri, ac yn ôl Elfed roedd pawb, gan gynnwys y blaenoriaid oedd ar y daith, wedi mwynhau eu hunain yn ofnadwy!

Nid dyna ddiwedd fy helynt fodd bynnag. Y bore canlynol, ychydig cyn wyth o'r gloch, canodd y ffôn pan oeddwn i yn yr ystafell ymolchi. Roeddwn yn rhannu ystafell â Dei Tai Draw ac ar ôl ateb y ffôn, gwaeddodd arnaf fod rhywun eisiau gair â mi.

'Hywel Gwynfryn sydd yma,' meddai'r llais ar ben arall y lein, a meddyliais yn syth mai'r criw oedd yn chwarae castiau unwaith eto. Ni ddywedais yr un gair am rai eiliadau am nad oedd y llais i'w glywed yn glir iawn.

'Rydw i newydd glywed dy fod wedi cael noson fawr na

wnei di byth ei hanghofio neithiwr,' meddai wedyn. Roeddwn yn dal yn amheus a rhag ofn fy mod yn fyw ar yr awyr, atebais fod hynny'n gywir. Aeth ymlaen i holi mwy ac erbyn diwedd y sgwrs roeddwn i wedi datgelu i'r genedl gyfan beth oedd wedi digwydd! Pan ffôniais gartref y noson honno, cefais wybod fod Nova'n gwybod y cyfan – wel, bron y cyfan.

Diolch Elfed Williams am daith fythgofiadwy arall!

Tro trwstan Elfed

Ymhen rhyw ddwy flynedd ar ôl y daith fythgofiadwy i Iwerddon gydag Elfed Williams a'i griw, clywais stori am dro trwstan a ddigwyddodd iddo yntau, sy'n werth ei chofnodi.

Roedd Elfed wedi prynu dafad gyfeb bedigri Texel mewn sêl ym marchnad Rhuthun ac wedi talu swm sylweddol amdani. Gan fod hon yn ddafad arbennig o dda, roedd gobeithion yr hen Elfed yn uchel am ddau oen gwryw i gael ei arian yn ôl yn ystod y flwyddyn gyntaf, ac roedd o'n andros o ofalus ohoni.

Ymhen ychydig wythnosau, ar ôl iddo fod ar ei draed drwy'r nos yn ei gwylio, daeth y ddafad â dau oen bach hyfryd i'r byd, ond bu bron i'r perchennog balch lewygu pan welodd mai dau oen bach *du* oedd gan y ddafad bedigri! Felly am un munud wedi naw y bore cynhyrfus hwnnw, galwodd Elfed ar Emyr Lloyd yr arwerthwr i ddweud ei fod wedi cael ei dwyllo a'i fod o eisiau ei bres yn ôl, ond gwrthodai'r cyn-berchennog dderbyn fod y ddafad wedi llwyddo i gael hwrdd gwahanol! Ar ôl misoedd o ddadlau fodd bynnag, cafodd Elfed wybod mai geneteg yr hwrdd neu'r ddafad oedd yn gyfrifol am yr ŵyn duon.

Erbyn hyn, roeddwn i'n hen barod i dalu'r pwyth yn ôl am yr holl driciau yr oedd Elfed wedi eu chwarae arnaf i, a hwn oedd y cyfle perffaith gan fy mod newydd dderbyn gwahoddiad i agoriad swyddogol swyddfeydd newydd yr undeb yn Llanrwst.

Wedi imi gael manylion y stori'n llawn, gofynnais i'r bardd lleol, John Eric Hughes, ysgrifennu penillion am y digwyddiad ac fe wnaeth, chwarae teg iddo.

Ar ddiwedd seremoni agoriadol y swyddfeydd dan ofal Cadeirydd Cymreig yr NFU, John Lloyd Jones, gofynnais i Emlyn Davies a oedd yn llywio'r gweithgareddau a fuaswn i'n cael dweud gair. Gwrthod a wnaeth i ddechrau, gan ddweud nad oedd dim areithio i fod, ond eglurais beth oedd fy mwriad a chytunodd. Codais innau i ben rhyw lwyfan bach a dechrau drwy longyfarch yr undeb. Yna, dywedais wrth y gynulleidfa, a oedd yn cynnwys prif swyddogion yr undeb yng Nghymru, fod gen i stori ddiddorol i'w dweud am dro trwstan eu hysgrifennydd lleol. Ar ôl egluro'r cefndir dechreuais ddarllen y penillion:

TEXELFED

Aeth Elfed draw o'r Padog
I Ruthun yn galonnog
I brynu dafad Texel bur
I drechu'r hen gymydog.

Roedd sicrwydd bod oen ynddi
Rhoes ddwy fil amdani.
Ond un min nos yn y cae dan tŷ
Dau oen bach du ddaeth iddi.

Bu'n ddafad ddrwg anfoesol
A'i bref a'i hosgo hudol.
Maharen Jacob ddaeth i'w chwrdd
A hwnnw'n hwrdd seneddol.

Cyn hir mae Elfed awydd
Rhoi cychwyn ar frid newydd;
A defaid JACTEX welwch chi
Yn pori ar ei feysydd.

John Eric Hughes

Roedd Elfed yn sefyll yn y cefn ar y pryd ac wrth imi ddarllen y penillion fe'i gwelwn yn diflannu o'r golwg. Ar y diwedd cefais andros o glap gan nad oedd neb arall wedi clywed yr hanes.

Ar ddiwedd y gweithgareddau daeth Elfed ataf i'm llongyfarch. Roedd o wedi'i blesio fy mod wedi llwyddo i dalu'r pwyth yn ôl o'r diwedd, ond ar bigau'r drain eisiau gwybod pwy oedd wedi dweud y stori wrthyf. Chafodd o byth wybod serch hynny.

Hwylio

Mae'n rhaid imi gyfaddef mai morwr gwael iawn ydw i gan fod arna' i ofn dŵr yn drybeilig. Bydd yr hen stumog yn dechrau corddi bob tro yr awgryma rhywun fod yn rhaid imi fynd ar gwch. Rwy'n teimlo fel hyn am na fedraf nofio, ond oherwydd fy ngwaith, ambell dro byddaf yn cael fy ngorfodi i oresgyn fy ofnau a mentro ar y tonnau.

Daeth stori i glustiau tîm 'Helo Bobol' un bore am rywun oedd wedi gweld rhyw fath o anifail rhyfedd yn nofio ar wyneb Llyn Tegid ger y Bala, a gofynnwyd i mi fynd i holi'r bobol leol a oedden nhw wedi gweld rhywbeth anarferol. Y gorchymyn a gefais oedd i fynd allan ar y llyn mewn cwch efo rhywun, a chynnal y cyfweliad gyda sŵn y dŵr yn gefndir i'r sgwrs. Ceisiais fy ngorau glas i osgoi mynd, heb ddweud y gwir reswm wrth gwrs, ond ofer fu fy ymdrechion.

Ysgwyd eu pennau a chwerthin am fy mhen wnaeth y mwyafrif o'r trigolion a holais yn y Bala – heblaw am Dilwyn Morgan a oedd yn gweithio yng Ngwersyll yr Urdd Glan-llyn ar y pryd. Roedd o wedi clywed y stori ac yn fwy na bodlon dweud yr hanes i gyd, yn ogystal â dangos ble yn union y gwelwyd yr anifail, 'Ond mae'n rhaid inni fynd allan ar y llyn yn y cwch bach rhwyfo,' meddai.

Gwrthodais y cynnig ar ei ben ac eglurais nad oeddwn erioed wedi bod mewn cwch, gan fod arnaf ofn dŵr ac yn methu nofio. Dyna pryd y sylweddolais na ddylwn fod wedi datgelu'm cyfrinach!

Gwelodd Dilwyn ei gyfle i gael hwyl a dywedodd na fyddai'n dweud yr hanes os nad awn i efo fo yn y cwch. Gan fy mod wedi dod i'r Bala bob cam o Lyn Ceiriog, nid oedd gennyf lawer o ddewis, ond cyn imi fodloni bu'n rhaid iddo addo cadw'r cwch bach yn ymyl glan y llyn, yn y dŵr bas, ble y medrwn weld y gwaelod gydol yr amser.

Roeddwn yn swp sâl wrth gychwyn ar y daith yn y cwch, er fy mod yn ceisio dangos i Dilwyn fy mod yn mwynhau gwrando arno'n adrodd y stori. Dywedodd mai cloben o ddafad fawr a honno wedi chwyddo oedd yr 'anghenfil', ond roedd tro yng nghynffon y stori hefyd, sef bod yr hen ddafad wedi diflannu'n sydyn heb adael hyd yn oed swp bach o wlân ar ei hôl.

Yn sydyn, pan oedd Dilwyn ar ganol dweud yr hanes, sylweddolais ei fod yn rhwyfo i gyfeiriad canol y llyn. Daeth chwys oer ac ofn mawr drosof ond ni allwn ddweud na gwneud dim, dim ond eistedd yn llonydd a dal y meicroffon o'i flaen a gadael iddo barablu celwyddau rif y gwlith. Er fy mod yn gwrando arno, ddeallais i'r un gair nes inni gyrraedd y lan yn ôl. Roedd y cena drwg wrth ei fodd yn fy ngweld i'n wyn fel y galchen ac ni fûm i erioed mor dawedog yn fy myw ac mor falch o gyrraedd y lan yn ddiogel ac yn sych.

* * *

Er yr antur dychrynllyd cyntaf hwnnw ar Lyn Tegid, mentrais ar y dŵr am yr eilwaith, a hynny yng nghwmni Norman Closs Parry o Garmel ger Treffynnon. Yn ogystal â bod yn naturiaethwr, yn adarwr o fri, yn fardd ac yn llenor, mae Norman yn bysgotwr mawr a chanddo gwch ar Lyn Padarn, Llanberis.

Un diwrnod cynigiodd stori dda i mi am rhyw lyngyren goch gas ym mherfedd pysgod a oedd yn treiddio i mewn i'w cnawd. Roedd o wedi dal rhai o'r pysgod hyn mewn dau lyn yn Nyffryn Nantlle ac nid oedd pleser o gwbl i'w gael wrth eu bwyta wedyn. Yn ôl yr arbenigwr, y rheswm am y llyngyr oedd bod gwylanod yn ymosod ar fwyd yn nhomen sbwriel Cilgwyn wrth eu miloedd ac yn ei gario i lawr i'r gwastadedd ar lan y llynnoedd gan lygru'r dŵr a'r tir oddi amgylch gyda'u baw.

'Rwy'n bwriadu mynd allan yn y cwch rhyw ddiwrnod i weld a oes yna bysgod efo llyngyr ynddyn nhw yn Llyn Padarn, gan fod gwylanod o gwmpas y lle yn y fan honno hefyd. Mi ffônia' i di pan fyddaf yn mynd,' meddai.

Rai dyddiau'n ddiweddarach daeth yr alwad i ddweud ei fod o a Gareth, ei fab-yng-nghyfraith, yn mynd draw i Lanberis fore trannoeth ac y buasai'n galw amdanaf ar y ffordd. Roedd y tywydd yn hyfryd o braf a chododd fy nghalon rhyw ychydig pan welais y cwch a gâi ei gadw ym mhen isaf y llyn. Roedd yn llawer mwy na chwch Dilwyn, gyda digon o le i dri eistedd yn gyfforddus ynddo. Wedi llwytho'r gêr, gwthiwyd y cwch i'r dŵr yn araf rhwng y cerrig mawr ac i ffwrdd â ni yn dri pysgotwr ffyddiog. Roeddwn yn teimlo'n ddigon hyderus gan fy mod yn gallu gweld gwaelod y llyn yn glir.

Wedi inni fynd allan yn nes at ganol y llyn, dechreuais holi Norman am y llyngyr tra oedd Gareth yn dal i rwyfo. Ar ôl rhyw bum munud, rhoddodd y gorau i rwyfo ac roeddwn innau wedi dod i ddiwedd y cyfweliad erbyn hynny. Dechreuodd y ddau bysgota a dyna pryd y sylweddolais ein bod ymhell yn nyfnder y llyn.

Yn sydyn, dechreuodd Norman ar ei gastiau a siglo'r cwch o un ochr i'r llall, ac er bod y dŵr yn llonydd fel gwydr cefais andros o fraw. Ceisiais guddio'r ofn a deimlwn ond roedd fy wyneb a'm llais yn datgelu'r cyfan. Ar ôl rhyw chwarter awr, llwyddais i argyhoeddi Norman i fynd â fi'n ôl i'r lan, a diolchais iddo am y sgwrs ddiddorol.

Wrth imi gamu o'r cwch, teimlais fy nghoesau'n crynu a bu'n rhaid imi eistedd ar y glaswellt am ychydig cyn y medrwn sefyll yn iawn. Roedd fy stumog yn corddi a minnau bron â thaflu i fyny ond ni welodd Norman fi diolch byth, gan fod y ddau wedi ailddechrau pysgota erbyn hynny.

Ers y diwrnod hwnnw, rydw i wedi bod yn wyliadwrus iawn o fynd ar drywydd straeon amgylcheddol Norman, yn ogystal ag unrhyw stori arall sy'n ymwneud â chychod a dŵr!

Hedfan am y tro cyntaf

Pan oedd Nova a minnau ar ein gwyliau yng Nghernyw gyda Brynmor a June Griffiths, dau o'n ffrindiau gorau oedd yn rhedeg siop gig yng Nglyn Ceiriog, ceisiodd y tri arall fy mherswadio i fynd am dro efo nhw mewn awyren i bedwar. Ond fedrwn i yn fy myw â chytuno, gan nad oeddwn wedi hedfan o'r blaen, ac am fy mod ofn uchder.

Cefais dynnu fy nghoes yn ddidrugaredd a diwedd y flwyddyn ganlynol penderfynodd y tri drefnu gwyliau yn Madeira, heb yn wybod i mi. Dywedodd Nova am y trefniant wrthyf ar ôl cael y manylion ac nad oedd gennyf ddim dewis ond ufuddhau.

Ar ôl pwyso a mesur yn ddistaw bach ar ben fy hun, cytunais – gan nad oeddwn eisiau ymddangos yn llwfr unwaith eto. Trefnodd June y cyfan, a dyma gychwyn ar ein taith i faes awyr Manceinion am hanner awr wedi pump y bore yn Chwefror 1995.

Erbyn hynny roeddwn yn benderfynol fy mod yn mynd i fwynhau'r profiad, er bod fy stumog yn corddi. Roedd y ddwy awr o ddisgwyl yn lolfa ymadael y maes awyr yn hunllef. Pan ddaeth yr alwad inni i fynd ar yr awyren, am hanner awr wedi wyth, dechreuais weddïo yn ddistaw am i'r daith gael ei chanslo, ac wrth gerdded i lawr y twnnel ar ein ffordd i'r awyren, roedd fy nghoesau fel jeli.

Y peth cyntaf imi sylwi, ar ôl eistedd yn fy sedd, oedd bod y ddwy ferch groeso yn andros o bishyn, ac mi wnaeth y ddwy imi anghofio fy ofnau yn llwyr am ychydig.

Wrth i'r awyren deithio i lawr y tarmac a chodi sbîd, roedd dau beth yn mynd trwy fy meddwl – yn gyntaf, oedd hi yn mynd i godi, ac yn ail, os oedd hi yn mynd i lanio yn ddiogel yn Madeira.

Mwynheais y daith pedair awr yn fawr, ond wrth inni ddod i lawr i baratoi i lanio, suddodd fy stumog i'm traed, pan ddywedodd Nova mai llain lanio Madeira oedd yr un leiaf yn y byd.

Ymhen ychydig o eiliadau clywais lais y peilot yn cyhoeddi

ein bod ar fin glanio ac inni beidio â dychryn hefo'r sŵn mawr a oedd i'w glywed pan fyddai'r olwynion yn taro'r ddaear, gan mai sŵn y brêcs fyddai hynny.

Yn union wedi iddo orffen, clywsom y sŵn mwyaf byddarol a'r awyren yn crynu trwyddi, ond chefais i ddim amser i boeni gan ein bod wedi stopio.

Wrth adael y maes awyr am y gwesty, sylwais mai dim ond rhyw hanner can llath oedd ar ôl o'r llain lanio. Petai'r brêcs heb weithio yn effeithiol fe fyddai wedi disgyn ar ei thrwyn i'r môr.

Ynys o dan lywodraeth Portiwgal yng nghanol Môr Iwerydd ydi Madeira – rhyw bedwar can milltir o arfordir Moroco. Prif gynnyrch yr ynys sydd ar lethr i gyd yw bananas a gwin.

Manteisiodd y pedwar ohonom ar y daith o amgylch yr ynys fore trannoeth. Taith ddifyr ond serth a chinio braf.

Yn ôl a ni i'r bws, i gychwyn ar siwrne fythgofiadwy yn ôl i'r gwesty, y tro hwn ar hyd ffordd gul un lôn, a oedd wedi ei naddu allan o'r graig serth, oedd yn disgyn yn syth ar ei phen i'r môr. Yr oedd y bws yn llenwi'r ffordd, ac nid oedd canllawiau o gwbl ar hyd yr ochr, i arbed inni ddisgyn i mewn i'r môr petai rhywbeth yn digwydd i'r bws. Rhybuddiwyd ni cyn cychwyn y gallasai'r daith ar hyd y ffordd yma fod yn frawychus i rai pobl, ac yn wir yr oedd felly i fwy nag un ohonom. Rhoddodd bawb ochenaid o ryddhad wrth weld y bws yn troi i ffwrdd oddi ar y ffordd gul honno – yn rhyfedd iawn yr oeddwn i a'r tri arall wedi mwynhau'r daith yn fawr!

Erbyn y pedwerydd diwrnod, roedd y pedwar ohonom ni yn teimlo nad oeddem wedi gweld llawer o ganol yr ynys. Awgrymodd Brynmor ein bod yn llogi tacsi am bedair awr yn y bore i fynd â ni yma ac acw wrth ein pwysau. Ar ôl bargeinio ychydig, llogwyd tacsi gyda gyrrwr yn siarad Saesneg. Esboniwyd wrtho beth oeddem ei eisiau, ac awgrymodd yntau'r llefydd gorau inni ymweld â nhw.

Roeddwn wedi sylwi wrth deithio yn y bws ar y daith y diwrnod cyntaf, bod yna dyddynnod gyda siediau bach to sinc yn frith ar hyd a lled y llethrau. Eglurodd gyrrwr y tacsi fod yna ddwy fuwch, un heffer ac un yn hŷn ymhob un o'r siediau yna, ac nad oedden nhw byth yn cael eu gollwng allan i bori, gan fod y tir mor serth.

Roedd y tyddynwyr yn casglu'r cyfan o'r bwyd i'r gwartheg hefo'u dwylo, a chan fod y tywydd yn fwyn drwy gydol y flwyddyn, nid oedd angen iddynt gynaeafu'r glaswellt.

Y drefn gyda'r ddwy fuwch oedd bod llo cyntaf y fuwch hynaf, os byddai hwnnw yn fenyw, yn cael ei gadw ymlaen i ddilyn yr hen fuwch, ac i ddod â llo pan fyddai'n dair oed. Os oedd hwnnw yn wryw, roedden nhw yn ei werthu neu ei fwyta. Unwaith y byddai'r fuwch ifanc yn llwyddo i gael llo benyw, byddai'r hen fuwch yn cael ei lladd yn fwyd i'r teulu ac os na fuasai ail lo'r fuwch ifanc yn fenyw byddai'n rhaid prynu llo i mewn.

Roeddwn wedi gofyn i'r gyrrwr tacsi cyn cychwyn, a oedd yn bosibl imi gael gweld y gwartheg yn un o'r siediau, a dywedodd y byddai hynny yn bosibl. Ar ôl rhyw ddwy awr, nid oedd golwg bod y gyrrwr yn mynd i gyflawni ei addewid. Wrth fynd i fyny allt fechan, ddim yn annhebyg i Fwlch yr Oernant ger Llangollen, gwelais rai o'r siediau yma ar y dde imi, nid nepell o'r ffordd. Awgrymais wrtho beth am gael gweld un o'r rhain.

Wrth fynd rownd y tro ar ben yr allt, trodd y gyrrwr i gilfan argyfwng ar ochr y ffordd, a stopio, ac meddai, 'Dewch hefo mi'. Ac i lawr ag ef am ychydig ar hyd llwybr concrid, gyda grisiau arno yma ac acw, a minnau wrth ei sawdl. Yn sydyn dyma'r llwybr yn troi i'r dde, ac ymlaen am tua chan llath, at y sied a'r tyddyn.

Dywedais wrtho fy mod am aros yn y troad, a gadael iddo ef fynd ar y blaen i gael gair gyda nhw yn gyntaf, rhag ofn imi bechu yn eu herbyn. Wrth i'r gyrrwr nesáu at y tyddyn gwelais ddau ddyn yn dod i'w gyfarfod. Ar ôl ymgomio am ryw dri munud gyda'r ddau ŵr, galwodd fi ymlaen. Erbyn i mi gyrraedd roedd un o'r dynion, a oedd o gwmpas hanner cant oed, wedi diflannu.

Yr unig ffordd y medrwn i gysylltu â nhw oedd drwy'r gyrrwr, ac eglurodd mai dau frawd oeddynt, a'u bod yn hapus iawn imi weld y gwartheg, oedd wedi eu clymu yn y sied sinc.

Dwy o rai du a gwyn a chyrn ganddynt, yn debyg iawn i Friesians, oedd y ddwy fuwch ond yn llawer llai o faint – rhai wedi 'crabio pan yn lloi bach' fuasai disgrifiad ffermwyr Dyffryn Ceiriog ohonyn nhw.

Wedi imi gyfarch y cyntaf o'r dynion a oedd ychydig yn hŷn na'i frawd, cefais fynd i mewn i'r sied a oedd wedi ei charthu yn lân i dynnu lluniau. Erbyn imi orffen y dasg a dod allan, roedd yr ail frawd wedi ymddangos gyda photel o win coch yn ei law chwith a dau wydr yn ei law dde. Llanwodd un ohonynt a'i gynnig i mi, diolchais iddo drwy'r gyrrwr a'i yfed i gyd. Yr oedd gwên fawr ar wyneb y ddau, ac ar fy wyneb innau hefyd. Derbyniodd y gyrrwr hefyd wydraid o'r gwin.

Yr eiliad yr oedd ei wydr ef yn wag, ail lenwyd un i mi, ac yfais o gan ddweud wrth y gyrrwr bod rhaid inni fynd gan fod y tri arall yn eistedd yn y car yn y gilfan barcio ers hanner awr.

Diolchais iddynt am eu croeso cynnes, roedd wynebau'r ddau yn wên o glust i glust. Wrth gerdded yn ôl i'r car eglurodd y gyrrwr bod y ddau wedi eu plesio yn fawr fy mod wedi yfed ei gwin, ac mai dyna oedd eu ffordd nhw o ddangos eu croeso. Pan gyraeddasom y car a dweud yr hanes, yr oedd Brynmor yn teimlo yn eiddigeddus iawn.

Mwynhaodd y pedwar ohonom y daith yn y tacsi'r diwrnod hwnnw, a hefyd ein hymweliad â'r ynys, a chafwyd bwyd arbennig o dda ymhob man, ond os ewch chi i'r ynys ryw dro, peidiwch â gofyn am stecen ffiled fel y gwnes i, gan nad oes ganddynt syniad sut i'w choginio yn dda.

Merched yn bennaf

Ymysg y miloedd o gyfweliadau rwyf wedi eu cynnal yn ystod y chwe blynedd ar hugain, mae sgyrsiau gyda thair gwraig arbennig iawn yn aros yn y cof.

Y gyntaf yw'r un gyda Dr Kate Roberts. Pan oedd Dr Kate yn dathlu ei phen-blwydd yn ddeg a phedwar ugain ym mis Chwefror 1981, penderfynodd yr Academi Gymreig ei anrhydeddu am ei chyfraniad i lenyddiaeth Gymraeg drwy gynnal rhaglen arbennig yn Theatr Twm o'r Nant, Dinbych ar ddydd Sadwrn y 14eg.

Ar y bore dydd Mercher blaenorol a'r tywydd yn oer a budr, cefais alwad ffôn gan Lenna Pritchard Jones i ddweud ei bod yn awyddus iawn i mi recordio sgwrs efo'r awdures a gofynnodd a oedd modd imi fynd draw i Ddinbych i'w holi. Eglurodd fod yr hen wraig erbyn hyn yn wael ac yn fusgrell yn Ysbyty Dinbych. Soniodd hefyd fod nifer o bobol bwysig ym maes llenyddiaeth wedi ceisio recordio sgwrs â hi ond eu bod oll wedi bod yn aflwyddiannus.

Pa siawns oedd gen i felly? meddyliais, ond penderfynais roi cynnig arni beth bynnag.

Ffôniais y Prifardd Gwilym R. Jones, gan fy mod yn ei adnabod yn dda, a gwyddwn hefyd ei fod yn un o gyfeillion pennaf Dr Kate. Gofynnais iddo am gyngor sut i fynd ati i gael cyfweliad â hi. Fe'm cynghorodd i gael gair â Metron yr ysbyty yn gyntaf i egluro yr hoffwn recordio sgwrs â'r hen wraig.

Nid oedd y Metron yn hapus iawn pan ofynnais iddi gyntaf, ond ar ôl siarad â hi am ychydig, llwyddais i'w chael i gytuno.

'Daliwch y lein,' meddai. 'Mi af i weld a yw Dr Kate yn fodlon siarad efo chi.'

Daeth yn ei hôl ymhen rhai munudau a dweud y newyddion da ei bod yn fodlon imi fynd draw i'w gweld. Gofynnodd pa bryd y byddwn yno, a dywedais innau y buaswn yn cychwyn ar unwaith ac y byddwn yn Ninbych ymhen tri chwarter awr.

Cyrhaeddais yr ysbyty ychydig bach yn hwyr gan ei bod yn bwrw eira'n drwm a minnau wedi gorfod dilyn ffordd wahanol i'r arfer i dref Dinbych. Roedd y Metron yn disgwyl amdanaf a chefais groeso mawr ganddi, cyn iddi fy nhywys yn syth i ystafell fechan oddi ar y prif gyntedd gydag un gwely ynddo. Dwedodd wrthyf y buasai'n dod â'r awdures ataf i'r fan honno, ac aeth draw i'r ward ble'r oedd Dr Kate yn eistedd yn ei chadair olwyn yn hepian cysgu.

Eisteddais ar erchwyn y gwely a chynnau'r peiriant recordio. Yna cyrhaeddodd y Metron gyda Dr Kate mewn cadair olwyn. Fe'i gadawodd yno wrth fy ochr ac allan â hi i adael y ddau ohonom i sgwrsio.

Dechreuais y cyfweliad yn syth, cyn i Dr Kate gael amser i feddwl ei bod yn cael ei chyfweld, er ei bod wedi cytuno wrth gwrs. Ar ôl rhyw bum munud dechreuodd chwerthin pan awgrymais ei bod wedi gwneud ffortiwn o werthiant ei llyfrau. Doedd hi erioed wedi clywed neb yn awgrymu hynny wrthi o'r blaen, meddai.

Roedd yr awdures wedi ymlacio'n llwyr ac yn sgwrsio'n fodlon am y profiadau a gawsai yn ystod ei hoes; roeddwn innau'n hapus iawn yn ei chwmni hithau hefyd. Ar ôl tua hanner awr, edrychai fel petai'n dechrau blino a dywedais fy mod am fynd, ond cyn imi godi gofynnodd am faint o'r gloch y byddai'r cyfweliad yn cael ei ddarlledu ac ar ba raglen. Atebais innau mai ar 'Helo Bobol' fore trannoeth, am tua chwarter wedi saith, y byddai'r sgwrs i'w chlywed. Dywedodd ei bod yn gwrando'n gyson ar y rhaglen a'i bod yn fy nghlywed i'n aml yn holi pobol ddiddorol. Os oedd ei chorff yn fusgrell, roedd ei meddwl yn chwim a chymerai ddiddordeb yn y pethau oedd yn digwydd o'i chwmpas.

Wrth imi godi i adael ac ysgwyd llaw â Dr Kate, daeth dagrau i'w llygaid a theimlais innau lwmp yn fy ngwddf wrth feddwl fy mod yn cyfarfod am y tro cyntaf, ac yn ffarwelio am y tro olaf, â brenhines llên Cymru. Dymunais ben-blwydd hapus iawn iddi ddydd Sadwrn, 'a gobeithio y cewch chi ddiwrnod hyfryd dros ben', meddwn.

'Dwi ddim yn edrych ymlaen o gwbl at yr achlysur, ond rwyf am wneud ymdrech i fynd,' meddai gyda gwên.

Daeth y Metron i mewn i weld a oedd popeth yn iawn. Diolchais iddi am ei chydweithrediad ac aeth â Dr Kate yn ôl i'r

196

ward. Sefais innau i edrych arni'n mynd ar hyd y cyntedd yn ei chadair olwyn nes iddi ddiflannu i mewn i'r ward. Teimlais fraint aruthrol o fod wedi cael ei chyfarfod, ond yn drist hefyd am nad oeddwn wedi cael mwy o amser yn ei chwmni.

Cyn gadael yr ysbyty, ffôniais swyddfa 'Helo Bobol' i ddweud fy mod wedi cael cyfweliad hyfryd gyda Dr Kate. Roedd Lenna wrth ei bodd gan fod y sgwrs yn sgŵp i'r rhaglen.

Mae tâp o'r sgwrs honno yn archifdy'r BBC yng Nghaerdydd heddiw ac wedi cael ei chwarae droeon ers hynny ar nifer o raglenni eraill y gorfforaeth, gan mai dyna'r cyfweliad olaf a wnaeth Dr Kate Roberts.

* * *

Yr ail wraig a wnaeth argraff fawr arnaf oedd y gyn-nyrs Annie Boumphrey. Clywais amdani yn dilyn darllediad o raglen deledu Hywel Gwynfryn o Ceylon, neu Sri Lanka erbyn heddiw. Roedd hi wedi gweld y rhaglen ac wedi ei mwynhau'n arw am ei bod wedi treulio cyfnod pleserus yn gweithio yn y wlad, felly fe ysgrifennodd lythyr at Hywel i ddweud hynny. Gwelodd Marc Evans, ymchwilydd 'Helo Bobol' ar y pryd, y llythyr ac awgrymodd y buasai'n gwneud stori dda petawn yn medru dod o hyd i'r wraig. Yr unig beth a wyddai oedd ei bod yn byw yng nghyffiniau Rhuthun.

Treuliais oriau'n chwilio ac yn ffônio hwn a'r llall, ond nid oedd neb yn gwybod dim amdani. Roeddwn ar fin rhoi'r ffidil yn y to pan awgrymodd rhywun y dylwn holi'r Parchedig O. R. Parry, gan ei fod yn adnabod pawb yn y dref. Cysylltais ag ef ac oedd, roedd o wedi clywed am rywun o'r enw Mrs Boumphrey a oedd yn aros efo Mrs Owen yn ymyl Eglwys Llanfwrog. Deuthum o hyd iddi yn y diwedd ond nid oedd yn fodlon recordio sgwrs am ei bod yn wael, ond cytunodd imi fynd i'w gweld ar ôl iddi wella.

Ymhen ychydig wythnosau, cysylltais â hi drachefn ac erbyn hynny roedd hi wedi gwella'n llwyr, a threfnais fynd yno i'w chyfarfod.

Cefais ei hanes hi a'i theulu a oedd yn hanu o ardal Clocaenog ger Rhuthun, a dywedodd sut y cafodd ei hyfforddi i fod yn nyrs yn Ysbyty St Thomas, Llundain, yn ogystal â'i hanes yn gweithio yn y ffosydd yn Ffrainc yn ystod y Rhyfel Byd Cyntaf. Soniodd hefyd am y daith anhygoel gyda'i gŵr mewn llong o Lerpwl i Efrog Newydd yn ystod yr Ail Ryfel Byd, cyn iddynt fynd ymlaen wedyn i Dde Affrica. Yn ogystal â hyn bu'n nyrsio efeilliaid brenin a brenhines Sbaen a oedd yn fud a byddar ac yn wael iawn. Bu'n gweithio mewn nifer fawr o wledydd eraill ar draws y byd, megis India a Zimbabwe, a chael profiadau anhygoel.

Cyn imi ei gadael, gofynnais a oedd ganddi ddiddordeb mewn ysgrifennu llyfr am ei hanes a dywedodd ei bod wedi meddwl gwneud hynny droeon, ond nad oedd y gallu na'r wybodaeth ganddi ynghylch sut i fynd ati i ddechrau'r gwaith. Soniais y buaswn i'n fwy na bodlon ymgymryd â'r dasg, a derbyniodd hithau fy nghynnig.

Gadewais gyda deunydd chwech o sgyrsiau – dwy ar gyfer 'Helo Bobol' a phedair i R. Alun Evans, cynhyrchydd y rhaglen nos Sul 'Rhwng Gŵyl a Gwaith'.

Aeth tair blynedd heibio cyn imi gael cyfle i ddechrau ar y gwaith a phedair blynedd yn ddiweddarach, ar ôl i Nova a minnau dreulio nifer fawr o oriau difyr yn ei chwmni, yn cofnodi ei hatgofion ar dâp, roedd y ddau ohonom yn barod i ddechrau ysgrifennu.

Hon oedd y dasg anoddaf a wnaeth y ddau ohonom erioed. Y broblem oedd ceisio penderfynu beth i'w adael a beth i'w hepgor, gan fod gymaint o ddeunydd diddorol yn y sgyrsiau a ninnau hefyd yn ddibrofiad yn y gwaith. Ond ar ôl blwyddyn o waith caled a chymorth ffrindiau da, sef llyfrgellydd Llyfrgell Wrecsam, Hedd ap Emlyn o Ruthun ac Eirian Jones o Lannefydd ger Dinbych, roedd y bras gopi cyntaf yn barod i'w gyflwyno i Myrddin ap Dafydd yng Ngwasg Carreg Gwalch, Llanrwst.

Flwyddyn a hanner yn ddiweddarach, ym mis Mehefin 1990, cyhoeddwyd Mewn Gwisg Nyrs, sydd allan o brint erbyn hyn yn anffodus ond y mae i'w gael mewn llyfrgelloedd ledled Cymru.

* * *

Y drydedd wraig arbennig imi ei chyfarfod oedd Mrs May Evans, a oedd yn byw ar y pryd yn Hen Colwyn. Clywais amdani wrth sgwrsio ag Ifan Lloyd Williams o Hen Golwyn – cyswllt arbennig o dda os am stori. Soniodd am wraig mewn oed a oedd yn byw nid nepell oddi wrtho a oedd wedi cael profiadau diddorol iawn yn ystod Rhyfel Cartref Sbaen. Rhoddodd ei chyfeiriad i mi ac euthum yno i'w gweld.

Wedi imi gyflwyno fy hun a dweud fy neges, dechreuodd Mrs Evans ddweud ei hanes dros gwpaned o de. Un o Finffordd ger Porthmadog ydoedd yn wreiddiol. Cyfarfu â'i gŵr Robert Gruffydd Evans yn 1925 wrth chwarae tennis yn y pentref. Brodor o Ddyffryn Chubut ym Mhatagonia oedd o, heb air o Saesneg, dim ond Cymraeg a Sbaeneg. Roedd yn ddi-waith ar y pryd ar ôl rhoi'r gorau i'w swydd i ddod â'i dad, a oedd yn wael, yn ôl i Gymru i farw.

Ddwy flynedd yn ddiweddarach, wedi iddo gladdu ei dad ac ar ôl dysgu ychydig o Saesneg, priododd y ddau a chafodd Robert swydd gyda chwmni llongau *MacAndrews Shipping* yn Llundain. Gan mai Sbaeneg oedd ei iaith gyntaf, cafodd ei anfon i Saville yn Sbaen i weithio ac fe'i penodwyd yn fuan iawn yn rheolwr ar swyddfa'r cwmni yn y porthladd. Dyna pryd y dechreuodd y Rhyfel Cartref rhwng y comiwnyddion, yr anarchwyr, a'r gweriniaethwyr.

Pan ddechreuodd y Cadfridog Franco ladd y bobol oedd yn ei wrthwynebu, gadawodd Mr a Mrs Evans a'u dau blentyn Sbaen a dod yn ôl i Gymru. Ond ni pharodd hynny'n hir. Un bore derbyniodd ei gŵr lythyr gan y cwmni yn Llundain yn ei hysbysu ei fod wedi cael ei benodi'n bennaeth porthladdoedd y cwmni yn Sbaen, gan ofyn iddo fynd yn ôl yno i fyw ond i Farcelona y tro hwn. Anfonodd yntau lythyr yn ôl at y cwmni i ddweud ei fod yn anfodlon iawn mynd yn ôl, ond roedd y cwmni'n daer, yn pwysleisio mai ef oedd yr unig un cymwys i wneud y swydd. Ar ôl oriau o ddadlau, cytunodd y ddau fynd yn ôl.

Ymhen naw mis derbyniodd y ddau delegram gan y cwmni yn dweud wrthynt fynd ar frys i weld Llysgennad Prydain yn Seville. Eglurodd y Llysgennad fod y sefyllfa wedi gwaethygu a gofynnodd i Robert a fuasai'n fodlon gweithio i lywodraeth

Prydain yn y llysgenhadaeth, gan fod y Saeson i gyd wedi gadael. Cytunodd yntau ac fe'i penodwyd yn Weinidog Trafnidiaeth Rhyfel y llysgenhadaeth yn Sbaen. Ei brif gyfrifoldeb oedd smyglo pwysigion allan o'r wlad i Gibraltar, rhag ofn i Franco'u dal a'u lladd.

Roedd arno angen cymorth ei wraig i wneud hyn wrth gwrs, a chytunodd hithau ar un amod eu bod yn cael mynd adref i Gymru ar yr awyren gyntaf ar ddiwedd y gwrthryfela.

Yn ôl Mrs Evans roedd eu bywydau mewn perygl bob eiliad o'r dydd a'r nos ac erbyn i'r ymladd ddod i ben ar ôl pum mlynedd, yn 1945, roedd y ddau wedi smyglo dros chwe chant ac wyth deg o bobol allan o'r wlad, o dan drwyn milwyr Ffranco, a hynny drwy siarad Cymraeg efo'i gilydd bob amser.

Wedi cyrraedd adref i Gymru, galwyd ar y ddau i fynd i Lundain i dderbyn *salver* arian yn rhodd gan forwyr a swyddogion y Llynges Brydeinig i ddiolch iddynt am eu gwasanaeth i'w cyd-ddyn.

Do, rwyf wedi bod yn ffodus iawn o'r cyfle i gwrdd â chynifer o bobol ddiddorol tu hwnt yn ystod fy ngyrfa fel gohebydd.

Gweithio fel 'ecstra'

I gyd-fynd â sefydlu'r sianel deledu Gymraeg S4C yn nechrau'r 1980au, sefydlwyd nifer o gwmnïau annibynnol i gynhyrchu rhaglenni ar gyfer y sianel newydd. Y prif rai yn y gogledd oedd Tir Glas, Ffilmiau'r Nant, Ffilmiau Eryri, Tŷ Gwyn, Gaucho, Bryngwyn, Llifon a Chwmni'r Castell a chan fod gen i gerdyn undeb actorion *Equity*, cawn fy ngalw i fod yn rhodiwr (ecstra) un, dau neu dri o bryd i'w gilydd.

Un o'r bobol yn y cefndir yw rhodiwr un ac nid yw'n siarad o gwbl. Mae gan rodiwr dau lein neu ddwy yma ac acw i'w dweud, a rhodiwr tri yn chwarae rhan mân gymeriad ac yn aelod o'r 'cast'. Dros y cyfod o ddeg mlynedd cyn i Magi Thatcher wahardd siop gaeedig yr undebwyr ar ddechrau'r 1990au, câi'r cwmnïau eu gorfodi i gyflogi aelodau *Equity* a chefais innau fân rannau mewn nifer o gynyrchiadau, megis y cyfresi *Galw Gari, C'mon Midffîld, Taro Tant* ac *Almanac* a'r ffilmiau *Ann Griffiths, Un Nos Olau Leuad, Hufen a Moch Bach, Stormydd Awst* a *Sgid Hwch*, i enwi ond ychydig.

Ond mae un digwyddiad yn ystod ffilmio golygfa o *Hufen a Moch Bach* na wnaiff Morien Phillips na minnau byth ei hanghofio. Helyntion y trip ysgol Sul yn y ffair oedd y stori a'r ffilmio'n digwydd yn 'Butlins' Pwllheli.

Yn yr olygfa honno, roedd y gweinidog (Mei Jones) yn siarad ag un o'i aelodau a oedd yn reidio beic ac yn dadlau â'r gweinidog ar yr un pryd. Yn y cefndir gwelid cadeiriau troi y ffair yn mynd rownd a rownd yn sydyn. Roedd nifer o 'ecstras' yn y cadeiriau, ond Morien a minnau oedd yr unig ddau mewn cadair efo'n gilydd. Eisteddodd Morien yn un gornel a minnau'n y gornel arall. Galwyd *'action'*, dechreuodd y peiriant droi a dechreuodd y ffilmio.

Ar ôl rhyw funud roedd y cadeiriau'n mynd rownd ar wib, a Morien a minnau'n cael ein chwipio'n gynt na neb arall gan fod dau ohonom yn y gadair. Pan ddaeth y reid i ben ar ôl tua chwe munud, roeddwn i bron â llewygu, yn welw fel cynfas, yn sigledig iawn ar fy nhraed a phoen mawr yn fy mrest, a Morien yntau yn yr un cyflwr, gyda'i wyneb yn goch fel petai gwythïen ar fin byrstio.

Dychrynodd pawb ar y set, gan gynnwys y cyfarwyddwr, ac aethpwyd â ni i orffwyso ac i gael llymaid o ddiod oer. Diolch byth, daeth y ddau ohonom atom ein hunain ymhen rhyw gwta hanner awr ond bu'r cyfan yn brofiad ofnadwy. Erbyn deall, dim ond am dri munud y mae reid o'r fath i fod i bara, ond oherwydd problemau ffilmio, gadawyd i'r cadeiriau droi am chwe munud y diwrnod hwnnw!

O'r holl raglenni y bûm i'n gysylltiedig â nhw, *Galw Gari* oedd yn rhoi'r pleser mwyaf i mi a chefais ran fechan ym mhob un o'r cyfresi bron. Roeddwn yn adnabod Emyr cyn iddo ddod yn adnabyddus a newid ei enw i Gari Williams, ond er y newid enw, ni newidiodd ei gymeriad o gwbl ar ôl iddo ddod yn enwog.

Roedd gweithio gyda Gari yn bleser llwyr a chafodd y genedl golled enfawr pan fu farw. Ni all neb ddod i lenwi'r bwlch a adawodd ar ei ôl, fel digrifwr nac fel cyfaill.

Hwn oedd cyfnod euraidd S4C, a Radio Cymru hefyd, ac rwy'n hynod falch fy mod wedi cael y fraint a'r cyfle i chwarae fy rhan yn hanes y ddau gyfrwng.

Twnelau'r A55

Cyfnod cyffrous iawn oedd adeiladu'r A55, yn enwedig y rhan o Gyffordd Llandudno i Lanfairfechan, gan fod yn rhaid adeiladu tri thwnnel, dau drwy graig ac un o dan afon Conwy.

Mi gefais y fraint o wneud adroddiadau ar ddatblygiad y tri, o ddechrau'r gwaith i'w orffen. Y cyntaf i gael ei adeiladu oedd Penmaen-bach, rhwng Conwy a Phenmaenmawr – twnnel dwbl, hynny yw, dwy lôn bob ffordd, 642 metr o hyd ar gost o £22 miliwn, a agorwyd ym mis Hydref 1989. Dechreuwyd ar y tyllu ym Mai 1987 o'r ochr orllewinol, sef Penmaenmawr.

Y gorchwyl cyntaf oedd clirio tunelli o gerrig mân a gro o geg y twnnel, oedd wedi llithro i lawr ochr y mynydd a'r graig dros y blynyddoedd, er mwyn mynd at wyneb y graig a'i gwneud yn ddiogel i ddechrau tyllu.

Roedd gweld JCB i fyny yn uchel ar wyneb y graig, ar y diwrnod cyntaf, yn olygfa fythgofiadwy, roedd yn anodd credu bod peiriant mor fawr yn medru mynd i fyny i'r fath le.

Y person cyntaf i mi ei gyfweld ar y safle hwnnw oedd Dewi Jones, un o brif beirianwyr ymgynghorwyr Travers Morgan, goruchwylwyr y cynllun, a'r unig Gymro Cymraeg yn eu mysg.

Brodor o Rhos Isa, ger Caernarfon, oedd Dewi. Roedd yn un o brif beirianwyr y cwmni ar y twnnel Ewro o dan y sianel i lawr yn Dover, cyn iddo gael ei symud i fyny i Benmaenmawr. Mae'n byw heddiw yn Llanfaglan, ger Caernarfon.

Prif gontractwr twnnel Penmaen-bach, oedd John Laing Cyf, ond roedd yna nifer fawr o is-gontractwyr arbenigol o dan gytundeb iddyn nhw, ac un o'r rhain oedd Travers Morgan. Hebddynt hwy ni fuasai'r gwaith yn medru cychwyn.

Ymhen ychydig ar ôl dechrau tyllu i mewn i'r graig a phethau yn mynd ymlaen yn eithaf rhwydd, dechreuwyd tyllu o'r pen arall, sef o ochr Conwy. A phan ddaeth y diwrnod i dorri trwy'r llathen olaf, galwyd y papurau a'r cyfryngau i gyd yno i fod yn dystion ac i adrodd yr hanes.

Ychydig o funudau cyn y digwyddiad hanesyddol rhybuddiwyd fi a phawb arall gan Dewi Jones, i gadw ar un ochr, roedd y peiriant recordio yn rhedeg ac yntau yn disgrifio'r olygfa i mi ar y tâp. Yn sydyn dyma glec ac andros o chwa o wynt cryf fel bwled heibio ni, digon cryf i'n taflu i'r llawr, a sŵn pobl o'r ochr arall yn gweiddi ac yn gorfoleddu yn eu llwyddiant; wedyn gwthio eu hunain drwy'r twll gan gyfarch ac ysgwyd llaw hefo pawb o'n hochr ni, fel petaen nhw heb weld ei gilydd erioed o'r blaen. Tra oedd hyn yn digwydd roeddwn yn gorffen fy sgwrs gyda Dewi Jones.

I orffen y dathliad cerddodd pawb yn ôl drwy'r twnnel newydd i ochr Penmaenmawr. Roedd yn brofiad na wnaf i byth ei anghofio.

Twnnel osgoi tref Conwy oedd yr ail i gael ei adeiladu, 1,089 metr o hyd o dan aber yr afon, a hwn oedd y cytundeb unigol mwyaf uchelgeisiol, a'r cyntaf o'i fath erioed ym Mhrydain. Dechreuwyd y gwaith yn 1985, ac agorwyd ef i drafnidiaeth yn 1991.

Yr amcanbris a dderbyniwyd i'w adeiladu oedd ychydig dros £102 miliwn, gyda'r telerau i'w orffen mewn pedair blynedd a thri mis, ond roedd y gost derfynol yn £42 miliwn yn uwch na hynny, er bod rhai yn honni fod y gost derfynol go iawn yn nes i £190 miliwn.

Y tro hwn roedd pedwar prif gontractwr yn ymgymryd â'r gwaith o'i adeiladu: John Laing, Alfred McAlpine, Balflour Beatty, Costain Tarmac, ynghyd â chwmni ymgynghorwyr Travers Morgan, a dwsinau o is-gontractwyr arbenigol eraill.

Pont arall ar draws yr aber oedd y syniad gwreiddiol, ond roedd yr amgylcheddwyr yn gwrthwynebu'n chwyrn, ac eisiau gwarchod harddwch y bae.

Ar ôl ymchwiliad cyhoeddus enfawr, cytunwyd i gael twnnel o dan wely'r afon. Ond roedd rhaid ei adeiladu allan o ddur a choncrit.

Y dasg gyntaf i'r peirianwyr oedd codi dau argae dros dro, un mewn hanner cylch yn yr afon, ar yr ochr orllewinol i dref Conwy, a'r ail ychydig yn llai, ar yr ochr ddwyreiniol, lle'r oedd y ddwy fynedfa i'r twnnel i fod, a phwmpio'r dŵr allan yn barod ar gyfer gosod y sylfeini. Wedi hynny turiwyd anferth o dwll arall, cafn castio fel y galwyd o, a oedd yn ddigon mawr a dwfn i gladdu tref Conwy i gyd ynddo.

Pwrpas hwn oedd cael lle i adeiladu'r chwe uned anferth

oedd yn cynnwys y pedair lôn. Roedd rhain yn cael eu hadeiladu mewn tair rhes o dair, ar ffurf tiwb, allan o ddur a choncrit trwchus, cant a deunaw metr o hyd ac yn pwyso tri deg mil o dunelli'r un.

Cefais daith o amgylch y safle yng nghwmni Alun Davies, o gwmni Travers Morgan, pan oeddent yn paratoi safleoedd yr unedau. Eglurodd fod yn rhaid i bob un fod yn berffaith wastad, a'r broblem fwyaf oedd dŵr yn codi.

Roedd nifer fawr o bympiau i'w gweld o amgylch y safle yn pwmpio drwy gydol yr amser, gan fod y cafn islaw lefel y môr. Wedi hynny cefais y cyfle i fynd yn ôl amryw o weithiau i wneud adroddiadau gydag ef, drwy gydweithrediad swyddogion adran y wasg y Swyddfa Gymreig.

Pan oedd y gwaith adeiladu yn nesáu at ei derfyn, ychydig o ddyddiau cyn cau'r talcenni a'u selio rhag i'r dŵr fynd i mewn, fe gefais innau ac aelodau eraill o'r wasg, fynd i mewn i'r unedau, a chael sgwrs gyda rhai o'r swyddogion oedd yn gweithio yno, a gweld y peiriannau oedd tu mewn i'r uned gyntaf ar gyfer eu gosod yn eu lle hefo jaciau ar wely'r afon.

Yn ystod y cyfnod pan oedd y gwaith yn ei anterth roedd dros fil o ddynion a merched yn gweithio ar y safle, 60% ohonyn nhw yn bobol leol. Roedd cyfanswm y cyflogau yr adeg honno dros filiwn o bunnau'r wythnos.

Mae'n anodd credu, wrth inni wibio yn ôl ac ymlaen drwy'r twnnel heddiw, fod dros 300,000 o goncrid, 10,000 tunnell o ddur i atgyfnerthu'r concrid, a dros 2,500 tunnell o ddur plât, wedi cael eu defnyddio i'w adeiladu, heb sôn am y milltiroedd o geblau trydan.

Tra oedd adeiladu'r unedau yn digwydd, roedd carthlong *(dredger)* anferth yn glanhau gwely'r afon, wedyn yn torri ffos lydan yn yr afon ar draws y bae, a gosod sylfaen o flociau anferth o goncrid i orffwys yr unedau ar wely soled.

Pan oedd popeth yn barod i gychwyn y broses o symud yr unedau, cefais wahoddiad i fod yn bresennol.

Y cam cyntaf oedd clirio popeth allan o'r cafn castio, wedyn selio'r ddau dalcen a llenwi'r tanciau balast oedd tu mewn i'r unedau, a bylchu'r argae i foddi'r cafn, ac ymhen dim roedd yn llawn, a dim ond y chwe tho a'r tyrau mynediad i mewn i bob un oedd i'w gweld uwchben y dŵr – roedd hon yn olygfa anhygoel.

Bu'n rhaid gohirio cychwyn y gwaith o'u nofio i lawr yr afon o'r cafn nifer o weithiau oherwydd y tywydd. Ond pan ddaeth y gair fod y cyntaf yn mynd i gychwyn ar ei thaith olaf, rhuthrais i'r safle, i gael gweld y digwyddiad hanesyddol drosof fy hun.

Alun Davies oedd yn cadw cwmni imi eto, roedd y ddau ohonom yn eistedd mewn man delfrydol ar lan yr afon lle medrem weld y cyfan yn digwydd. Dwy long arbenigol anferth gyda cheblau wedi eu clymu i'r uned, oedd yn ei llywio, ynghyd â nifer o gychod llai, a oedd yn gyfrifol am gario offer a phobl i'w gosod yn ei lle.

Yn y dechrau yr oedd yn symud yn araf araf iawn, mi fuasech yn credu nad oedd hi yn symud o gwbl, ond os oeddem yn tynnu ein llygaid oddi arni am ryw ddau neu dri munud, ac wedyn yn edrych yn ôl, dyna pa bryd yr oeddem yn gweld pa mor gyflym yr oedd yn symud.

Yn eu cynorthwyo hefyd roedd 90 o ddeifwyr yn gweithio shifft 24 awr, a hynny mewn tywyllwch, oherwydd nad oedd yn bosibl iddynt weld dim gan fod y mwd a'r tywod yn cael ei gorddi.

Ar ôl gosod yr uned gyntaf yn ei lle, ar ochr Deganwy o'r afon, agorwyd un o'r drysau mawr oedd ymhob talcen i'r uned. Roedd hyn yn cael ei wneud o'r tu fewn, wrth symud ymlaen o un i'r llall, fel yr oeddynt yn cael eu gosod yn eu lle ar wely'r afon gan y deifwyr.

Profiad gwefreiddiol oedd gweld symudiad yr uned gyntaf i lawr yr afon. A phan orffennodd y contractwyr y gwaith, i mewn yn y twnnel, trefnodd nifer o elusennau lleol ddiwrnod i godi arian, trwy godi punt ar bob oedolyn i gerdded yn ôl ac ymlaen drwy'r twnnel, ac fe ddaeth y bobl yno wrth y cannoedd ar ddydd Sul braf y 23ain o Fedi. Coronwyd y cyfan pan agorwyd y twnnel gorffenedig yn swyddogol ar y 25ain o Hydref, 1991.

Y trydydd, a'r twnnel olaf a adeiladwyd ar lwybr yr A55, oedd Pen Clip, rhwng Penmaenmawr a Llanfairfechan, a agorwyd yn 1993. Twnnel dwy lôn, un ffordd i'r gorllewin, ydi hwn ac yn 930 metr o hyd, drwy graig galed iawn. Mae'r mynediad o ochr Penmaenmawr, sydd yn codi yn raddol i gario'r ffordd, wedi cael ei adeiladu ar drawstiau dur anferth, fel pont, er mwyn codi'r ffordd i fyny, i alluogi'r rheilffordd oedd yno eisoes, i redeg oddi tanodd. Ychydig iawn o sylw a gafodd y cynllun yma gan y wasg, gan fod Twnnel Conwy wedi dwyn yr holl sylw ddwy flynedd ynghynt, ond mi gefais i y fraint o fod yn bresennol yn seremoni'r agoriad swyddogol.

Pont croesi afon Dyfrdwy

Roedd trigolion tref y Waun wedi bod yn ymgyrchu am flynyddoedd i gael ffordd osgoi i'r dref, gan fod y drafnidiaeth yn cynyddu ac yn achosi problemau mawr, yn enwedig ar benwythnosau a gwyliau banc. Ond roedd y Swyddfa Gymreig yn gyndyn iawn i glustnodi arian ar gyfer y gwaith.

Ar ôl iddynt gytuno bod angen ffordd osgoi newydd a'i chyllido yn y diwedd, roedd y cynllunwyr yn methu penderfynu ar ei llwybr. Roedd ganddynt ddau ddewis, i'r gorllewin o'r dref, oedd yn mynd tu cefn i ffatri Cadbury's, a'r llall ar yr ochr ddwyreiniol.

Gwelwyd ar ôl trafodaethau hir, mai'r unig ddewis oedd ganddynt oedd yr un i'r ochr ddwyreiniol o'r dref, lle y mae heddiw. Ond roedd yn mynd drwy dir amaethyddol da, ac yn ogystal yr oedd yn rhaid adeiladu dwy bont anferth dros y ddwy afon, y Dyfrdwy a Cheiriog.

Y gyntaf a godwyd oedd dros afon Dyfrdwy. Hon oedd y bont un bwa gyda dwy golofn o boptu uchaf yn Ewrop ar y pryd – roedd dros ddau gant o droedfeddi o wely'r afon i lefel y ffordd.

Ac ar ôl iddyn nhw gwblhau'r ffordd newydd o'r Bers, ger Wrecsam, i fyny i gylchfan Halton ar gyrion y Waun, agorwyd hi i drafnidiaeth ar yr 8fed o Fehefin, 1990.

Eto, fel gyda thwnnel Conwy, trefnwyd diwrnod arbennig i godi arian i elusennau gan nifer o bobl leol – ar ddydd Sul, y 13eg o Fai. Roedd yn ddiwrnod hyfryd o braf. Daeth cannoedd o bobl yno o bob cwr o'r wlad, a minnau yn eu mysg, i gerdded ar ei hyd am y tro cyntaf – a'r olaf.

Ond rhyw fis cyn hynny ar yr 8fed o Ebrill, cefais fynd i mewn i'w pherfedd, a cherdded o un pen i'r llall gyda David Morris, un o brif beirianwyr cwmni Nuttal yr adeiladwyr, a oedd yn Gymro Cymraeg. Ychydig iawn o bobl sydd yn gwybod bod y tu mewn yn hollol wag, ac y buasai bws unllawr yn medru teithio yn gyffordus ynddi o un pen i'r pen arall. Mae'r ddwy golofn goncrid hefyd yn wag y tu mewn.

Petaen nhw yn soled, yn ôl yr arbenigwyr, fe fuasent yn

drwm iawn ac yn straen ar y colofnau, a hefyd ni fuasent yn medru gwrthsefyll yn hir y gwyntoedd cryfion, sydd yn digwydd o bryd i'w gilydd. Mae'r ddwy golofn yn cael eu harchwilio yn rheolaidd gan arbenigwyr gyda pheiriant arbennig.

Maen nhw yn mynd i lawr gyda nen bont *(gantry)* – caets ydi hwn yn mynd i lawr yn araf, araf o'r top i'r gwaelod, yn chwilio am arwyddion o gracio yn y concrid. Pe gwelid yr arwydd cyntaf o wendid yn y concrid, buasai'r bont yn cael ei chau yn syth a'i hatgyweirio.

Adeiladwyd yr ail adran o'r ffordd osgoi o gylchfan Halton i gylchfan y Gledrid, gyda phont dros afon Ceiriog, bron i flwyddyn yn ddiweddarach, ac fe agorwyd hi ar y 3ydd o Fai, 1991.

Terfysg Bradford

Drannoeth ar ôl i derfysg Bradford ddod i ben, gofynnodd cynhyrchydd y rhaglen materion cyfoes wythnosol 'Llinyn Mesur' imi a fuaswn yn fodlon mynd i'r ddinas honno i wneud adroddiad am y trafferthion. Soniodd wrthyf fod teulu Cymraeg yn byw ar gyrion y ddinas, sef Oswyn a Nesta Parry a'u tri o blant, sy'n siarad Cymraeg yn rhugl.

Dechreuodd y terfysg ar nos Sul y 15fed o Ebrill, 2001 yn ardal Lidget Green pan wnaeth tua deugain o ddynion ifanc, croenwyn sylwadau hiliol yn nhafarn y *Coach House* ble'r oedd nifer o ddynion ifanc o dras Indiaidd yn yfed. Yn dilyn hynny, chwalodd y cynnwrf fel tân gwyllt i dafarn arall, yr *Oddfellows*, ac yna i'r strydoedd oddi amgylch. Erbyn hyn roedd tua chant o bobol ifanc Asiaidd wedi ymgasglu at ei gilydd, yn eu plith nifer o blant bach deg ac un ar ddeg oed. Roeddynt yn taflu bomiau petrol i bob cyfeiriad, ac at yr heddlu hefyd a oedd yn gwisgo dillad gwrthderfysgaeth ac yn cario tariannau. Llosgwyd nifer o dafarnau gan gynnwys yr *Oddfellows*, siop fferyllydd, garej ceir *BMW* yn llawn ceir newydd drudfawr, a chlwb nos, yn lludw i'r llawr. Ar ddiwedd y noson roedd pedwar ar bymtheg o bobol wedi'u hanafu a thros hanner cant o geir wedi'u difrodi, ar wahân i'r rhai yn y garej, yn ogystal â nifer fawr o dai.

Wedi imi dderbyn yr holl wybodaeth, trefnais y buaswn yn cyfarfod Oswyn Parry mewn garej ar gyrion y ddinas am un o'r gloch brynhawn dydd Mercher. Roedd Nova wedi dod efo mi yn gwmni ac aeth Oswyn â ni yn syth i'w gartref i gyfarfod ei wraig Nesta, sy'n hanu o ardal Dinbych, ac yna aeth â ni ar daith drwy'r ardal ble'r oedd yr holl helynt wedi digwydd.

Yn gyntaf roedd yn rhaid inni fynd drwy ganol y ddinas, ond er ei bod yn ddinas brysur, dim ond rhyw hanner dwsin o geir oedd i'w gweld yn teithio drwyddi, ac nid oedd fawr o bobol i'w gweld yn cerdded ar hyd y lle chwaith, dim ond ambell un o dras Asiaidd.

Yn y man daethom at yr ardal ble'r oedd yr holl helynt wedi digwydd. Oswyn oedd yn gyrru'r car, a hynny'n araf, a minnau'n ei holi gan ddisgrifio'r olygfa ar y peiriant recordio. Wrth fynd i fyny allt fechan roedd olion llosgi ceir i'w gweld ym mhobman ar y ffordd, er bod y ceir wedi eu symud.

Arhosodd Oswyn y tu allan i'r garej *BMW*. Hon oedd prif garej y cwmni yn y ddinas. Penderfynodd y ddau ohonom fynd allan i gael gweld y llanast yn well. Roedd yn olygfa dorcalonnus – yr holl geir moethus y tu mewn wedi'u llosgi'n ulw a'r adeilad ei hun wedi ei ddinistrio y tu hwnt i bob amgyffred. Wrth edrych ar yr olygfa o'n cwmpas, aeth ias oer i lawr fy nghefn. Nid oedd yr un enaid byw i'w weld yn unman, er bod y ddau ohonom yn teimlo cannoedd o lygaid yn edrych arnom drwy'r ffenestri gerllaw. Golygfa na wnaf byth ei hanghofio. Ni wnaf i chwaith anghofio'r croeso cynnes a gafodd Nova a minnau gan y teulu hyfryd hwn, y Cymry Cymraeg ym mhellafion Bradford.

Digwyddiadau difyr

Roeddwn wrthi'n mwynhau fy nhe ar brynhawn dydd Iau, yr 17eg o fis Mai, adeg etholiadau 2001, pan gefais alwad ffôn frys o'r ystafell newyddion. Cefais wybod fod John Prescott, y Dirprwy Brif Weinidog, yn galw yn Theatr Fach y Rhyl am chwech o'r gloch y noson honno i annerch aelodau o gangen Plaid Lafur y gogledd. Roedd hi eisoes yn hanner awr wedi pump, felly i ffwrdd â mi heb orffen fy mhryd.

Wedi imi gyrraedd y theatr, ychydig iawn o bobol oedd yn disgwyl amdano, ond ymhlith y dyrfa fechan sylwais ar rhyw ddwsin o bobol ifanc swnllyd yn pwyso ar ffens haearn rhwng y palmant a'r ffordd fawr. Roedd pob un yn ymddwyn yn iawn ac un heddwas yn cadw golwg arnyn nhw.

Cyrhaeddodd y bws dri chwarter awr yn hwyr a pharcio yr ochr draw i'r ffordd, ychydig is na'r theatr, a hynny ar groesfan pelican bron. Petaech chi neu fi wedi gwneud hynny, buasai'r heddwas ar ein gwarthaf mewn amrantiad! Yna'n sydyn, ymddangosodd Prescott yn wên o glust i glust a chroesi'r ffordd at y theatr. Daeth bonllef fyddarol o enau'r bobol ifanc a dechreuodd y criw ei alw'n bopeth dan haul.

Am ryw reswm, penderfynodd Prescott a'i ddilynwyr gerdded y deugain llath i'r theatr ar hyd y palmant rhwng y wal a'r llanciau, yn lle cerdded ar yr ochr draw. Roeddwn innau'n cerdded rhyw lathen a hanner o'i flaen ar y palmant, yr un ochr â'r bobol ifanc, er mwyn recordio'r sŵn. Yn sydyn, gwelais law un o'r hogiau ifanc yn gwibio heibio ochr fy mhen gan daflu rhywbeth at y gwleidydd. Yr olygfa nesaf a welais oedd wy yn taro John Prescott ar ochr ei wyneb ac yn llifo i lawr ei foch ar ben ei siaced ddu. Gwylltiodd yntau a thaflu dau ddyrnod i wyneb y llanc efo'i law chwith, ond ni wnaeth y taflwr ŵy ei daro'n ôl. Daliodd y Dirprwy Brif Weinidog ef nes i'r heddwas ac un o'r swyddogion diogelwch ei ryddhau a'i arestio.

Oherwydd yr holl sŵn tra oedd hyn yn digwydd, penderfynais mai'r unig ffordd imi egluro beth oedd yn digwydd oedd drwy sylwebu o'r dechrau i'r diwedd. Cafodd Sion Jones, ffrind imi a dyn camera Newyddion HTV, un o luniau gorau ei fywyd – roedd o wedi llwyddo i recordio'r holl ddigwyddiad ac fe'i darlledwyd dros y byd y noswaith honno.

Roedd y llanc ifanc – Craig Evans o Landyrnog ger Dinbych – yn protestio'n erbyn bwriad y llywodraeth i wahardd hela â chŵn. Aethpwyd ag ef i'r ddalfa yn y Rhyl ond ni chafodd ei gyhuddo gan yr heddlu.

Fore trannoeth roedd criwiau camerâu teledu a gohebwyr newyddion o bob rhan o'r deyrnas wedi ymgasglu y tu allan i gartref Craig Evans, a minnau'n eu mysg ar ran Newyddion BBC Cymru. Ni chafodd neb ganiatâd i'w gyfweld ond cawsom ddatganiad gan ei dwrnai Gwyn Jones o'r Rhyl ganol y prynhawn.

Roedd yr heddlu mewn penbleth beth i'w wneud â Craig, ond yn fwy na hynny beth i'w wneud â Prescott. Fo oedd wedi taro gyntaf; mae taflu wyau a thomatos at wleidyddion yn dderbyniol ar adeg etholiad. Ar ôl bron i flwyddyn o drin a thrafod ymysg ei gilydd a thrafod â'r Swyddfa Gartref, penderfynodd Gwasanaeth Erlyniad y Goron beidio gwneud dim ynghylch y ddau.

* * *

Gŵr yn hanu o Borthmadog oedd John Evans. Collodd ei rieni pan oedd yn ddeg oed ac wedi iddo dyfu aeth i'r môr, gan hwylio o amgylch y byd cyn setlo yn America a gwneud pob math o waith. Bu'n galed iawn arno am flynyddoedd ond yn y man daeth cyfle iddo ymuno â'r diwydiant olew. Daeth yn ŵr busnes o fri a phan fu farw roedd yn filiwnydd sawl gwaith drosodd:

Fodd bynnag, nid anghofiodd John Evans ei wreiddiau. Ymwelodd â Phorthmadog sawl gwaith ac roedd yn hael iawn ei roddion i'r ysgolion lleol. Sefydlodd ysgoloriaeth arbennig i alluogi pobl ifanc y dre i fynd drosodd i America i astudio hefyd.

Cafodd bedair o wragedd yn ystod ei oes a phump o blant ac enw Cymraeg ar bob un ohonynt.

Pan fu farw yn 81 mlwydd oed, ei ddymuniad oedd cael claddu ei lwch ym mynwent eglwys Porthmadog wrth ochr bedd ei fam. Yn ôl ei gyfeillion yn America, roedd yn ddyn ecsentrig iawn ac wedi trefnu ei angladd yn daclus: gwasanaeth mawr yn ei gartref yn America ac yna ymlaen i'r amlosgfa, ond roedd y seremoni claddu llwch i gael ei chynnal ym Mhorthmadog.

Ni welodd pobol Port yr un dim tebyg erioed. Yn wir, ni chredaf i neb yng Nghymru gyfan weld y fath seremoni angladdol liwgar a swnllyd. Cyn marw, roedd yr ymadawedig wedi llogi awyren am chwarter miliwn o bunnoedd i letya a chludo ei ffrindiau a'u teuluoedd, ynghyd â'r band jazz *Milton Bartiste Olimpia* o New Orleans, i arwain yr orymdaith drwy'r dref. Yn ogystal â hynny roedd pabell fawr wedi ei chodi yng nghefn y *National Milk Bar* yn er mwyn i bawb o'r gwahoddedigion gael bwyd a diod, ac roedd peint neu ddau i'w cael am ddim yn un o dafarndai'r dref hefyd i unrhyw un a oedd wedi adnabod John Evans.

Erbyn i'r teulu a'r ffrindiau fod yn barod i ddechrau gorymdeithio drwy'r dref i'r fynwent y tu ôl i goets a cheffyl, gyda'r band yn arwain, roedd cannoedd o bobol o bell ac agos wedi dod yno i'w gweld, a minnau'n eu mysg ar ran Newyddion Radio Cymru. Ymunodd pawb â'r galarwyr i ffarwelio ag un o hogiau'r dref a ddaeth yn ôl at ei wreiddiau i orffwys yn dawel.

Yr ysgytiad

Yng nghanol mis Gorffennaf 2001, ar ôl mwynhau iechyd da ar hyd fy oes, fe'm siglwyd i'm seiliau gan newyddion yr arbenigwr Mr Srinivasan yn Ysbyty Glan Clwyd. Cadarnhaodd fod y profion canser yn fy aren yn bositif. Roedd Nova efo mi pan dorrodd y newydd a gwelais ei gwedd yn gwelwi pan glywodd y gair 'canser'. Eglurodd Mr Srinivasan fod yn rhaid imi gael llawdriniaeth i dynnu'r aren a'i fod yn ffyddiog mai dim ond yn yr aren yn unig yr oedd y canser.

Ymhen tridiau derbyniais lythyr o'r ysbyty yn fy hysbysu fod gwely wedi ei drefnu imi yn ward chwech ar nos Sul y 12fed o Awst, ac y byddwn yn derbyn y llawdriniaeth fore trannoeth. Roedd hyn yn dderbyniol iawn i mi – gallwn fynd i'r Eisteddfod Genedlaethol yn Ninbych yr wythnos cyn y driniaeth. Fodd bynnag, derbyniais alwad ffôn ymhen yr wythnos yn gofyn a fedrwn i fynd i mewn wythnos ynghynt. Cytunais, er bod hynny'n golygu y buaswn yn colli'r eisteddfod, ond roedd iechyd yn bwysicach wrth gwrs.

Rhyw dridiau ar ôl y llawdriniaeth, deallais fod fy hen ffrind Idris Roberts, ffarm y Pwll, Treuddyn hefyd yn yr ysbyty yn dilyn damwain erchyll ar yr A55 ar gyrion pentref Rhuallt ger Llanelwy pan drawodd ei dractor yn erbyn bws. Gofynnais i un o'r nyrsys a oedd modd imi fynd lawr i'w weld ac fe gytunodd, ar yr amod fy mod yn mynd â'm bag dŵr ar 'drip' efo mi, a pheidio â bod yn hir.

Cawsom sgwrs a rhannu profiadau am ryw hanner awr, ond yna bu'n rhaid i mi fynd yn ôl. Bob bore wedi hynny tra bûm yn yr ysbyty, cawn fynd i lawr i'w weld am ryw awr a bu hynny'n gymorth mawr i mi wella.

Bu'r llawdriniaeth yn llwyddiannus ac ni fu'n rhaid imi gael unrhyw driniaeth arall, diolch i Dduw. Roedd y gofal a gefais yn ward chwech Ysbyty Glan Clwyd gan y meddygon a'r nyrsys o'r safon uchaf a chredaf yn aml iawn ei bod yn bechod fod cynifer o bobol yn lladd ar ein hysbytai y dyddiau hyn. Tybiaf fod llawer iawn o'r problemau sy'n codi yn yr ysbytai heddiw yn deillio o agwedd y cleifion eu hunain.

Cefais adael yr ysbyty ymhen hir a hwyr a chwta ddwyawr wedi imi gyrraedd adref, derbyniais y tusw o flodau mwyaf a welais erioed gan griw y 'Post Cyntaf' yn ystafell Newyddion y BBC yng Nghaerdydd. Daeth lwmp mawr i'm gwddf a deigryn i'm llygaid ac ni fedrwn ddweud yr un gair. Drwy gydol y cyfnod y bûm i ffwrdd o'm gwaith, byddai rhywun o'r uned yn fy ffônio ddwy neu dair gwaith yr wythnos i holi sut oeddwn i a bu hynny'n gymorth mawr iawn imi ddod dros fy salwch. Cefais bron i gant o gardiau yn dymuno gwellhad buan i mi hefyd ac roedd hynny hefyd yn hwb mawr.

Fodd bynnag, roedd gen i broblem ar ôl dod o'r ysbyty. Fe'm rhybuddiwyd cyn gadael i beidio â gyrru car am o leiaf deufis, a chan nad ydi Nova'n gyrru roedd hyn yn fy mhoeni braidd. Ond wrth gwrs, mae gennym ffrindiau a chymdogion da ac fe ofalodd y criw fod y ddau ohonom yn cael ein cludo hwnt ac yma fel y mynnem, ac mae ein diolch iddynt oll yn enfawr.

Fy nod ar ôl gadael yr ysbyty oedd gwella'n ddigon da i fod yn bresennol ar ddiwrnod cyntaf y tymor saethu ffesantod yn ein *shoot* fach ym Mryn-rhyd-yr-arian, a oedd yn hwyrach nag arfer y flwyddyn honno, wrth lwc. Cerddais filltiroedd o amgylch Abergele, a hynny ym mhob tywydd, er mwyn ceisio cael fy hun yn ddigon heini ar gyfer y diwrnod mawr.

Gwireddwyd fy mreuddwyd a chefais groeso twymgalon gan y criw, a gofal arbennig iawn ganddynt. Erbyn amser cinio roeddwn wedi saethu dwy ffesant ac wedi blino'n llwyr, felly gartref â mi a chysgais fel mochyn ar y soffa am bedair awr. Dyna'r moddion gorau y medrwn fod wedi ei gael!

Erbyn dechrau'r flwyddyn roeddwn wedi gwella'n ddigon da i ddechrau gwneud ychydig o waith, ond roedd y doctor yn gyndyn iawn o adael imi deithio o amgylch yr ardal yn y car. Fodd bynnag, roeddwn yn ysu am gael gwneud rhywbeth i ladd amser. Dechreuodd Nova fygwth cael rhywun draw i beintio'r llofftydd a dychrynais wrth feddwl y byddai'n rhaid imi dalu a minnau heb ddimai goch o gyflog, felly dywedais wrthi y byddwn yn gwneud y gwaith fy hun am chwarter y pris.

Dechreuais y gwaith yn hyderus iawn a bûm wrthi'n ddygn, tan imi sylweddoli y byddai'n rhaid imi sefyll ar rywbeth uwch i gyrraedd cornel yr ystafell, a dyna pryd y digwyddodd y drychineb. Penderfynais ddefnyddio'r bwrdd bach oedd yn yr ystafell. Fe'i profais gydag un droed ar ei ben a'r llall ar yr ysgol y bûm yn ei defnyddio, ac yna'r ddwy droed. Roeddwn erbyn hyn yn ffyddiog ei fod yn ddigon cadarn ond wedi imi lwytho'r brws efo paent gwyn a chodi fy mraich i ddechrau peintio, roedd fy nghorff wedi dechrau gogwyddo ychydig tua'r wal ac yn sydyn, heb rybudd o gwbl, dyma'r bwrdd bach slei yn penderfynu cael gwared â'r pymtheg stôn oedd ar ei ben a chymryd y goes i gyfeiriad arall yr ystafell, a'm gadael innau i hedfan.

Disgynnais ar ben postyn pren talcen y gwely a phlannodd y bwlyn oedd ar ei ben i mewn i'm hasennau, yn yr union fan ble cawsant eu torri yn ystod y llawdriniaeth.

Codais ar fy nhraed a gweiddi nerth esgyrn fy mhen ar Nova i ddod i'm helpu. Roedd gen i andros o boen yn fy ochr a'm coes yn gwaedu. Roedd y boen yn fy ochr yn cynyddu a chytunais â Nova mai'r peth gorau fyddai imi fynd i'r ysbyty i gael archwiliad. Galwodd am yr ambiwlans a chyrhaeddodd honno o fewn deg munud, ac i ffwrdd â ni.

Wedi inni gyrraedd Ysbyty Glan Clwyd daeth y meddyg i'm gweld yn syth ac archwiliodd fy ochr. Roedd yn bryderus iawn o gyflwr y chwarren ddu *(spleen)*. Chysgais i'r un winc y noson honno. Roedd y boen yn fy ochr yn ofnadwy a'm hasennau'n ddu. Erbyn hyn roeddwn yn edifarhau fy mod wedi gafael mewn brws paent erioed ac yn teimlo y dylwn i fod wedi gwrando ar Nova a chael peintiwr proffesiynol draw, er gwaethaf ei brisiau uchel.

Ychydig wedi naw o'r gloch fore trannoeth, pan oedd y nyrs ar ei ffordd ataf i brofi fy mhwysedd gwaed, dechreuodd pobman droi fel pêl. Teimlais wres mawr yn dod drosof a chwys yn llifo i lawr fy ngruddiau. Gwyddwn fy mod ar fin llewygu. A dyna'r peth olaf yr wyf yn ei gofio nes imi ddeffro ar wastad fy nghefn yn y gwely gyda'm calon yn curo'n ofnadwy o gyflym a'm pwysedd gwaed yn beryglus o isel. Roedd pump o feddygon yn fy archwilio, yn amlwg yn trin fy achos fel un argyfyngus. Tybient fy mod wedi cael trawiad ar y galon.

Galwyd Nova ar fyrder a dweud wrthi ddod i mewn ar

unwaith, gan fy mod i'n wael iawn. Ffôniwyd gweddill y teulu hefyd i ddweud yr un neges wrthynt hwythau. Ni wyddwn i hyn, wrth gwrs. Roeddwn i'n rhy brysur yn ceisio dweud wrth y meddygon mai gwynt oedd wedi achosi'r cyfan am nad oeddwn i wedi bwyta ers canol dydd y diwrnod cynt. Y pedair tabled *Codine* a roddwyd imi ar stumog wag yn ystod y nos oedd yn gyfrifol am y gwynt, a cheisiais egluro fy mod wedi cael profiad tebyg unwaith o'r blaen wrth felio gwair, ond nid oedd neb yn gwrando arnaf.

Roedd yr arbenigwyr yn mynnu fod arnaf angen llawdriniaeth ar fyrder ond llwyddodd Nova i'w darbwyllo i beidio â bod yn fyrbwyll, tan ei fod yn berffaith sicr fod arnaf angen mynd dan y gyllell. Diolch byth, fe wrandawodd y meddygon arni ac ar ôl rhyw awr o gadw llygaid manwl arnaf, dechreuwyd clirio'r peiriannau.

Bu'n rhaid imi aros i mewn am un noson arall cyn eu bod yn fodlon gadael imi fynd adref. Diolchais iddynt am eu gofal, a fu unwaith eto'n wych, a chyfaddefodd y meddygon fy mod wedi eu dychryn yn ofnadwy, ond bu'n ymarferiad da i'r uned!

Er nad oeddwn i wedi gwneud niwed mawr i mi fy hun, roedd y boen y tro hwn yn llawer gwaeth na'r llawdriniaeth wreiddiol. Ni allwn orwedd yn gyfforddus yn y gwely ac fe gymerodd bron i chwe wythnos imi ddod yn ddigon da i ddechrau gweithio.

Dyma fersiwn fy ffrind gorau, y diweddar Brifardd Brynmor Griffiths, o hanes y godwm gostus a gyfansoddodd ar gyfer fy mharti pen-blwydd yn chwe deg pump oed:

> Pwy fase byth yn meddwl
> Gweld Merfyn yma'n awr
> Ar ôl ei holl brofiadau
> Yn gorwedd ar y llawr.
>
> Dechreuodd gynnar bore
> Pan ddaeth y peintiwr draw
> Ac amcangyfrif costau
> Mewn amlen yn ei law.
> Pan 'drychodd ar y cyfrif

Aeth Merfyn yn wyn fel blawd
'Cer o'ma'r diawl digywilydd,'
Meddai wrth y brawd.

'Mi wnaf y gwaith fy hunan
Am chwarter dy bris di,
Cymryd mantais o ddyn tlawd,
Cywilydd arnat ti.'

I ffwrdd aeth Nova i nôl paent
Yn hapus, llon a llawen,
Ond dyma row pan ddaeth yn ôl
Gyda dwywaith mwy na'i angen.

'Gwastraff arian llwyr 'di hyn
Dos â hanner 'nôl i'r gŵr,
Mae paent rhy dew y dyddiau hyn
Deneuaf o lawr â dŵr.'

Dechreuodd pethau'n weddol dda,
Nova 'di sychu'r baw
A Merfyn edrychodd ar y job
Gyda phaned yn ei law.

Wrth agor y tun cyntaf
Aeth dros yr *eiderdown*
A Merfyn yn ei hel o i fyny
Gyda brwsh oedd *upside down!*

'Ond gwyn 'di hwn,' medd Nova,
'Nid pinc. O! gwarchod mawr!'
'Paid rwdlan ddynes,' medd Merfyn
'Deni wedi talu amdano nawr.'

I fyny'r *steps* yr aeth o,
Ei goesau bach fel craig,
A dechrau peintio'r wal yn wyn
Er protestiadau'r wraig.
Ymestyn i gyrraedd cornel,

Anghofio fod o'n pwyso twn,
A sefyll wnaeth ar ben rhyw fwrdd
Gydag olwynion crwn.

Ffwrdd â fo, din dros ben,
Ei goesau tua'r nen,
Ei gorff o dan y gwely
A'r tun paent ar ei ben.

I mewn daeth Nova, clywed y sŵn
Edrychodd gyda gwên,
Y gwyn oedd wedi troi yn binc,
Wel dyna ddyn bach clên.

Wrth edrych rownd mi sylwodd
Fod Merfyn ar y llawr
A lle yr oedd y bwrdd i fod
Dwy droed oedd yna'n awr.

Aeth lawr i nôl cadachau
I glirio fyny'r *mess*
A llwyddodd i gael y paent i'r tun
I gyd, *more or less.*

O ie! beth am Merfyn?
Ffônio 999 y dre,
'Ewch â fo i'r ysbyty
Fe safith imi wneud te.'

Pan welodd y meddyg e'n dyfod
Dywedodd heb ddim lol
'Rhowch o mewn dau wely
Un iddo fo ac un i'r bol.'

Y plant yn rhwbio'u dwylo
Yn rhannu'r ewyllys mawr
A finnau'n gwenu'n llawen
'Sêl' carreg fedd yn awr.
Fe gnociodd ddrws y nen,

Ond Pedr roedd yn gwely
Cur mawr yn ei ben.

Ei wraig ddaeth lawr o'r diwedd
Ac edrych arno'n syn,
A'i yrru e yn syth yn ôl
Doedd o ddim barod am beth fel hyn.

'Yn ôl i wastraffu amser
Ein doctoriaid a'n nyrsys ni,
Does dim rhyfedd sefyllfa'r *NHS*
Gyda phobol hurt fel ti.'

'Tro nesaf cei grant,' medd Rhodri
'I beintio dy dŷ di,
Un ffordd dda i safio
Ffortiwn i'n llywodraeth ni.'

Ond diawl, mi ddaru wella
A dyma fo yn awr
Yn hollol iach a llawen
Gyda'i ddwy droed ar y llawr.

Ac O! Mor falch yr ydym
O'th weld di eto'n iach
Ac yn dy gwmni heno
Nid ni yw'r Brodyr Bach.

Hir oes a mawr fendithion,
Prin yw ffrindiau da fel ti,
Does dim byd mwy ar ôl i'w ddweud
Ond 'Pen-blwydd Hapus' gan June a fi.

Yn drist iawn, bu farw Brynmor ym mis Mawrth 2005 ar ôl
ymladd brwydr galed efo'r math gwaethaf o'r afiechyd
lewcemia, yn 61 mlwydd oed. Rwyf i a Nova, a phawb arall yn
y dyffryn, yn gweld ei golli'n fawr iawn. Roedd ganddo wên
ddrygionus ar ei wyneb bob amser, byth a beunydd yn tynnu

coes ac yn barod i droi ei law at unrhyw beth. Mae sedd wag yn ei gartref, yn y neuadd goffa ac yn yr eglwys, ond gadawodd atgofion melys iawn ar ei ôl.

Wrth edrych yn ôl ar fy mywyd, sylwaf mai dyn fy milltir sgwâr ydw i yn y bôn, ac er fy mod wedi codi'm gwreiddiau o Ddyffryn Ceiriog ac wedi crwydro'r gogledd o un pen i'r llall, hogyn o Nantyr ydw i, ac un o Nantyr fydda i am byth.

Cyfraf fy mendithion yn ddyddiol, gan ddiolch i'r Goruchaf am y ddawn a roddodd imi wneud fy ngwaith a'i fwynhau. Diolch hefyd am gefnogaeth Einir, a Nova erbyn hyn, fy nheulu a'm ffrindiau, a hefyd fy nghydweithwyr yn y BBC sy'n ffrindiau da ond yn bennaf i Lenna Pritchard Jones am roi'r cyfle imi ddechrau gweithio yn y maes. Credaf fy mod wedi cael braint o weithio yng nghyfnod aur y byd darlledu.

Dros y blynyddoedd diwethaf rydym wedi gweld newid mawr yn rhaglenni'r BBC yng Nghymru. Mae'n rhaid i'r ddarpariaeth heddiw anelu at gynulleidfa ehangach, ac wrth gwrs nid yw hynny'n plesio pawb fel arfer. Ond diolch byth fod rhaglenni da iawn o hyd, rhai sydd at ddant pawb ac sy'n dal i gadw'r safon a osodwyd gan bennaeth cyntaf Radio Cymru, Meirion Edwards, ddeg mlynedd ar hugain yn ôl.